Poetry, Female and Classic Traditions:

A Collection of Translations of Western Scholar's Writings on Nietzsche's Aesthetics

Translated and edited with an introduction by Wang Shunning

诗歌、女性与古典传统

西方尼采美学研究译文选

汪顺宁 编译

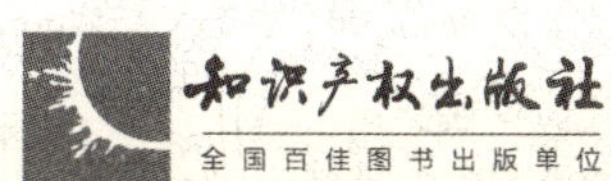

图书在版编目（CIP）数据

诗歌、女性与古典传统：西方尼采美学研究译文选 / 汪顺宁编译. —北京：知识产权出版社，2016.3

ISBN 978-7-5130-3896-6

Ⅰ.①诗… Ⅱ.①汪… Ⅲ.①尼采，F.W.（1844～1900）—美学思想—研究 Ⅳ.①B516.47②B83

中国版本图书馆CIP数据核字（2015）第271082号

内容摘要

本书聚焦于诗歌、女性与古典传统等维度，选译了西方学者对尼采美学的研究文本。其中论文类皆是全文翻译，原文出版时间都在2008年之后。著作类则是选取其中部分章节翻译，其中个别著作是整本书的编译，类似读书笔记。譬如，科瑞尔的《具有传染性的尼采》选取了其中第四章“公鸡：（尼采之后）解读柏拉图”；艾克曼的《尼采：狂乱的一瞥》除了前言和介绍之外，选取了其中第一章“希腊”和第八章“女性”；艾德曼的《尼采的礼物》则是整本书的编译。此外，本文选由牛津大学哲学系彼得·凯尔教授作序，以译者自身的一篇1.2万多字的论文作为导论，题为“尼采与米奈德的诗歌”。

责任编辑：兰　涛　　**责任校对**：孙婷婷

封面设计：春天书装　　**责任出版**：刘译文

诗歌、女性与古典传统

——西方尼采美学研究译文选

汪顺宁　编译

出版发行：知识产权出版社有限责任公司　　**网　址**：http：//www.ipph.cn

社　址：北京市海淀区西外太平庄 55 号　　**邮　编**：100081

责编电话：010-82000860 转 8325　　**责编邮箱**：lantao@cnipr.com

发行电话：010-82000860 转 8101/8102　　**发行传真**：010-82000893/82005070/82000270

印　刷：三河市国英印务有限公司　　**经　销**：各大网上书店、新华书店及相关销售网点

开　本：787mm × 1092mm　1/16　　**印　张**：15.75

版　次：2016 年 3 月第 1 版　　**印　次**：2016 年 3 月第 1 次印刷

字　数：219 千字　　**定　价**：48.00 元

ISBN 978-7-5130-3896-6

序 言

关于尼采如何思考诗歌、自我创造、古典传统以及女性，这个集子提供了来自西方作者的视角。尼采是一位写诗并写关于诗歌著作的哲学家。对于柏拉图那个哲学和诗歌的古老争论，那场争论的一方是求真理和理性的意志，另一方是求赎回幻觉的意志，尼采的立场非常微妙。查拉图斯特拉赞同这一点，即诗人们撒了太多谎，然而，尼采在其笔记中写道，“为了避免我们死于真理，我们有了艺术”。终其一生，尼采试图在二者之间找到一种平衡，一边是这样一种认知，即真理是可怕的，另一边是这样一种天性，强加形式的天性，此天性试图救赎一个无意义的世界。他著作当中的很多风格极其迥异于任何其他哲学著作，尼采的著作风格是充满诗意的，激起全部的情绪反应，充满魅力和诱惑。尼采告诉我们，有些散文“是通体干燥、冷静的，意在将一个和蔼可亲的女神（诗歌）带入和蔼可亲的绝望”，但好的散文诞生于诗歌。

诗歌是形式的事情。对尼采而言，艺术是强加形式的事情，艺术品是这种事情，即经由之，形式被强加于其上。然而，这种形式强加性并非是艺术独有的。尼采认为，人类生命——以及生命总体上——是这种事情，即试图克服那些抵抗我们的，去控制、去主宰。权力意志能在形式创造上表达自身，从战士们（“无意识的艺术家们”，尼采这样称呼他们）将意志强加于更羸弱的部落，到特德·休斯的诗歌，比比皆是。然而，我们必须从艺术家身上学习的东西是，如何利用形式创造来“让事情变得美丽，有吸引力，令人渴慕，当它们本身并非如此的时候”，以及如何超越艺术家们自身。艺术家们的“精巧的力量止于艺术终结而生命开始之处；然而，我们想要成为生命的诗人，从最细微和最常见的细节之处开始”。它要将风格给予自我,完整的自我,一种“伟大而稀有的艺术”，在那里所有其他不同的部分“都融为一种艺术性的计划，直至每一部分都显现为艺术和理性，甚至缺点也悦人眼目”。诗人自身最后应当成为一首诗歌。

目前为止，我笔触仅仅涉及诗歌，而这个集子中的文本所探讨的远甚于诗歌，但无论如何它们都是彼此相关的。其中有些文本研究尼采论诗歌（譬如路赫特的“星之罹难”）。尼采将诗歌描画为女性是他对性别隐喻和人格化的复杂运用的一个方面。诗歌可能是女性，与此同时，尼采又常常将诗歌假定的对立面——真理，塑造为一个女人。艾克曼接手了这个复杂主题的方方面面。诗歌和哲学之间的争论，柏拉图正是如此这般将幻象和现实对立起来，此争论将我们带入尼采对古代世界的探索之中，亦即《悲剧的诞生》的主题之一。柏拉图认为经验的世界是一个幻象，唯有哲学才是通达真理之路。这些主题，以及尼采对它们的反应，为科瑞尔、艾克曼和德沃尔所探讨。尼采写作的诗性，或其音乐性，格雷汉姆·帕克斯在其作品中研究了。作为创造的自我以及作为某种被克服之物的我们的寻常的天性等观点，是巴塔耶和艾德曼的作品中的主题。

英国牛津大学哲学系　彼得·凯尔教授 Peter Kail

致谢

汪顺宁（Wang Shunning）

请允许我将真诚的感谢送给：

张雄（Zhang Xiong）教授，上海财经大学人文学院院长、全国经济哲学研究会会长，他支持了此书的出版以及美学学科的发展；彼得·凯尔（Peter Kail）教授，英国牛津大学哲学系、牛津大学圣彼得学院研究员，他欣然为此书作序，并且两次应我申请、负责与主持的“教育部外国文教专家项目——尼采美学的古典传统与当代启示”“财大短期外国专家项目——尼采思想中的创造、自我和自由”邀请访问上海财经大学人文学院，开设了八次深刻的尼采美学讲座，我在主持全部讲座的过程中深受启迪；上海市教委的“上海市高校教师出国进修计划”，藉此我于2013年1月底至2014年1月底在英国约克大学哲学系访学整整366天，此集子中有大约一半篇幅是我在访学期间查阅约克大学图书馆的纸质图书之后翻译而成的；托马斯·斯通汉姆（Thomas Stoneham）教授，英国约克大学哲学系前系主任、英国约克大学研究生院院长，是他邀请我访问约克大学；安德鲁·沃德（Andrew Ward）教授，英国约克大学哲学系终身荣誉研究员，我在访学期间的导师，以渊博的学识及和蔼的态度指导了我的研究；欧文·胡莱特（Owen Hulatt）博士，英国约克大学哲学系，我在访学期间的另一位导师，同样以渊博的学识及和蔼的态度指导了我的研究；兰涛（Lan Tao）女士，知识产权出版社的编辑，本书的责任编辑，热情、认真、负责专业地应对了此书出版过程中的每一个环节；宋云（Song Yun）女士，知识产权出版社的编辑，热情促成了此书的出版；当然，还有此集子中所有原作的作者们，他们是：David Farrell Krell，Harold Alderman，Georges Bataille，Sylvere Lotringer，Graham Parkes，Robert John Ackermann，Alain Beaulieu，James Luchte，Nathan P Devir，没有原作就没有我的译作！鉴于某些客观原因，譬如个别已经去世等，尚未能与部分原作作者取得联系，在此表达我真诚的歉意！

关于版权的致谢

汪顺宁（Wang Shunning）

关于此书的版权问题，请允许我将诚挚的感谢送给以下列出的所有出版社、杂志社和原文作者。我尤其要真诚地感谢以下女士们先生们，在联系版权的过程中，得到了他们热情的支持和帮助：哲学文档中心主任 George Leaman 先生、美国南伊利诺伊大学（Edwardsville）《语言与文学文丛》的编辑 Melanie Ethridge 女士与 Helena Gurfinkel 女士、《世界哲学》李河教授、《中国社会科学论丛》孙国东教授、印第安纳大学出版社 Stephen Williams 先生、Graham Parkes 教授、Alain Beaulieu 教授、James Luchte 教授、Nathan P. Devir 教授。

Krell, David Farrell. Infectious Nietzsche. Copyright (c)1996 by Indiana University Press. Reprinted with permission of Indiana University Press.

Harold Alderman. Nietzsche's Gift. Ohio University Press，1977.

Graham Parkes. Thus Spoke Zarathustra. Introduction. A New Translation by Graham Parkes, Oxford University Press，2005.

Robert John Ackermann. Nietzsche. A Frenzied Look. Amherst. The University of Massachusetts Press，1990.

Alain Beaulieu. The Eclipse of the Difference Between "Subjective Power" and "Capacity of Affectability" in Heidegger's Interpretation of

Nietzsche's Concept Of Power. Philosophy Today. Volume 54, Issue 2, Summer 2010, pp. 132-137. DOI: 10.5840/philtoday201054222.

Graham Parkes. The Symphonic Structure of Thus Spoke Zarathustra: A Preliminary Outline. Nietzsche's Thus Spoke Zarathustra, Edited by James Luchte, New York: Continuum, 2008: 9-28.

汪顺宁，译 . 查拉图斯特拉如是说的交响乐结构：初步勾勒 . 世界哲学，2009（4）：145-157.

James Luchte. 星难：尼采与诗歌的狂喜 .（The Wreckage of Stars: Nictzsche and the Ecstasy of Poetry）. 汪顺宁，译 . 中国社科科学论丛 . 复旦大学出版社，2011（11）：229-239.

James Luchte. Zarathustra and the Children of Abraham. The Warwick Journal of Philosophy, 2010（20）: 195-225.

James Luchte: The Children of Zarathustra.

Nathan P. Devir. Apollo/Dionysus or Heraclitus/Anaxagoras? A Hermeneutic Inquiry into Nietzsche's View of Tragedy. Original publication in *Papers on Langauge and Literature*. Reprinted with permission. *Papers on Language and Literature*, 2010（46）. Copyright©2010 by The Board of Trustees, Southern Illinois University Edwardsville.

此外需要说明的是，Harold Alderman 先生的著作 Nietzsche's Gift（Ohio University Press. 1977）经联系出版社后，得知版权已经回归到作者那里，但是由于年代久远，他们也没有该作者的联系方式。Robert John Ackermann 先生的著作 Nietzsche: A Frenzied Look（Amherst: The University of Massachusetts Press. 1990.）则由于作者已于几年前去世，尽管我再三给出版社发邮件，但一直没有得到回应，这两部著作的版权问题只能暂时作罢。希望今后能与他们取得联系，也欢迎他们和我联系。我的邮箱是 greentrees900@yahoo.com。

目 录

导论——尼采与米奈德的诗歌

汪顺宁（Wang Shunning）

该集子诸篇什是我在执教之余陆陆续续译出的，[1]历经数载。西方的尼采研究，视角广博卷帙浩繁，选取文本时我主要聚焦于尼采美学思想中的如下方面：诗歌、女性、古典传统以及查拉图斯特拉等。在我看来，它们一方面是各自独立的主题，另一方面也存在着某种内在的关联。它们隐隐构成了尼采思想生命里的另一个角色——一个推崇诗歌和音乐尤其是酒神颂歌似的诗歌和音乐的、女性主义的米奈德（Menad）。[2]

一、古典的诗歌定义

在古希腊的意义上，诗歌基本上同时意味着诗歌和音乐。按照韦斯特（M. L. West），古希腊的诗歌包括史诗、说教诗（Didactic）、其它用六音步格（Hexameters）谱写的韵文，以及戏剧、抒情诗（Lyric Poetry），其中抒情诗又由可歌咏的诗（Melic）、哀歌（Elegy）、抑扬格或短长格（Iambus）组成。Melic 意思是 for song，但是大部分哀歌和有

---

[1] 其中论文类都是全文翻译，著作类则选取其中部分章节全文翻译，还有一本著作是全书编译，即哈罗德·艾德曼的《尼采的礼物》。

[2] 米奈德，Menad 音译，即酒神的女性爱慕者。

些短长格也是唱出来的。短长格也表韵律，但不是所有以此命名的诗歌都是这个韵律的，它最初用作独白和某些特殊节日的歌曲中，比如德米特（Demeter）和狄奥尼索斯（Dionysus 节日）[1]。应该说，这个诗歌的界定是相当宽泛的。这实际上反映了古希腊时期创造科学在学科和实践上固有的宽泛，而非后世的学者所倡。亚里士多德的《诗学》也体现了这一点。诗学是打算探讨诗歌的，作者在这个名称下拟探讨的对象包括了诗本身及其全部种类，有史诗、悲剧、喜剧、酒神颂歌、笛子和竖琴音乐的大部分形式等。

这种学科分类上的宽泛隐约透露出人类初期表达方式之起源的某种可能。起初人类试图表达自己情绪或思想的时候，嗓音和肢体想必会是最直接和最早的媒介，求诸于身体本身，而非外求于其他介质。而且按照古希腊神话，缪斯借助人的身体来作自己的信使，这便是诗人和音乐家的由来。传说中最早的希腊诗人及音乐家都是介于神和人之间的状态，如俄尔甫斯（Orpheus）和底比斯的建造者安菲翁（Amphion）。柏拉图在《伊安》（*Ion*）中秉持的正是这样一种观点，诗歌创作、表演、欣赏来自缪斯女神的点化，这便是西方文艺理论和美学里最早的灵感说。同样地，毕达哥拉斯（Pythagoras）所谓的天体音乐，奥古斯丁（Augustine）在《论音乐》（*On Music*）里所说的宇宙之歌等思想，无不隐示着这样的可能，包括音乐在内的诗歌是最古老最便捷最直接的艺术形式，它是沟通天地万有的媒介，宇宙和世界藉之成为一个和谐统一的整体。再考虑到古希腊城邦的戏剧津贴制度，以及古希腊神话和文化中本身所存在的音乐净化之理论和实践，便不难理解为何在古希腊开端处，柏拉图和亚里士多德皆以诗歌为其美学探讨的主要命题，而这在某种程

---

[1] Greek Lyric Poetry：The poems and fragments of the Greek iambic，elegiac，and melic poets（excluding Pindar and Bacchylides）down to 450 BC. Translated with an Introduction and Notes by M. L. West. Oxford University Press.1993. Reissued as an Oxford World's Classics paperback 1999: vi.

度上也说明了诗歌之于古希腊人的“第一艺术”之地位。

在中国古典传统中也是如此。从诗经开始，楚辞、汉乐府、魏晋南北朝民歌、唐诗、宋词、元曲，无不与音乐不可分割。所谓言之不足歌之，歌之不足，手之舞之足之蹈之，充分说明了语言、诗歌、音乐、舞蹈诸人体语言之间的紧密联系。故荀子在《乐论·第二十》中曾说，“夫乐者，乐也，人情之所必不免也。乐则必发于声音，形于动静……乐和同，礼别异。礼乐之统，管乎人心矣。穷本极变，乐之情也；著诚去伪，礼之经也”。汉代《乐记·乐情篇》有一段文字与此大体相同，并补充说“礼乐负天地之情，达神明之德。”“负”即“依象”。“负天地之情”，清人孙希旦解释曰：“言依象天地之情，同和同节，而与天地同其用也。”“达神明之德”，即是“通于神明之德，必易必简，而与天地同其体也。”[1]这些思想和柏拉图在《伊安》和《理想国》里表达的思想颇有类似之处，即诗歌、音乐、礼仪（舞蹈）一体，它们能够追本溯源，通达天地人神，展示宇宙演化，表现万物本性，使宇宙在差异中趋于和谐统一。

（梁）钟嵘《诗品》认为，“气之动物，物之感人，故摇荡性情，形诸舞咏。照烛三才，晖丽万有，灵祇待之以致响，幽微籍之以昭告。动天地，感鬼神，莫近于诗。”[2]何谓气？此或可理解为道家之气，即天地万有之始。诚如《道德经》所言，“有物混成，先天地生。寂兮廖兮，独立而不改，周行而不殆，可以为天地母。吾不知其名，强字之曰道。”（第25章）此道乃是恍惚之物，“道之为物，惟恍惟惚。惚兮恍兮，其中有象；恍兮惚兮，其中有物。”（第21章）这个气与空气这种具有确定性的质的物是不同的，后者生灭变化。为何气的作用方式是由气到物再到人？因为气虽然生成天地万物以及人，换言之气形诸物并蕴于物，但人却无法以感官直接感知它，人的感官作用有其边界，这个边界便是康德在《纯粹理性批判》中所标明的现象界。那么，人通过感知物而感应气，经由

---

[1] 孙希旦．礼记集解、十三经清人注疏 [M]. 中华书局，1989：1010.

[2] 何文焕．历代诗话 [M]. 中华书局，1981：2.

感官而后去感官并超感官，这实际上是从感性到审美的转化。这个过程正可见出诗歌的审美本性。

何以如此？康德在《判断力批判》中说，“如果我们希望辨别任何东西是否美丽，我们并不将表象与客体经由知性联系起来认识，而是经由想象力（或许与知性共同作用）将表象与主体以及主体愉快或不愉快的情感联系起来。”[1]很显然，认识判断与审美判断分得很清楚，认识涉及表象与客体的客观关系，而审美只关涉表象与主体及主体的情绪之间的主观关系。然而，尽管审美与客体无关，但审美离不开表象，审美的快感或痛感是由表象刺激起来的。所以，康德的这段话可以印证钟嵘在此处所说的，气之动物，物之感人。所以后面有“摇荡”二字，可见出神之思，亦即，理性之外的诗思已起；还有“舞咏”二字，则见迷狂，亦可见诗歌与音乐 之亲缘。

当然钟嵘和康德有所不同。在康德那里，审美指向主体的情绪，最终指向道德，是道德的象征。而在钟嵘这里，诗经由主体的性情摇荡及舞咏最终指向天地万有之道。 此道非彼道。在钟嵘这里,三才即天地人，所以古人所谓“三才天地人,一官归去来”(陶渊明、郑板桥皆以之明志)，无非是指由外界退回内心，再由内心观照世界本性，陶渊明是以诗与素琴的方式，郑板桥是以诗与字画的形式，俱是审美之途。所以，照烛即洞见，照烛三才与辉丽万有，皆是指洞见宇宙本性，使宇宙本性凭借诗歌而得以显明。

灵祗与幽微二句最见出《诗品》与《伊安》灵感说之相通处。柏拉图在《伊安篇》中说，“你所拥有的解说荷马如此出色的禀赋并非是一项技能，正如我刚才说的，而是灵感。”“因此神拿走了诗人的心智，利用他们作他的信使，正如他利用占卜者和神圣的先知一样，以便我们这

---

[1] Aesthetics：A Comprehensive Anthology. Edited by Steven M. Cahn and Aaron Meskin. Blackwell Publishing. 2008:131. 或者 Immanuel Kant：Critique of Judgement. Translated by James Creed Meredith. Oxford University Press. 1952，2007:203.

些聆听他们的人能够明白，那些在无意识状态下吐露出他们珍贵的话语的人并非在言说他们自身，神才是言说者。”❶

当然，那个同样作为代言人的诗人在柏拉图与钟嵘那里依然是有所不同的，因为所代言的对象不同。柏拉图视角里的诗人是缪斯的代言人，钟嵘意义上的诗人是灵祇与幽微的代言人。缪斯是有特指的神，作为古希腊主音乐与诗歌之九位女神，她们凌驾于人之上，具有不朽的生命，但又具有人格化的形象。而灵祇与幽微是不特定的，作为中国化的神明精灵幽怪们，其秉性差异很大，可以有人格化的形象，也可以没有；可以有不朽的生命，也可以没有。《楚辞》《山海经》《搜神记》里有大量形象传世。缪斯与灵祇幽微还有一个区别在于，前者以美的形象传世，而后者们则不一定，屈原笔下的山鬼大约是个中最美的形象了。实际上，钟嵘笔下不特定的灵祇与幽微究其本质而言，乃是作为天地之始的气的化身。而诗之所以能动天地感鬼神，是因为诗说出了天地之奥秘、鬼神之心声。换言之，在柏拉图那里，诗指向缪斯，亦最终止于缪斯；而在钟嵘那里，诗指向灵祇与幽微，并最终指向作为天地万有之始的气，即非人格化的自然之道。

“古曰诗颂，皆被之金竹，故非调五音，无以谐会……故三祖之词，文或不工，而韵入歌唱。此重音韵之义也，与世之言宫商异矣……”❷钟嵘藉此进一步道出诗与音乐之天然相通。总之，诗歌的产生是由于冥冥之气的作用，它首先作用于物，然后借物再作用于人，因为人的感觉能力无法直接感知到冥冥之气。人受到物中所传达的冥冥之气的感召之后，本性和情绪得以苏醒，即从睡眠、静止以及沉默的状态转向动的状态，也就是舞蹈和歌咏，从而诗歌得以产生。诗歌一旦产生，便可以让日月初开大地光明人文化生，让一切存在都变得灿烂美丽。一切神明精灵幽魂凭借诗歌来与人交流，从而诗歌得以产生。诗歌一旦产生，便反过来

---

❶ Plato，Ion. 533d，535a.

❷ 同上书，第 5 页。

令天地鬼神仿佛听到自己的歌声，并为之所感动。

通过几个中西经典文本的简单参看，可以大体得出以下几个结论：诗歌从一开始就与音乐相连；诗歌的语言不同于认知判断；诗歌能够沟通、体现万有本性，使宇宙和谐统一。这就为尼采的思想作了铺垫。下文有涉及诗歌和音乐之处多半可以互换和互含。

二、诗歌和音乐之于尼采的意义

诗歌对尼采同时意味着兴趣爱好、生命伴侣、文本主题、价值旨归、书写风格。熟悉尼采自身文本以及他人所作尼采传记的人都大体同意上述观点，因为证据比比皆是。

洛肯时期尼采的诗歌和音乐教育来自其父母，之后由教堂唱诗班的老师教授，在 14 岁进入普福塔文法学校（Pforta）时，作诗和谱曲已经成了尼采在古典语言和古代历史等科目之余的主要爱好。当时的尼采曾写道，“上帝首先给了我们音乐，以便我们能藉之被引导向上。音乐自身包含丰富的质感，它能提升我们，使我们分心，欺骗我们；的确，它能以其温柔、哀伤的调子使最坚硬的心肠融化；然而它的主要目的是将我们的思想引向更高的事情，提升我们，深深地打动我们……所有轻视音乐的人当被视为是疯狂的、动物似的生灵。”[1]

进入大学之后，尼采对叔本华的《作为意志与表象的世界》一见如故并将作者引为知己，与叔本华书中对音乐的标举有很大关联。同样地，在此阶段尼采结识瓦格纳并结下深挚友谊，亦是缘于两人对古希腊悲剧的共同推崇。此后终其一生尼采都离不开诗歌和音乐的陪伴。他和我们许多人一样，对喜爱的音乐会单曲循环。“你能相信吗？昨天我听——比才的杰作，听了二十遍，每听一遍卡门，我就似乎更像是一个哲学家，

---

[1] A Philosopher at the Keyboard：Friedrich Nietzsche as a Composer. Friedrich Nietzsche Complete Solo Piano Works. M.A.T. Music Theme Licensing Ltd. 2008.

一个更好的哲学家，比我通常自认为的更好……”[1]“可曾注意到音乐释放灵魂？给思想插上翅膀？一个人越是哲学家就越是音乐家？”[2]尼采有一句话可谓耳熟能详，没有音乐，生命将是一个错误。想一想苏格拉底那一句同样脍炙人口的话，没有经过审视的人生是不值得过的，尼采的旨趣和风格顿时跃然纸上。[3]

除了欣赏和演奏，从普福塔时期开始，尼采一生没有离开过诗歌和音乐的创作。由詹姆斯·路赫特翻译的尼采诗选《孔雀和野牛》（Continuum，London，2010）收入了尼采诗歌 146 首，创作时间从 1858 年到 1888 年。由 M.A.T. Music Theme Licensing Ltd 出品德国钢琴家 Michael Krucker 演奏的《尼采钢琴独奏曲集》于 2008 年问世，收入灌制了 28 首作品。我个人多次听下来的感觉是多利安和伊奥尼亚式的，简单、庄严、朴素、静谧，与我从尼采自身的文字中感受理解到的尼采是一致的。

关于诗歌和音乐作为尼采的文本主题和价值旨归，显而易见的是

---

❶ The Case of Wagner. Preface. Basic Writings of Nietzsche. Introduction by Peter Gay. Translated and edited by Walter Kaufmann，p. 613.

❷ Ibid. p. 614.

❸ 关于音乐对尼采的意义，Georges Liebert 所著的 Nietzsche and Music（translated by David Pellauer and Graham Parkes. The University of Chicago Press. Chicago & London. 2004）有系统而详尽的阐述。如第二章“At the Piano”，作者探讨了尼采早期的音乐教育。他说，尼采的父亲熟悉相当程度的钢琴演奏技法，尤其擅长自由的变奏。父亲去世后母亲教了他一阵子。之后是一位唱诗班主管指导他。颇具禀赋的他很快就可以演奏几首贝多芬的奏鸣曲和海顿的交响曲了。除了这两位作曲家，尼采在那个时期学习的还有莫扎特、舒伯特、门德尔松、巴赫的作品，可以说是德国音乐的支柱。“南姆堡……有着丰富和多样的音乐生活，公开和私人的音乐会、教堂音乐和声乐表演很常见。年轻的尼采很快就加入了他们——尤其是在他朋友古斯塔夫·克鲁格家里，后者的父亲是一位文职官员、门德尔松的朋友，也是一位优秀的乐器演奏家，谱写了大量的作品，包括奏鸣曲和四重奏。秋天的夜晚，可以发现少年尼采在一位教堂音乐主管的指导下经常参加清唱剧的排练，后者‘既擅长作曲也擅长管弦乐队的指挥’。‘坐在天主教堂的肃穆庄严的环境里，’他写道，‘我专注地聆听着崇高的旋律’。从 1858 年 10 月开始，作为著名的普福塔学校的学生——一个古老的修道院，年轻的贵族在那里接受古典语言和古代历史的教育——尼采的通信因为索求乐谱而引人注目……他写道，‘想象一下圣诞节来临而我却没有乐谱。’” pp.13-14.

《悲剧的诞生》，不那么显而易见的则是尼采一生文本之中的那种一以贯之，笔者博士论文《醉的泛音乐化——论尼采的艺术与权力意志》阐发的正是这个思想。“尼采美学思想的核心语词乃醉，醉在其思想轨迹中先后显现为音乐与泛音乐化，醉的生成使得其自身一方面作为名词之醉，一方面亦作为动词之醉化，这条从音乐到泛音乐化的道路就此言说着尼采美学思想的主旨：醉的泛音乐化。”[1]

早期文本《悲剧的诞生》中的主题词是醉，中期文本《查拉图斯特拉如是说》的关键词是宁静。醉是宇宙的原始生命力量。宁静则作为醉的变式，宁静区分于喑哑和寂灭，同时亦非遗忘和遮蔽，从而宁静并非醉的否定。如果醉作为世界的显性音乐，那么宁静则是世界的隐性音乐。当醉远离喧嚣和嘈杂回归自身时，正是走向宁静的时候；而当宁静区分于喑哑和寂灭时，它正向着醉的方向。醉和宁静互为向度，这种状态正好构成一个圆的运动。而音乐式箴言体（尤其是文本《查拉图斯特拉如是说》）亦否定着任何技巧意义上的发明，而是世界的音乐性的显现。

同样地，尼采晚期思想的关键词权力意志仍旧言说着醉。其文本中的两个象征：“蝴蝶”和“鸟儿”便显示出尼采试图在纯粹理性和纯粹感性之外找寻生命之路，十年的漫游正是这一寻找的足迹。永恒轮回则作为权力意志的变式。如果说权力意志作为存在者的世界性，那么永恒轮回则作为存在者的历史性。这表现为：世界性总在历史性之中，而历史性作为永恒的差异也总表达为世界性。这样一个流转的时间从而具有可逆性，或者说圆形轨道消解了时间的不可逆性。“新的世界—概念”发现了一个矛盾：即“世界向后的时间无限性”或曰“回归无限性”。（WP，548）不可逆的时间对应于一切终极论的单向流动与终极静止，回归无限性则对应于永恒轮回的无限存在。

此处值得追问的是从早期的醉到晚期的醉之间的延伸轨迹。在一个

---

[1] 汪顺宁. 醉的泛音乐化——论尼采的艺术与权力意志 [M]. 知识产权出版社，2005：内容摘要第 I 页.

相似的动词化表达中实际上伸展出思想的两个触角：一个是从音乐向生命的生发，一个是从生命向音乐的生发。即分别表达为早期的音乐生命化与晚期的生命音乐化。这看起来不过是语言游戏，但其实表明了尼采思想出发点的切换。

这个切换清清楚楚地显示着从音乐到泛音乐化的痕迹。早期的尼采作为叔本华与瓦格纳的信徒是一个必然，他在其自身的音乐素养与禀赋的驱使中与音乐艺术保持着近距离甚至零距离的接触与浸染。音乐艺术本身的贵族化色彩，在这位血统和学统上都颇富贵族倾向的尼采的思想里得到谐和的共鸣。他在十年的孤独漫游里视角开始扩大和伸展，在一切存在者尽收眼帘之后，透视者固有的音乐"先见"使一切都染上音乐的色彩。于是尽管所有存在者都表达为权力意志，但这个权力意志仍旧是音乐的醉。然而世界作为音乐如何可能？换言之，世界的可见性直观地排斥着音乐的听觉，在世界的可见性和可闻性之间必须存在某种转换，这便表达为世界的泛音乐化。

如果说音乐生命化作为对音乐的聆听使自身区分于其他音乐本性说或音乐无本性说，从而使作为音乐家—美学家[1]的尼采区分于其他音乐家与美学家，那么生命音乐化作为对生命的透视使自身区分于其他本体论或存在论，从而使作为哲人的尼采区分于其他哲人。如此而来泛音乐化实际上成为音乐家—哲学家尼采的全部秘密，世界作为音乐显现为音乐把握为音乐，传统形而上学无不在此遭遇音乐的来去冲刷以至激荡殆尽，剩下的惟有音乐的旋律节奏和声充塞天地宇宙之中，它就是宇宙。此宇宙的泛音乐化并非尼采对宇宙的"真理"把握，亦无关乎"道德"，同时也非"包装"艺术。真理、道德都不过是传统形而上学的另一个代名词，它们超出宇宙并反身规定宇宙。而"包装"艺术充其量不过是一种自觉的"艺术包装"，它无关于艺术而只相关于利益与欲望，是利益

[1] 与下文的"音乐家—哲学家"类似，此处的音乐非一具体的艺术门类，换言之，连字符两端的名词并非并列关系，而是有所侧重的。

与欲望的艺术脸谱化。从而泛音乐化的“天籁”非一般耳朵所能听闻。由此听觉的力度（也包括嗅觉等）决定了生命的丰盈与衰退，在艺术的高下等级（伟大的风格与浪漫主义）之间，唯有生命之力的强与弱作为尺度。

酒神颂歌及由之发展而来的古希腊悲剧正是尼采所谓的伟大的风格。古希腊诸神之中还有谁像狄奥尼索斯那样经历过死而复生并依然沉酣于生命之酒？同样地，在命运的驱使下，悲剧主人公的人性智慧虽然无法与神性智慧抗争，但他们选择承担自己的命运。个人对命运的担当，正是悲剧的崇高之美所在。人的智慧虽然无法和神抗争，但人的意志却可以承担全部的命运。或许古希腊悲剧正是藉此展示人的意志的力量并以此敬献酒神。酒神颂歌和古希腊悲剧式的伟大的风格一方面区分于温克尔曼所赞赏的古希腊雕塑的“伟大风格”，另一方面也区分于现代的浪漫主义。对尼采而言，包括他自己在内的现代文化及艺术根本而言是衰退的，无论其表现为华丽的音色、强烈的感情还是遥远的异国情调以及恐怖的刺激等。当艺术失去其自身或曰当生命失去其自身的力量时，过多的风格、手段及其堆积根本而言并非生命的高涨而是痉挛，喧嚣与斑斓在此成为衰退的华贵面具，恐怖与刺激在此成为衰退的强硬面具。与浪漫主义艺术相比，酒神颂歌式的艺术是宁静的醉，它来自生命的丰盈和强大；与古典主义艺术相比，酒神颂歌式的艺术是醉的宁静，它来自非理性的生命而非理性的静观。因此尼采视酒神颂歌及悲剧为现代艺术和生命的救赎。

关于诗歌和音乐作为尼采的书写风格问题，我们不可能不注意到，尼采的文本迥异于传统哲学文本，鲜有演绎和归纳，却时常夹杂诗歌与舞曲。最典型的是《查拉图斯特拉如是说》。就这部作品的音乐或诗歌风格，我曾经写道，尼采“不仅曾直接创作音乐作品，而且其《查拉图斯特拉如是说》本身未尝不是一曲荡气回肠的欢乐颂。这部性灵之作与其说是模仿了《新约全书》，不如说是模仿了交响乐的结构。第一乐章在呈示部中展现了两个对比的主题：‘三种变形’从骆驼到狮子到孩子流泻出肯定的主旋律，‘道德之讲坛’则弹奏着否定的乐思，道德不过是催眠曲，蒙眬着眼睛的睡者无梦亦无生命。在再现部中，‘赠送的道德’又一次奏响了呈示部的主题，只不过加入了权力意志的和声。第二乐章带出了‘夜之歌’的慢板，沉思的哲人在罗马的巴贝里尼广场的柱廊前伫立，述说着内心的寂寞与忧伤。紧接着‘是’与‘亚门’之歌在第三乐章加快了速度，古老的酒坛倾泻着所有关于葡萄的渴望，紫色的忧郁‘气息在未来之歌的祝福里’。第四乐章涌动着令人振奋的快板——‘酩酊之歌’，生命向死神庄严宣告‘再来一次’，在勇者之醉中升腾着永恒之气韵，生命的夜光杯荡漾着‘玫瑰色的、棕色的黄金酒的芬芳。’”❶

“翻开尼采这部书，若干小节直接用‘……之歌’作标题，这的确名副其实。阅读该书读者完全可以感觉到它在生成过程中书写者的那种情绪流的涌动，其速度之快已经超过了笔尖的书写，造成了一种‘音的环绕’或‘波浪式行进’的感觉。这正应了古人所云：言之不足歌之。如同音乐性格一样，这部书里旋律化语言的行进也同样提示出不同章节的情绪，或宁静或活跃，或轻快或沉重。《查拉图斯特拉如是说》一书除了在语言风格上的音乐化特色之外，其本身在篇章架构上还借鉴了一些音乐形式。比如书中使用的那些可以和音乐中的乐句、乐节、乐段相应的结构单位，其中大量的重复、循环和叠句手法本身就是一种对古希腊酒神颂歌的借鉴。不仅如此，该书的音乐式架构还体现在章节编排上的套曲化形式以及为了进一步加强章节关系和形式联系而借用的‘公共终止式’，即从第一部开始几乎每节都用独立成段的‘查拉图斯特拉如是说’结束。……这就赋予这部书一种严谨的形式化的倾向。作为公共

❶ 汪顺宁．权力意志与艺术——论尼采美学的基本问题 [J]. 哲学研究，2002(4)：64. 此后，我在博士论文《醉的泛音乐化——论尼采的艺术与权力意志》第一章“艺术：音乐醉化”第三节“醉式语言：音乐式箴言体”中更详尽地阐发了这一观点。参见汪顺宁《醉的泛音乐化——论尼采的艺术与权力意志》，知识产权出版社，2005年版。

用语它可以比拟对应于两种音乐形式：公共的终止式、合尾式结束。这也满足了音乐在形式上的严格要求，众所周知音乐是所有艺术中最离不开形式的。‘查拉图斯特拉如是说’这句话的意义还不仅在于此，亦即它不是一个简单的固定结尾，考虑到它还作为全书的书名，其重要性应该相当于柏辽兹《幻想交响曲》中的固定乐思、李斯特交响诗作品中的主导动机，也相当于采萨·弗朗克的循环主题。……‘查拉图斯特拉如是说’在每小节后重复出现，贯穿全文，效用在于既增强形式感，又强调、突出主题，使读者强烈感受到查拉图斯特拉的言说。”❶

尼采这部中期作品的音乐风格是其哲学美学思想在文本语言中的完美呈现。在早期作品中，尤其是《悲剧的诞生》中，他试图以瓦格纳歌剧所象征的古希腊悲剧的再生来拯救古希腊悲剧精神消亡之后现代艺术和文化中的颓废。但很快，他便发现，瓦格纳歌剧带有现代艺术和文化的另一个极端的病灶，声音的过度喧嚣和色调的过度华丽。换言之，尼采清醒地意识到包括瓦格纳和他自己在内的现代人的时代症候。“一个哲学家从始到终追求什么？克服他自己身上的时代性，变成无时代的。从而他必须与什么进行最艰难的战斗？与任何那些将他表明为时代的孩子的东西。那么！我也是一个时代的孩子，不亚于瓦格纳；亦即，一个衰退者：但我领会到这点，我抵制这点。我身上的哲学家抵制了这点。”❷

于是，尼采中期最重要的作品《查拉图斯特拉如是说》着重强调宁静和纯净的意义，以调和被人误读的古希腊悲剧精神的醉，同时在作品的整体结构和叙事风格上，以交响套曲的曲式形式来与之呼应。总之，尼采似乎有意识地以这种文本方式来“示范”其美学思想。再联系我聆听尼采创作的钢琴作品全集的经验，那种庄严、朴素、静谧的音色与瓦格纳的音乐果真是大异其趣的。应当强调，尼采所谓的酒神精神和醉、

❶ 汪顺宁.醉的泛音乐化——论尼采的艺术与权力意志[M].知识产权出版社，2005：37-41.

❷ The Case of Wagner. Preface. Basic Writings of Nietzsche. Introduction by Peter Gay. Translated and edited by Walter Kaufmann. First version 1967. 2000:611.

权力意志等概念的确是容易被人误读，其中的宁静成分容易为人所忽略。此醉的宁静“严格地说，乃时空感的减慢”，从而醉并非反应敏捷而是“反应迟缓”“没有战斗感”（WP，420）。

三、女性气质的尼采

如前所述，《查拉图斯特拉如是说》乃是宁静的酒神颂歌，是尼采越过两千年之后对他所理解的古希腊精神——古希腊悲剧中的酒神精神的沉静的呼应。

不仅如此，它还是是充满女性气质的，充满米奈德气质的，是米奈德的诗歌。其中，第二部总第 31 节和第 32 节《夜曲》、《舞曲》，第三部总第 59 节《另一支舞曲》，第三部总第 60 节《是与亚门之歌》、第四部总第 76 节《在荒漠女儿们中间》等更是其中的明证。米奈德（Menad）是古希腊神话和文化中酒神狄奥尼索斯的女性爱慕者和追随者的统称，由于狄奥尼索斯又被称为巴克斯，所以米奈德又被称为巴坎忒斯，悲剧家欧里庇得斯（Euripides）在《酒神的伴侣》（*The Bacchantes*）中有相关的描述。把尼采的文本视为诗歌，而且是酒神颂歌似的诗歌，这是前面两节阐发的问题，而把尼采视为米奈德，则是此节打算处理的主题。由于前面的论述中已经包含了酒神的层面，所以这里的关键是将尼采女性化，还原出一个充满女性气质的尼采。然而，这可能吗？

尼采当然是一位男性，这里不打算探讨他生理上的性特征和私生活上的性取向，甚至也不探讨他衣着打扮上的风格，根据所看到的资料来看，没有什么地方让人有疑惑之处。此处想要着笔的是尼采的神经性格与思想，一方面是从少年儿童时期的尼采的性格特征入手，另一方面是从《查拉图斯特拉如是说》中的某些章节来分析。

随着父亲的病逝和弟弟的早夭，尼采从五岁开始便置身于一个完全由女性构成的家庭成长环境之中，祖母，未婚的姑姑，妈妈，妹妹。在虔诚的母亲以及同样虔诚的祖母和姑姑等长辈的羽翼之下，儿童时期的尼采完全像个女孩子一样，不玩任何同龄男孩的游戏也没有他们的“恶习”。“圣洁的女性家庭环境将尼采宠爱成女性化的纤细和敏感……他不喜欢邻居的坏男孩，后者们掏鸟窝，偷果园，扮演士兵，还撒谎。”❶读者熟悉的有中译本的丹尼尔·哈列维的《尼采传》曾讲过尼采小时候的一个故事。有一天放学回家正好碰上下雨，别的小孩子都慌慌张张地跑回家，只有尼采拿书包顶在头上，像平常一样不慌不忙在雨中走着。到家时他妈妈问他为何不快跑，他反问妈妈，你平时不是教我们要注意自己的行为举止吗？正是这样独特的家庭成长环境使得尼采从小就养成了这样的性格和爱好并维持终身，至少是在他崩溃之前——举止有度，喜爱读书和独处。“他的同学们称他为‘小牧师’，其中一个将他描绘为‘教堂里的一个耶稣’。他喜好独自一人阅读圣经，或朗诵给其他人听，他朗诵得是如此的充满感情以至于令他们热泪盈眶。”❷

普福塔时期的尼采依然如此，古典语言、古代历史，以及诗歌和音乐、游泳占据了他全部的生活。直到上了大学之后，相对于家庭和普福塔学校，波恩大学以及之后的莱比锡大学有着更加开放的环境，而且尼采也进入了青年时期。“和他的大学同学一起，在波恩和莱比锡他突然置身于一个感性骚动的暑期，甚至克服了自己的一丝不苟，本来这令他很难接受抽烟喝酒等男性的艺术。但很快，葡萄酒、女人和烟草便令他厌恶。”❸

由短暂的释放以及之后很快的厌倦可以看出，尼采的性格特征已经被塑造成了一个女性。他自己应该是非常清楚这一点的。而且他应该也非常清楚，这样的性格特征一方面是女性成长环境所致，另一方面是因

---

❶ Will Durant. The Story of Philosophy: The lives and Opinions of the Greater Philosophers [M]. Pocket Books, a division of Simon & Schuster, Inc. New York. First version 1926. 2006: 525.

❷ Ibid.

❸ Ibid. p.526.

为这些女性都是虔诚的基督徒。所以，尼采之反对基督教跟这有关吗？关于女性，尼采说过一些很尖锐的话，跟这也有关吗？“他攻击基督教，因为在他身上有如此多的基督教道德精神；他的哲学是尝试着去平衡和矫正他自己身上的不可抵制的那种倾向，那种温和、善良和平静的倾向；热那亚的善良的人们称他为‘那个圣人’❶，难道不是对他最后的侮辱吗？”❷

不管尼采愿不愿意接受这样一个女性化的自己，也不管他此后是否是有意识地通过对基督教和女性出言不逊来矫正自己身上的他称之为现代文化的症候的那种病灶，尼采在神经特征上已经成了一个女性。“此后他有着谢莉的神经和克莱尔的胃；在一个武士的盔甲下藏着一个女孩子的灵魂。”❸

他全副武装冲锋陷阵只是为了将长矛刺向自己！！这种和自己的战斗我们在《查拉图斯特拉如是说》中某些章节可以清晰地感觉到。譬如第 32 节《舞曲》：❹

尼采一（或意识之中的尼采）：“噢，生命！最近我深深地注视你的眼睛，然后我似乎沉入那不可测的幽深之中了。但你用金色的鱼钩拉我起来。当我说你深不可测时你嘲弄地笑着。”

尼采二（或意识深处的尼采，或尼采所称之“生命”）：“‘所有的鱼都这么说’，你说，‘他们不测量的就是深不可测的。但我仅仅只是变化无常的，野性的，完完全全的一个女人……’”

尼采一：“她就这样笑了，这惊人的女人；但当她说自己的坏话时，我从来不相信她和她的笑声。”

在这节中尼采提到“在我们三者之中”，文字上可以看出是我（查

❶ 译者注：尼采辞去教职漫游的十年之中有些时间是在意大利热那亚度过的。

❷ Ibid. p. 524.

❸ Ibid. p. 529.

❹ 所引尼采文本为译者根据相关英译本译出。

拉图斯特拉）、我的野性智慧、生命三者。在行文中可以看出，我的野性智慧和生命似乎是同一个人，是同一个女人。“有一次生命问我，‘谁是这个智慧？’我热切地回答，‘噢，是的，智慧！人们渴慕她，永无餍足；人们透过面纱看她，透过网络捕捉她。她美吗？我怎么知道？……她变化无常而又固执，我常常见她咬着嘴唇逆着头皮梳头……’当我这样对生命说时，她嘲讽地笑了，闭上了她的眼睛。‘你在说谁？’她问，‘无疑是说我。即便你是对的——应当这样当面对我说吗？但现在也说说你的智慧吧。’噢，然后你又张开了你的眼睛，噢，可爱的生命。我似乎再一次沉入那不可测的幽深之中了。”❶

尼采将自己一分为三（这分明带有基督教的三位一体的痕迹，这是他一贯的笔法，借用圣经里的书写技术或手法以示嘲弄和叛逆），然后再与自己交战。他想要对抗生命，却一再陷入生命的幽深之中不可自拔。他害怕，他畏惧，但又不由自主地想要靠近。尼采不是超人，他说过他从来没有见过超人，他深陷于生命本身的诱惑之中。他似乎无法将自己与生命的诱惑分开，似乎无法将自己与内心深处的女性分开。

于是，第31节《夜曲》一方面是爱者之歌，唱给爱慕的女性，另一方面却分明带有女性的特征。请读一读《夜曲》，还有比这更沉静而又深邃的爱的颂歌吗？这种深邃和沉静是完完全全的女性特质。“我是光明，噢，但愿我是黑夜！……但愿我是昏暗的和黑夜的。”❷这是怎样的矛盾和纠结啊！一方面，尼采（或查拉图斯特拉）成了被酒神狄奥尼索斯凭附的米奈德，向往着、爱恋着，另一方面，尼采的男性角色又时时干扰着这种内心深处的渴望。

这个尼采内心深处的米奈德顽固地唱着酒神颂歌，由此，诗歌、女性、古典传统、查拉图斯特拉等几个维度便挣脱了各自为政的局面，内在地

---

❶ ZS. The Portable Nietzsche. Edited and translated by Walter Kaufmann. Penguin Books. First version 1954. 1982:220-221.

❷ Ibid. p. 217.

联系起来（别忘了，狄奥尼索斯神在古希腊神话中永远是一个貌美如花的带有女性气质的美少年形象！），共同对抗着尼采的男性的社会和生理的角色，后者正是柏拉图以降的逻各斯中心主义的象征。很遗憾，尼采自身成了这两种力量的角斗场并最终倒下。

以上我谈到了自己围绕这几个维度来选择并翻译西方学术界对尼采美学的研究文本的原因。现在，这些译本已经呈现在这里了，请翻开吧。

具有传染性的尼采（节译）

大卫·法瑞尔·科瑞尔（David Farrell Krell）

前　言

组成目前这本书的研究写于 1969—1994 年。

关于谱系学的批判的三章，尽管比较薄弱，但对我来说似乎是此书合适的开篇。在它们之后的那些——20 世纪 70 年代关于海德格尔论尼采的研究，80 年代关于德里达对海德格尔和尼采的挑战的研究，90 年代关于尼采和德国浪漫主义的关系的研究——继续依赖于如下确信，即便作为永恒轮回的思想者和诗人，尼采依然首先是、首要是一个谱系学家。

介　绍

当我妈妈第一次抓到我读尼采的《超善恶》时——我还在读高中，一个老师把它给了我，我一个字也看不懂——我妈妈告诫我："人们读这种东西会变成疯子的。"正如在所有重要的事情上那样，我妈妈是对的。

愿意或不愿意，一个人总是一次又一次地被尼采召回。一个人总是为尼采所折磨，就像为感冒所折磨，或为某种同样具有传染性的东西所折磨。尼采就像是来自美丽嘴巴的笑声或舞蹈的眼神——很快地，房间里的每个人就为喜悦和兴奋席卷了，将好的健康与不好的影响分开的界限被抹去了。

哲学是神圣的疯狂，柏拉图在《斐多篇》中说。然而，如果在我们这个时代神圣已经奄奄一息，无论是虔敬的还是悲惨的，那么哲学家必须知道他们招致了何种疯狂，或何种疯狂攫住了他们，使得他们既兴高采烈又郁郁寡欢。尼采是最符合要求的哲学家。好像他从未停止作一个医生——尽管是一个既被传染又具传染性的医生（尼采在普法战争时作为一个医生服役过一个星期，在1870年8月底，梅茨附近：他几乎立即就被受伤和垂死的士兵传染上了白喉和痢疾，于是他被迫回到母亲和他的教授席位身边。）

庆祝尼采作为形而上学的终结或第一个伟大风格的哲学家太宏大了；目前最好还是坚持一种更为冷静的看法，即尼采是一个带菌者[1]。

第四章探讨这些问题：在尼采之后阅读柏拉图的可能性——以及在所有那些被尼采所传染的人之后阅读柏拉图的可能性。尼采对苏格拉底的矛盾情绪（ambivalence）是众所周知的，他对柏拉图的矛盾情绪也同样；柏拉图是混合风格的艺术家和思想者，然而他那史诗、抒情诗、喜剧和散文的综合体在古代世界是无与伦比的。尽管柏拉图可能被苏格拉底所诱导，但他有时候依然希望不受其影响。本章结束于对柏拉图的《斐多篇》的一些解读，其中之一是对柏拉图式的“死亡”赞歌回应以谱系学批判，另外一个解读是对柏拉图对话的喜剧、梦、神话和音乐的更为积极的回应。《斐多篇》中苏格拉底向阿斯克勒皮俄斯[2]祭献公鸡。这个古代的公鸡或者是生命肯定或者是生命弃绝，尼采——以及赫曼·梅尔维尔一道——驱使我们去考察。

---

[1] 译者注：介绍里面已经多次点题。

[2] 译者注：Asclepius，古希腊神话中的医药神。

公鸡：（尼采之后）解读柏拉图

“许多人都拥有生命之杖，但酒神却寥寥无几。”

——柏拉图，《斐多篇》69c 7-8

“通过讲授《斐多篇》，我得以有机会用哲学传染我的学生……”

——尼采给里奇尔的信，1869 年 5 月 10 日

“然而，我相信柏拉图病了。”

——柏拉图，《斐多篇》59b 10

“亲爱的老朋友，……我越来越震惊于自己对柏拉图是多么的无知，查拉图斯特拉是多么的柏拉图化，并为此震惊而感到无力。”

——尼采给欧维贝克的信，1883 年 10 月 22 日

“拂晓。理性的第一个哈欠。实证主义的鸡鸣。”

——尼采，《“真实的世界”是如何变为一个寓言的》，1888 年

尼采和柏拉图：一个可怕的相遇。在尼采著作里关于柏拉图的许多讨论中——有超过 500 次直接的引用——我们得以知悉，尼采视自己毕生的使命为克服柏拉图主义。并且，将所有的保留和限定性条件放在一边，我们知道，柏拉图与柏拉图主义不无干系。如果西方哲学的历史是对柏拉图的一系列注脚，如果哲学自身包含柏拉图主义主题的各种变奏，那么尼采试图写下最后一部变奏曲，它将穷尽柏拉图主义的全部可能性，并将作为如是的哲学带入终结。似乎我们可以悲悯地阅读柏拉图或者是尼采，但无法同时阅读他们：单单阅读柏拉图，会将尼采设想为一个最糟糕的智者，充满解构色彩；单单阅读尼采，会将柏拉图设想为一个最可鄙的衰败者及江湖术士。尼采称其为“最了不起的卡里奥斯特罗”。在尼采之后阅读柏拉图：这从根本上可能吗？

人们不厌其烦地说，尼采毕生的全部作品，关于形而上学、道德、

宗教、艺术等，皆涉及对柏拉图和柏拉图主义的指责。哲学家是那些想要赶快赴死的人。我们阅读《斐多篇》，以便他们能够浮上纯粹理念的轻飘飘的领地。为此他们轻视身体，宣扬对身体进行讨伐。并且，为了助死亡一臂之力，他们苦修肉体；他们发明一个像他们一样贫血的上帝，并将自己可怜的希望寄托在他身上，梦着天国的梦，即使他们的音乐是悲惨而陈腐的，他们的舞蹈是一种严肃僵化的哑剧。柏拉图—基督教文化在其最值得称道的成就上被尼采蔑视嘲笑为生命的对立面。叶芝谈起一座塔时说，“……在顶端半死不活”，尼采谈起上帝之死时说——这个死亡是一种自杀。在尼采的超人所意欲的一切价值的重估中，柏拉图的塔被颠倒过来并里外翻转。因为尼采在柏拉图主义中看到当代虚无主义的源头。为了克服消极的虚无主义和叔本华的悲观主义或欧洲佛教的虚弱精神，尼采说我们必须克服那个随着希腊精神垮塌而起源的传统，那个随着柏拉图而起源的传统。在过去的几十年里，许多幼稚乏味的论文被撰写出来，促使我们将自身从全部虚无主义的不快中拯救出来，这种不快要拜那种对我们的年轻人灌输柏拉图之赐：这种灌输产生了一系列的泰阿泰德❶——但是没有亚西比德，如果你乐意的话——并且所有这些现代以及后现代的疾病都将被多利安式的健全所压垮。尼采会回答说，除了倒退式生活中隐含的那些困难之外，在过去已经终结的时代里去复制西方文化的同样的戏剧只会简单地导致更加严重的虚无主义。接下来我至少会试着避免成为这些幼稚乏味的论文之一，这些论文将柏拉图作品视为虚无主义的一剂解药。我站在尼采一边，如果思考意味着站位的选择的话。我将再次询问，是否柏拉图依然让人开卷有益。

我初次阅读柏拉图在十五岁——乔伊特（Jowett）译本的平装本对话选集，包括《会饮篇》。这个国家看起来半生不熟，它的生果汁到处喷洒。导言介绍说《会饮篇》是柏拉图关于“爱”的对话之类，由于希

---

❶ 译者注：希腊数学家（约公元前414—前369年）。

望得到启蒙，我开始读它。我读到泡赛尼阿斯（Pausanias）就再也读不下去了，他关于高贵的爱与卑贱的爱，赞扬灵魂之爱，谴责肉体之爱。我没有扔掉它是因为它是我用自己挣来的零花钱买的，但我那时知道了，以一种充满激情的、明明白白的、青春期少年的认识方式知道了，柏拉图告诉我的东西是穿黑袍的布道者早就告诉过我的。

在整个大学阶段，我避开哲学和哲学家，尽管各种各样的必修课程时常迫使我忍受那些天真和傲慢的疯狂混合体（纯粹的潜能，哦嗬！），那对我而言便是哲学的同义词。我选了一个明理的专业，学习欧洲历史，在研究生阶段学习理念史，这个课程让我高居于哲学家、先知、梵文学者和政治家的乌合之众之上。然后我读了尼采。他把我从那个高位上撞了下来。他引着我，在夜晚溜进没有拴好的地窖之门进入哲学[1]。很久以后，从他那里我知道了，基督教是"群众的柏拉图主义"，苏格拉底是成问题的，柏拉图是变馊了的艺术家；很久以后，我知道了，柏拉图主义者言说着理念说或形式说，以及"哲学是练习死亡"之类，我被迫（从外部，被一个研究生学院的教授迫使着）去再次阅读柏拉图。

如果我的某些读者恰好有着类似的经历，那么或许我的这段自传式的离题会被原谅。我指这种怀疑的经验，怀疑柏拉图作为另一世界之壁垒的最宏大的栋梁，以及那种不得不在二者之间做出选择，是选择衰败的、垂死的本体论——神学，还是选择生机勃勃的、爱冒险的、对大地保持真实的思想，就像年轻的斯蒂芬·代达罗斯（Stephen Dedalus）不得不在"苍白的祭坛侍奉"和艺术生命的欢庆之间做出选择一样。然而，同样地，那种经验，认为柏拉图恰恰是艺术家和作家中最生机勃勃的、爱冒险的、富有艺术气息的，以及对我们的世界和大地保持忠实的经验，要求我们重新面对这个"伟大的卡里奥斯特罗"。

我希望在目前这章中讨论的是这种解释学状况，在这种状况中，那

[1] 译者注：我认为这是我看到的对尼采的最高评价。

些已经有着这样一种经验的人们能够——并且必须——阅读柏拉图。用作尼采哲学对柏拉图的批判指南，我乐意谈一下我们阅读柏拉图对话应有的方式。毋庸置疑，苏格拉底和柏拉图很少分离，但我的确希望聚焦于尼采对柏拉图戏剧性方法的批判而非苏格拉底问题；尽管我的目标之一是显示，在柏拉图对话中那种形式和内容之间的纠结。我打算关注形式多过内容。概括来说，内容最后总无非是柏拉图的“教言”或“形而上学”，并且恰恰是柏拉图主义的这个本质——尼采所要抨击的——因为对话体的形式而产生了剧烈的问题。在勾勒出尼采式批评所主张的那种“解读提示”之后，我会试着将它们运用到某个哲学问题，关于哲学和死亡之间的关系的哲学问题，如柏拉图的《斐多篇》所展示的，然后会以某些自己的想法来作结，这些想法涉及，一个人在已经阅读并认真对待了尼采的攻击之后如何讲授柏拉图。

对话和辩证法：柏拉图的“混合”形式

通过回顾尼采对柏拉图的戏剧性风格而实质的批判，似乎我们忽略了他对柏拉图主义的倾覆。然而我们依然在思考，在柏拉图写作之球中，表面追随着核心，表面如何为核心所塑造。尼采批判苏格拉底的辩证法和柏拉图的戏剧表演，尽管后者在此处对我们更为重要，我们至少还是要考虑一下前者。毕竟，柏拉图的戏剧性对话刻画了苏格拉底的辩证法。尼采提出了两条主要的责难。首先，辩证法是修辞学的把戏，一个“邪恶的工具”，一个法庭上的“武器”，它允许一个卑劣的人去凌虐比他更高贵的谈话者（GD，6，70），苏格拉底从而是一个伪装的智者，一个体现了伏尔泰本能的小丑。总之，辩证法是摆着接生术探讨姿态的愤恨，是对权力意志彻头彻尾消极的表达。其次，辩证法感染它所探寻的物质，总而它总是遮蔽多过揭示。苏格拉底的同时代人正确地怀疑过辩证法：“这样一种对个人论点的公开表述也是值得质疑的。一切诚实的事情，像诚实的人们一样，不会如此豪爽地显示他们的立场。有些东西不适合全盘托出。不管什么东西如果首先必须让自己被证明，那么一定是没什么价值的。”（GD，6，69-70）

根据第一点，尼采会补充说，塞拉西马柯（Thrasymachus）在《理想国》里的公开论证中发脾气是很正当的；卡里克勒斯（Callicles）在《高尔吉亚篇》里的责难不是没有根据的；他可能观察到，苏格拉底是某种魔鬼鱼（stingray），不管遇见谁都让对方瘫痪，如美诺所声称的那样，而且苏格拉底实际上在论争上比狄奥尼索德罗斯（Dionysodoros）和欧绪德谟更聪明。关于第二点，尼采可能会补充说，苏格拉底的昭然而直率的归纳和区分实际上是恶劣的过于简化，一种老练的手头花招，以及一种关于“类似”的讨厌的乐观主义的表达。（参见第八章）当然，是柏拉图撰写和导演了整场演出：攻击应该从那个叫苏格拉底的角色那里移开并转向那个使角色不朽的作者。

对尼采而言，在傲慢地战胜波斯之后，希腊秩序的瓦解不是一个简单的政治灾难：他坚持认为，灾难也涉及缪斯的远去，悲剧的终结以及辩证法和逻辑的开端。柏拉图变成这一衰退时代的关键人物。而前柏拉图的哲学家则拥有一种纪念碑式的伟大，在个性和作品之间保持了统一的风格，这种统一与早期古典时代的生活风格和文化的统一是相符合的。相反，柏拉图是个折中主义者，一种“混合的类型”，“多面的”，他的个性和写作是所有这些的混合体：赫拉克利特的冷漠，毕达哥拉斯的忧伤，苏格拉底的聪明、饶舌和乐观主义（《希腊悲剧时代的哲学》，I，809-812）。

我们赞扬柏拉图的伟大，仅仅是因为书的命运（fatum libellorum），它盲目地主宰着抄写员的一部手稿是存活还是毁灭，正是它，从我们手中夺取了赫拉克利特、恩培多克勒、德谟克利特。尼采猜测，如果这些作品没有消失，柏拉图的对话永远也不会占据古典教育的至高的神龛。（同上）除了学说的畸变——存在和生成的颠倒，存在与时间秩序的疏远，对感觉和身体的责难（尼采指“精神和身体之间的完全错误的分离”），柏拉图的风格是反希腊的。如果作为一种艺术形式来考虑的话，对话体纳入了一切前人的艺术，除了悲剧。史诗、抒情诗、萨提尔剧、喜剧等至少部分地存在于对话体之中；但苏格拉底的乐观主义压倒了柏拉图，使得悲剧从他的对话体中消失了，正如柏拉图要将悲剧家从模范城邦中驱逐一样。然而这比较奇怪，因为柏拉图的对话沿用了悲剧的形式，而悲剧则是早期艺术形式的综合。但正因此，柏拉图的对话为犬儒学派的写作铺平了道路，并最终为伊索寓言——小说的写作铺平了道路。

在苏格拉底之魔的压力下，柏拉图减少了诗意（poesy），将之作为辩证法的附庸。对于宇宙结果的哲学安慰的某种单调化以及对于人类的生与死的程序化的天真随之而来。尼采推崇希腊人，因为相对于我们，他们拥有“……一种对世界更深刻的揭示”。然而柏拉图开始将希腊人的世界启示模糊化。他为之裹了一层茧。在他人生的中期，好似世界变成了独眼巨人的洞穴——从此以后的两千年里，它无法挣脱逃离。或许尼采抱怨说，柏拉图“是乏味的”，因为他风行了“太久”。宇宙的欢欣鼓舞的音乐淹没在糟糕透顶的、扬扬得意的、孩子气的辩证法的刺耳的声音里。

然而，尼采的观点并非单面的，因为他认为，视觉的多重性对任何探索都是至关重要的，所以，他对对话体的看法是否有着其自身更积极的一面呢？如果这是真的，即柏拉图的风格是史诗、抒情诗和喜剧元素的混合体，如果他的艺术形式囊括了除悲剧之外的全部形式，那么，对话体的复杂和丰富是不能被否认的。即便后期的写作（通常被视为专业论著，戏剧性的形式仅仅成了累赘），也是包含了戏剧材料的，以及喜剧、意象、神话和抒情。因此，柏拉图从未真正地彻底袒露在读者面前：他将一个即便最简单的论证也要设法置于复杂的背景之下，如复杂的人物、地点、历史事件、神话参照系，所有这一切的意义无法被穷尽掌握。如同对话体自身就是戏剧，好比是独眼巨人洞穴的壁画的阴影。

尼采视角的多重性以及关于苏格拉底的那些显而易见的矛盾视角已经引起了诸多讨论。然而他对柏拉图的视角之矛盾必须被强调得更多一点。因为正是这些矛盾似乎昭示着尼采之后对柏拉图的解读，昭示着尼采的追随者之后对柏拉图的解读。接下来要用短小的篇幅来概述这种矛盾，从《悲剧的诞生》到《偶像的黄昏》。

在《悲剧的诞生》中，柏拉图作为弟子，将自己投射到垂死的苏格拉底的背景之下，但柏拉图并没有视其为垂死的，因为柏拉图自己病了。尼采建议，柏拉图作品集在某种程度上是不在场者的绝望的产物，从而是永远悲伤的，永远自我责备的弟子[1]。尼采有时将柏拉图式的艺术形式谴责为一种混合的媒介。在悲剧和哲学之争中，尼采通常站在悲剧一边，在《人性的，太人性的》一书中，他承认，关于悲剧对观众的毒害性效果问题，柏拉图本质上是对的（MAM I，212；2. 173-174）。反之，柏拉图，这个西西里岛上的沮丧的暴君（如果不是雅典的暴君），被自己作为政治教育家的失败所磨蚀，从而加重其毒害性。不管怎样，他为那些不再年轻但又尚未老去的哲学家制造了彩虹[2]：

每一种哲学都是对应一种生活阶段的哲学。哲学家在其中找到其学说的生活阶段反过来在这种学说中回荡；他不能阻止它，无论他有多强烈地感觉到他超越到时间之上。从而叔本华的哲学保持了一个热情而又忧伤的青年人的镜像——更老的人们无法想象之；从而，柏拉图的哲学让我们想起三十多岁的人们，冷和热的喷气机相撞，发射出射线和迷雾般的云朵，就在那儿，一架惑人的彩虹得以成行（MAM II，271；2，494）。

从而柏拉图为自己的人工哲学产物备受赞誉和责备。在《漂流者和他的影子》的最初对话中，当尼采发现自己在模仿一个可疑的大师的混

[1] 译者注：这个读解有没有心理学上的根据？苏格拉底临终前柏拉图的不在场会给他的一生究竟造成多大的困扰？

[2] 译者注：难道我也是其中一分子？

合风格时，他让那个漂流者说，“如果柏拉图在消磨他的对话体时获得更少的愉快，那么他的读者会从他那里获得更多的愉快”（MAM II；2. 539）。然而，当尼采随后召唤柏拉图担当歌德到叔本华之间的德国最优秀者的裁判时，柏拉图否决了他们全体，认为他们过于硬冷阴郁（MAM II，214；2，647）。柏拉图处于“哲学家的喀耳刻”的迷咒之下。他成了苏格拉底的无可救药的震惊（为辩证法之奇妙而震惊）的牺牲品，同时被苏格拉底的乐观主义的信心（相信人类行为的秘密能被探测）压倒了；他害怕自己的敏感和情感，从而逃向影子理念的安稳之中。因为他是失败的穆罕默德。另一个世界的真理必须变成他的上帝以及我们的持续时间最长的谎言。然而，在面对这一切时，尼采声称，相对于德国人的哲学理念论，柏拉图的哲学理念论并非是一种疾病或衰退的征兆；相反，是“一种过于丰沛乃至危险的健康的警示……”（FW，372；3，624）柏拉图莫非是一种伟大的健康之样本？听！凭朱庇特起誓，那是什么？……再听！多清澈！多悦耳！多悠长！这是怎样的一种对公鸡啼鸣的凯旋式的感谢啊！……我感到更温暖了。

在尼采的 19 世纪 80 年代里，这种矛盾加剧了。对柏拉图的责备变得更尖刻时，对他的欢呼也变得更欢欣。在 1884 年夏秋一则未出版的笔记里，尼采写道：“柏拉图比他的哲学更有价值！……如果柏拉图看起来像那不勒斯的那座胸像，那么我们要将全部基督教的最好的声誉归诸于他！”（II，244）当尼采在《超善恶》的前言中问：“柏拉图，古代的最美丽的花朵之中的这样一种疾病来自何处？”答案似乎并不遥远：没有一个体制的角斗者能够将他从苏格拉底的有毒的影响中解救出来。在 1886—1887 年秋冬对古代哲学进行重新研究之后，尤其是在研究了辛普里丘对爱比克泰德的评注之后，尼采对奥维尔贝克写道，为道德所歪曲的每一真实都可以在这里看到其全部荣光；卑劣的心理学；哲学家降低成了一个“乡村牧师”。对所有这一切柏拉图要负责任！不管苏格拉底是不是他疾病的根源，柏拉图实际上感染了西方的每一个人，并且是我们历史的最有毒的载体。

但是，柏拉图的疾病实际上给西方知识传统带来了它所拥有的那种活力和精确，精神的杰出的张力令它自身将箭射得更远（JGB，204；5，131）。然而，带有传染性的或闹鬼的柏拉图或许是被苏格拉底所诱导的，但其实他更多地被生命所诱导，这大大超乎我们的想象：尼采迷恋于以下这则故事，在柏拉图临终的病榻的枕头下发现有阿里斯托芬的喜剧抄本，可以设想，其中包括苏格拉底成为剧中人物的那个喜剧。总之，有一个肉欲的柏拉图也有一个肉欲的苏格拉底。如果柏拉图是尼采的坚定的对手，他是棋逢对手，并且二者之间的争吵属于恋人之间的那种。在1887年末期写给保尔·杜森的信里（KSAB，8，200）尼采写道："也许老柏拉图是我了不起的对手？然而我多骄傲我有这样一个对手！"之后，在《偶像的黄昏》里，尼采写道：

"柏拉图走得更远。他带着一个希腊人而非'基督徒'才有的纯真说，如果雅典没有如此美丽的青年，那么就根本不会有柏拉图哲学。正是他对青年的凝视首次将哲学家的灵魂送入爱欲的骚动，使他无法平静，直到他将更高事物的种子沉入尘世。听！再一次地！如此幸福的公鸡啼叫何曾响彻大地！……它朴素地说——'永不说死！'不可思议的圣人——一个人不能相信自己的耳朵，即便设想词人能相信柏拉图。至少一个人猜想哲学在雅典是不一样的。希腊人在概念的编织和旋转上不比隐士少，在斯宾诺莎之后爱知识分子。柏拉图之后，哲学宁可被界定为爱欲的竞赛。最后，什么从柏拉图的爱欲之中放射出来？希腊竞赛艺术的小说形式，亦即，辩证法。我提醒我的读者这一点，法国古典时期的纯然更高级的文化和文学是反对叔本华赞美柏拉图的，它们萌芽于性趣的土壤。听！再一次地！那是谁的公鸡？这个地区有谁能承受购买如此非同一般的上海？祝福我——它让我的血液沸腾——我感到狂乱。关于文化，一个人可以到处搜寻风流、好色、性的竞赛，'世界女人'，并且一个人永远不会徒劳无功……"（GD，6，126）

美丽的青年，世界的女子们，以及——辩证法。不是寻常的组合。然而，尼采对柏拉图的矛盾评价中最发人深省的一刻出现在这里：尼采思索柏拉图与苏格拉底之间有可能产生的距离，并认为这个距离为某些事情留下了空间，譬如柏拉图操纵自己的记忆。1880 年夏天的一则笔记断言，“柏拉图没有保持在苏格拉底的轨道里；他关于赫拉克利特的第一印象非常深刻；毕达哥拉斯是神秘的典范”（9，171）。最后，在《看哪这人》中，回顾他在“作为教育家的叔本华”和“瓦格纳在拜罗伊特”中的作用和误用，尼采指出，他对其导师们的高度赞誉实际上是一个对自己的赞誉，但这并非是不谦逊的。他补充说，“这就是为何柏拉图利用苏格拉底，作为柏拉图的一个符号学”（6，320；cf，10，337-338）。

苏格拉底作为“柏拉图的一个符号学”，亦即，作为一出符号的戏剧反映了那个铭记这些符号的人，而非那个表面上启发了这些符号的人，就好像苏格拉底听从了柏拉图的指令，而非相反。这个可笑的颠倒恰恰是德里达的《从苏格拉底到弗洛伊德及其后的明信片》所讲述的，我们应当花点时间来考虑柏拉图和苏格拉底在其中的角色。

《明信片》的中心事件是德里达在博德利安图书馆一张明信片中的发现。这张明信片展示了中世纪算命书的阐释，其作者名叫：巴黎。这个巴黎—牛津—雅典的轴心是德里达在书中，尤其在其书中的第一部分所转变的。马修·巴黎（Matthew Paris）的算命书中的阐释表明，柏拉图站在就座的苏格拉底之后。因为全部的世界看来好似柏拉图在命令苏格拉底。这个荒唐的倒转（好似阐释者简单地混淆了名字似的）可用作一帧照片的底片，这帧照片在两千五百年的传统中被拍摄，在海德格尔的如是声称中达到顶点：苏格拉底是西方最纯的思想家因为他不写作，即永远也不用从存在的暴风雨中逃向文学的破败的屋檐。德里达引用尼采关于书的命运的评论，亦即，抄写员保存了柏拉图的文本，从而确保他成为历史的神龛，高居于德谟克利特之上。不经由马修·巴黎的“了不起的谱系学”，尼采便无法看到这样一个事实，即苏格拉底是柏拉图的抄写员中的一位。S 是 P，正如逻辑学家所说。“S 是 P，苏格拉底是柏拉图，是他的父亲和儿子，从而是他父亲的父亲，也是他的祖父和孙子”，德里达如此写道（54）。如果早先对尼采而言，似乎柏拉图是因为永远无法愈合的伤口而写作，那么现在，似乎苏格拉底是那个带伤漫步并书写的人，而柏拉图则假装祀奉实则命令。似乎对德里达的狂热的想象而言，是柏拉图，这个嫉妒的儿子，在口授苏格拉底死亡之令。当那部由苏格拉底的鬼魂书写的柏拉图全集在整个历史的全部时代中徘徊不去时，柏拉图并非让其英雄不朽，而是让其结束。苏格拉底在书写，苏格拉底不再纯然。苏格拉底死了。

这个丑陋的、粗俗的柏拉图（因为他的名字如是书写在巴黎的阐释中）梦见让苏格拉底写作，并且这个梦构成了我们时代的统一，“从苏格拉底到弗洛伊德以及稍稍在他之后的时代的统一，形而上学的广袤的宇宙地图”（93）。不管在巴黎的阐释中是谁对谁做了什么——因为有时好像是柏拉图将苏格拉底苏格拉底化了，抑或，或许是柏拉图将一个婴儿种植在一个贫瘠的助产妇身上。这一对儿，S/P 或 P/S 侵入每一个家庭的家庭生活，打扰西方所有的通信和交流：

“从而它被书写出来并且不断繁殖，这对儿须发飘飘的老祖父，这些积习成癖的伪币制造者出没于我们的夜晚，带着他们关于真理的言谈，关于幻想和逻辑、愉快以及超越愉快之上、政治、暴君、第一和第二，然后是关于爱欲等等的言谈。但他们从未相信此。了不起的公鸡！但是柔软——这家伙现在啼叫得强壮有力；但仅限于早晨；让我们看它如何啼叫正午，以及夜幕降临。来吧思考一下，公鸡啼叫通常是在一天的开始。他们的拉力无法持续。是的，是的，即便公鸡也不得不屈从于宇宙的苦难符咒；一开始喜洋洋，但最终在嘴里倒下。而且他们既不构成一个也不构成两个。因此我们在这儿，制作程序，遵守秩序。并且，总是不得不比别人付出更多的这个我相信我自己。”（111-112）

从而柏拉图在将要来临的传统上联系他的复仇。当他在第二封信

（314，C）（是否出自他的手笔，真实性最小）里说，他没有写过哲学，也不会写哲学，冠以他的名字的任何作品都是回复青春的、经过润色的苏格拉底的作品，他的话语代表的不是虔敬的闲聊而是食尸鬼似的恶作剧。这是真的（159；251-253）。并且，如果当尼采这样说是对的，即在苏格拉底之前有一个苏格拉底主义（I，54），那么有先见之明的苏格拉底主义不是被置于恩培多克勒、赫拉克利特或毕达哥拉斯的脚下，而是置于显然低一等的柏拉图脚下。

柏拉图是一个斯芬克斯，尼采说（JGB，28；5，47），谜一般的、神秘的、神谕的。为了全部阳光的谈话，柏拉图热爱遮蔽。如果我们发现尼采提到这个海德格尔的神谕式的语词，那么，我们可以确信，与尼采的刺激性的同伴之中的另一位成员（这会儿姑且不提弗洛伊德）的相遇是不可避免的。在苏格拉底关于做鞋、造船或染色的辩证法之间，柏拉图喜爱黑暗，即便在看似阳光灿烂的地方。听！公鸡来了！我应该怎样描述公鸡在正午潮汐里的啼叫？它的日出之啼叫相对于此等于耳语。正是最响亮的、最悠长的、最奇怪的音乐公鸡，令有朽之人感到惊奇。柏拉图是坦率的，像巴赫一样。或梅尔维尔（Melville）。最后，提及音乐再次将我们的思考转向某种方式，尼采在这种方式中将叔本华的日耳曼式的论辩与柏拉图的爱欲辩证法对照起来。爱若斯（Eros）在对话中频繁被激发，而且即便没有被直接激发，即便没有被真正关注，他也翱翔在一切相遇之中，像一个沉默的伴侣。在最直率地庆祝爱若斯的对话中，爱若斯和狄奥尼索斯的狂喜的代表为苏格拉底和阿加通加了冕，宣布哲学和悲剧共同赢得了爱若斯竞赛[1]。悲剧简单地在对话之后被禁止了吗？丰富、复杂、遮蔽、音乐以及爱：尼采并非不知解读柏拉图的困难。他在巴塞尔讲授对话并不是没有目的的——会饮篇是他最喜爱的文本——既为了他的中学学生也为了他的大学学生。从尼采关于希腊人、

[1] 译者注：哲学和诗歌（悲剧）的古老之争并不存在，显然本文作者也持这种观点。

城邦、悲剧哲学、辩证法以及各种竞赛的未出版的笔记中的部分来看，我们发现许多线索。这些笔记被冠以“科学和智慧之争”的标题放在一起。

其一，尼采说，早期希腊哲学的故事必须带着一种反讽的感觉来讲述，但也是一种哀悼的感觉；无论如何，最热心的学术的单音调要避免[1]。苏格拉底事实上向大多数人们视为真理的每件事情提出了挑战：他长期以来的同伴是反讽。然而，由于被热切渴望的独立自主（这保证哲学知识的终极性）被挫败了，并且由于每一个哲学家都受惠于前辈，“幽灵出自幽灵”，与过去相连，从而哲学史相关于哀悼。因此，太严肃地对待它会显得很滑稽。喜剧恰恰是反讽和哀悼的奇怪的结合，并且尼采会坚持这一点，即柏拉图的每一个解读者都拥有对喜剧的良好的判断力——并且保存了阿里斯托芬的一部抄本或置之于枕头底下。

其二，古代哲学构筑并徘徊于心灵迷宫的一个好奇的类型之中；应该将它类比于在梦境和仙境故事中的徘徊。梦的解释学以及童话和民间故事的现象学应该变成那些想要阅读古代之人的哲学家的助手[2]。梦和民间格言的解读、深度心理学、人种学、语言学，与考古学和谱系学的一种新型种类联合在一起，能帮助我们理解我们植根于过去的范围和本性，从而让我们在古代文本中少一点后悔多一点欢庆。

其三，我们对这种哲学的素描必须被建构于同情的底漆之上。神话模棱两可地翱翔于多重含义之中，它的不确定的边界使哲学家对确信的寻求变得沮丧；然而，“只有神话之光的射线才能令希腊人的生命被照亮——此外全是阴暗”。在被称为“科学”的确信的迫使下，哲学家试图去神话化（demythologize）；尼采警告说，他们将永远无法在由此导致的瘴气中存活。柏拉图的读者们也需要这些闪烁着神话之光的射线——即便被照亮的东西抵制着柏拉图主义的狭隘的科学范畴。

---

[1] 译者注：尼采对前苏格拉底哲学研究的看法。

[2] 译者注：这里对古代哲学（前苏格拉底哲学）的看法很有趣。

其四，也是最后一点，哲学文本应当按照启发它们的诗歌种类来探讨，亦即，在其中的诗或歌的种类[1]。一个文本有其模式，就像音乐一样。既然这些模式极大地相关于柏拉图自身（参看《理想国》398c ff.），它们亦应当相关于柏拉图的读者们。简单地说，喜剧、梦、神话以及音乐是柏拉图作品中的重要组成部分；从而，它们必定鼓舞着我们的阅读。那是知道一两件事情的公鸡的啼叫；与世界抗争的公鸡的啼叫，让世界变得更好的公鸡的啼叫，尽管大地应当举起、天堂应当降落。这是智慧的啼叫；无敌的啼叫；哲学的啼叫；一切啼叫中的啼叫。

或许现在我们可以试着评论柏拉图并解码其对话中的某一篇常被关注的对话。我们将阅读《斐多篇》的前十五页（57-72）三次，第一，对其中心论证做出直率的分析；第二，用尼采的风格对其做出谱系学的批判阅读；第三，做出更"积极的"尼采式解读，综合考虑喜剧、梦、神话和音乐。

《斐多篇》的三个解释：直率的解读；或，极瘦的苏格拉底

我们可以略过柏拉图《斐多篇》前六页的几乎任何内容，因为它们包含了一些戏剧性的细节但不具备哲学的重要性，然后进入关于灵魂不朽的两个主要的论证。实际上，这两个论证（一个涉及理念的回忆和存在，另一个基于对立面的互相排斥）是相当容易彼此混淆的；但我们可以没有太多困难地提取它们的精华。第一个只不过是美诺（81ff）论证的颠倒版，它从灵魂的不朽得到理念和回忆的理论；现在柏拉图将这个论证倒转过来，以便通过回忆和理念的理论来证明灵魂的不朽。第二个论证更有趣。它涉及对立面的剧烈排斥。早先的论证涉及对立面的相关

---

[1] 译者注：哲学与诗的关联。

和交替产生，譬如快感和痛感的相关（60b）以及对手的产生，譬如彼此中产生的“更大”和“更小”（70e），这个早先的论证后来被放弃了，因为此后的观点是对立面绝对拒绝并从彼此当中产生（103c5-6）。当然，在生与死的情形中，对立面的互相排斥超乎一切之上。既然生命与灵魂相伴，那么灵魂便绝不认可死亡。死亡只能侵袭肉体。通过辩证法，哲学的灵魂听悉了理念的先验领域的存在，也听悉了进入这个领域的前提条件。从而他们将他们对事物的原因和本性的追求理解为“对赴死和死亡的练习”。因为这是苏格拉底在更早的对话中对哲学追求的描述：

其他人似乎不知道，那些以正确的方式追求哲学的人所学的无非是赴死和死亡（64a6）。如果这是真的，并且终其一生他们除了死亡不再渴慕别的，那么当他们热切地学习了如此之久的死亡果真降临，他们便不会荒唐地害怕它了（64a9）。

我们必须理解、学习、练习、准备的是死亡及其意义，热切地期待着它，它的血统来自心灵、精神、活力和热情。换言之，我们必须理解“……真正的哲学家以何种方式渴慕死亡（或者如某些翻译家翻译的：真正的哲学家以何种方式居于半死亡状态）……他们以何种方式配得上死亡，……这是一种什么样的死亡”（64b8-9）。哲学家配得上这样一种死亡，它作为一种释放，一种逃离，或一种从躯体的囚禁中的释放。哲学家值得死亡，因为他“……将自身从躯体中净化出来，直到神准予他释放自身”（67a5-6）。哲学家配受其死亡，死亡是其特权，因为在道德的净化程序中（67b2），他将自身从一切躯体的牵绊和虚妄中净化出来。更难知悉的是，哲学家是如何处于半死亡状态或渴慕死亡的。既然没有西弥斯（Themis）[1]允许凡人将自身的灵与肉分离，那么现有的原则当中没有隐含自杀（参看61cff）。半死亡状态（Thanatosi）可能来自“希望死亡”“渴慕死亡”“处于垂死之中”，或者来自“处死”，或比喻性的说

---

[1] 译者注：Themis，古希腊神话主法律或裁判之神。

法，“禁欲或苦修”。二者都揭示出，哲学家靠什么来渴慕和配受死亡。他处于半死亡状态，“一脚踏进坟墓”，因为他致力于“……将灵魂从身体的联姻中分离出来”（65a1-2）。联姻（koinonia）意味着联盟、联合、伴侣或媾合；它的词根意味着去联合、分有或分享，但也意味着去污染、感染或弄脏。智慧的爱者被感染折磨到死。他试图将处于联盟中的两个元素掰开来，从而将灵魂从身体的污染中拯救出来。哲学的灵魂“……极大地蔑视身体，并从身体逃离”（65c11-66d1）。蔑视（atimadzein）是一个很强烈的词汇，意味着玷污、侮辱，或表达对某事的轻蔑；我们更熟悉的那个词“pheugein”同样也很强烈，并意味着逃离、回避，或因害怕某事而退缩。何以这两个强烈的词语能并置一处——带着恐惧而蔑视——或许是一个问题。然而，总的来说目前可以明确的是，对立面的互相排斥有助于将柏拉图的两个基本原则联系起来：它构成了固定的、不变的理念的本体论的特征，规定了哲学家的灵魂与之相适应的道德程序。我觉得我可以遇见死神，邀请他共进晚餐，和他一起为地下墓穴干杯，满怀自我信赖和普遍安全之感。从而最近的一个德国评注家在评注柏拉图的《斐多篇》时说，……无论是谁，若不能像迎接老朋友那样迎接死神便不是哲学家。因为哲学总是冥想的尸斑。

第一个尼采的谱系学的解释；或者，密室里的骷髅

我们必须理解形而上学和道德在柏拉图那里的统一，亦即，理念以及灵魂对它们的接近，这二者的统一，作为谱系学的统一。柏拉图建立的来世的哲学将希望寄予一个理想的世界，一个人只能通过死亡之大门才能进入；他试图将本体论建基于一个“真正存在的世界”，生成的世界只是那个世界的错误的复制和蹩脚的序幕。震惊于人类存在的不可忍受的模棱两可，蹒跚于生死之间的恐怖，这个存在是希望与沮丧的无止尽的旋转木马但朝向终极的沮丧，太过震惊于此，于是柏拉图决定抛弃

这个影子世界：它宣告理念的信条，然后用糟糕的文献学和逻辑学掩盖其道德偏见的轨迹。本体论——将盲目的信心建基于对立面的互相排斥——变成了有朽者的安全的毯子，他们发现地球太冷，而且不够强壮到可以向死而生。西方形而上学和道德的谱系学，对母亲而言是幻觉，对父亲而言是疾病。母亲和父亲随心所欲，然而衰弱和死亡成为幻觉的第一个靶子。“赴死和死亡的准备”被理解为“生存的准备”；按照歌德的话语，死亡“……被拖回了生命”，被作为一个参与虔敬和禁欲的事件来庆祝。身体被当作一个污染者来嘲笑和惧怕，灵魂被称为一个坠落到邪恶同伴之间的好男孩。赴死的苏格拉底说他欠阿斯克勒皮俄斯一只公鸡，从而诋毁生活是一场疾病，表扬死亡是健康状态。噢，勇敢的公鸡！——噢，鸟儿被无敌的苏格拉底奉献出来，以证明他对生命的最终的战胜！从此，一切处于混乱无序之中。道德家们欢呼冷酷的持镰刀收割者[1]，以之为“甜蜜的死神”。巴赫谱写康塔塔，在其中，尖利的女高音唱道：“当死神降临到我床边，我要欢迎它！”并且所有的哲学圣人们，提前华丽地沐浴更衣。梅尔维尔《白鲸》的叙述者回忆一个俄亥俄州的养蜂人的“美味的死亡”，后者在一棵空心树前倾斜摔倒，“死于”金色的蜂蜜之膏沐。这画面驱使叙述者问道：“想想你们有多少人同样地落入柏拉图的蜂蜜的上空，在那里甜蜜地死去？”

第二个尼采的解读；或者，爱欲的苏格拉底

按照斐多自己的要求（在 59d），让我们回到开头。斐多告诉艾科科莱特斯（Echecrates），他在苏格拉底临死之前和他在一起，从而得以给柏拉图告假，后者因为生病不能前去。从一开始柏拉图就与这篇对话中记载的那些对苏格拉底的生命意义至关重要的事件和对话保持着相当的

[1] 译者注：即死神。

距离。进而，柏拉图的生病事件使人回想起《斐多篇》的结尾和苏格拉底关于欠阿斯克勒皮俄斯一只公鸡的最后的话语：这些话语岂非表明苏格拉底的如下观点，即生命是一场疾病，死亡是唯一的痊愈，生命是一场康复的过程？哲学化本身难道不是一种康复，为了生命和更多的生命？这康复难道不既是柏拉图的又是查拉图斯特拉的？因为查拉图斯特拉和柏拉图都病了。或许柏拉图笔下的苏格拉底在临终时想起了那个缺席的青年，那个将要终其一生怀念苏格拉底的青年？或许在他对苏格拉底的回忆中，亦即，在《斐多篇》的构思过程中，柏拉图从苏格拉底那里学到了伟大的健康，这得以让他免除苏格拉底之死带给他的伤痛，免予像阿波罗多洛那样啜泣和桑斯佩那样诉苦和抱怨，甚至免予凭借奇妙的逻辑和天鹅的歌唱来美化死亡的恐惧？难道不是这样，两千多年来，似乎柏拉图的评注者们，基督教徒的千禧年，一直需要这个咒语胜过柏拉图自己？“怎么样，你生病的家族喜欢这个鸡鸣吗？”我问。“这公鸡是荣耀的公鸡，嗓音也很光彩动人，但并非正好是一个生病的教堂索要的那种东西。他们真的喜欢它？”因为柏拉图自己不需要。相反，他用一生中的大部分时间书写了这样一个英雄，这个英雄骁勇善战、大口喝酒而且乐于和城乡的任何人聊天，这个英雄喜爱美食、健康、良伴，这个英雄热烈赞美雅典那些最俊朗的青年。

《斐多篇》告诉我们，在苏格拉底的审判和处死之间隔着阿波罗的提洛斯岛的远航（58b-c）；在此期间，苏格拉底接待了许许多多的来访——超过二十个是独自来的——苏格拉底同样与他们进行了交谈，正如他应德尔菲的阿波罗的神谕之命一直以来所做的那样。斐多告诉我们他经受的那些由谈话唤起的复杂的感情，痛苦和快乐，悲伤和欢欣；他强调（59a），他从那天的讨论中没有得到慰藉。斐多相信，在当时那样严酷的场合下，对话多少有点不合时宜，尽管苏格拉底说（70c），即便一个喜剧诗人（猜猜是谁？）也不会否认，死刑之际很适合探讨死亡之后的灵魂的命运。无论如何，柏拉图缺席了这个场合，而斐多，“容光焕发的那个人"，在其中绝对的沉默寡言；斐多在回忆苏格拉底时感到愉悦，但不是在当时，不是在那个最后的谈话之际，而且柏拉图从何处获得愉悦我们也不能断定。

苏格拉底被解开了锁链，轻快地按摩着自己的腿部以便恢复血液循环，谈论着痛苦和愉悦这些不能分解的对立面的联合。他甚至还谈到了一些相关的寓言和民间故事——在这些故事中，神中断痛苦和愉悦的争吵，将它们捆绑在一起。在 60d-e，谈话转向苏格拉底对抒情诗的关注：为了回应一个一再出现的梦，在梦里阿波罗命令他"练习艺术"，苏格拉底已经将伊索寓言中的"寓言"和"阿波罗序曲"改编成了韵文。然而，阿波罗没有命令苏格拉底练习赴死和死亡，实际上，真是阿波罗崇拜（提洛岛的航行）给了苏格拉底时间去练习音乐。在结束他的梦境的谈话之前，苏格拉底开了个玩笑，要求西碧斯转告诗人爱维纳斯（Evenus）'"……如果他是有智慧的，那么他应当尽快追随我。"每个人都大吃一惊，因为听起来好像苏格拉底在提出一个爱之恋曲的二重奏，并且此后的谈话依然沿着苏格拉底的小玩笑继续下去。

至于理性自身，他们是毕达哥拉斯主义者，从菲洛劳斯那里学习（参看 61d 和 69c）。西碧斯，西米亚斯，以及此后克力同都反对毕达哥拉斯主义对来世生活的信心，苏格拉底试着（不成功地，正如它最后变成的那样：参看 115c-116b）净化他们的怀疑缓解他们的恐惧。苏格拉底再一次表达他对来世生活的信心，并且西米亚斯请求"……分享这种安慰"（63d）。行刑者打断了他们以便问苏格拉底，通过克力同，不要话太多：所有这些对话会影响他的新陈代谢并破坏毒性发挥。苏格拉底通过克力同回答道：忘了他吧；那是他的问题，不是我的！如果苏格拉底是如此的渴望死亡，他应当更多地和行刑者合作；相反，他似乎渴望保持谈话。他给出一个论证以便支撑他的毕达哥拉斯信念并且缓解其他人的悲伤。之后他称他的对话为有着类似目的的"天鹅的绝唱"。他的论证诉诸古老的传奇、神话、梦境（参看 60e，70c，85a，107d，etc.），并且据说是一种神秘化的音乐。然而，它们的效果令西米亚斯和西碧斯发笑。尽管该场合的严肃性本该杜绝这种轻浮的可能性，但是，任何从柏拉图对话中摒除的东西似乎都回归了：《会饮篇》中被摒除的吹笛子的女孩与亚西比德狂欢着回归了；《理想国》中禁止的悲剧家们在厄尔（Er）神话中再次言说，或许在《斐多篇》中也再次言说（参看 115a1-2）。喜剧家们也同样。苏格拉底唱着他的天鹅绝唱，散发着魔力，有意识地以其调式阻止斐多因苏格拉底之赴死而悲伤从而发狂乱剪自己的卷发（89b）。他收拢起这些卷发 —— 斐多的玩偶般的卷发，乔伊斯称为 —— 苏格拉底警告他的朋友们注意“错误的逻辑”：永远不要向谈话要求太多。他说，因为你会失望并失去对它的信心。

苏格拉底的半死亡状态（thanatosi）是怎样的，他是怎样赴死的？不是通过轻视或逃离任何事情，而是通过庆祝朋友的陪伴，就像灵魂和身体那样，直到最后。噢，尊贵的公鸡！噢，尊贵的人！就好像 —— 再次预期到 —— 他遵循着海德格尔在《存在与时间》中的忠告，个中强调死亡并不能以任何方式在场：朝向终点不是浸淫在终点，并且海德格尔一直挫败着每一个类似的努力，即努力给死亡的概念以某种具体的“填满”。简言之，有朽者坦然面对他们的赴死，从而即便海德格尔的这些概念，“良心的呼唤”“瞥见的瞬间”“焦虑的就绪”以及“坚决的敞开”等都必须很大程度上以日常生活的意义来理解。

讲授柏拉图（在尼采之后）

很清楚，如果我们留意尼采的批判及其解读的暗示，那么我们将会处于一个非常困难的解读柏拉图的境地，没有柏拉图主义的帮助，解读柏拉图将会是非常困难的。尤其是对于教授柏拉图的老师们而言将会是非常令人紧张不安的。私下里受挫没有关系，但公开场合下 —— 在教室里承认这种模棱两可和自相矛盾？（在尼采之后）该怎样教授柏拉图？

关于我们那种渴望改进对本科生的古典语言、哲学、人文以及文化的总体上的指导，尼采提出了一些尖锐的评论。它们出现在尼采的讲座中，尼采自己在1873年整理出来，题名为《希腊悲剧时代的哲学》。在指明其主题，即肯定“……希腊人证明了哲学的正当”之后，尼采很大声地质疑在我们的时代哲学是否可能。

一个忍受着所谓普遍自由教育的痛苦时代，但同时在其生活中却没有文化和风格的统一性的时代，这个时代将不会正确地知道如何从事哲学——真理的天才将在街道和市场之地宣示自己。在这样的时代，哲学将始终是孤独的漫步者的博学的独白，个人的偶然的战利品，密室里隐藏的骷髅，或者在衰朽的学者和孩童之中的无害的唠叨。没有人敢于冒险在其自身之中满足哲学的需要，没有人哲学地活着，带着那种简单的忠诚，这种忠诚曾驱使着一个古代人，不管他在哪里，不管他做什么，一旦他发誓对斯多亚派宣誓忠诚，那么他就可以作为一个斯多亚派来安慰自身。一切现代的哲学化都是政治的，为政府、教堂、院校、习俗、时尚和人类的怯懦所管教。一切都将现代的哲学化限制在某种虚假的博学之中：它满足于这样的叹息：“只要……”，或者带着它的知识，“曾经……”哲学没有权力，如果现代人有任何勇气或良心，他会真的拒绝它、禁止它，用柏拉图曾经在理想国中禁止悲剧诗人的那些言语禁止它。一旦被禁止言说，哲学可能会说：“可怜的人类！难道这是我的错，如果我像一个吉普赛的预言者那样漫游在乡间，如果我必须隐藏和伪装自己好像自己是一个堕落的妇人而你是我的判官？看看我的姐妹，艺术！像我一样，它在野蛮人之间遭受着海难，我们之中没有知道如何挽救她。在此我们很清楚我们丢失了自己的权力，但那些将要将权力归还给我们的判官也将审判你，并且他们将要这样对你们说：去找到自己的文化——只有这样你才能经验到哲学想要做什么和哲学能做什么。”

在我们满足地观察到尼采的时代并非我们自己的时代之前，我们可能会问自己，是否哲学远非一个由学院管教的虚假的博学，是否文化能够招待哲学，一个其统一性居于其技术结构、强制消费及其媒体事件的文化是否能够招待哲学？哲学家今天是哲学职业者；他们有文凭来证明此。尤其是在“买方市场”主导了数十年的今天，职业哲学家必须充分发挥他们的作用，并且时不时地指手画脚一番，譬如变成“流行的教师”，亦即变成像欧绪德谟和迪奥尼索德罗斯（Dionysodoros）那样的歌舞表演者，或者雄心勃勃地追逐目前的替代品，尤其是攀上大学管理的梯子或其他国家授权的拥有钱财和权势的机构。这不是说，哲学亦即被否定了：尽管很久以前我们的文化就已经承认的哲学的多余性，但迄今为止它并没有禁止哲学，只要哲学能够满足我们时代的本体论原则——它是那些能被消费的“真正的东西”之一，就像可乐。然而，随着学生对哲学的消费越来越少，随着管理者越来越确信购买者想买些别的东西，随着被围困的职业哲学家们费尽心思去提高包装、展示、产品促销，我们的文化便以最有效的现代方式完成了对哲学的禁止。首先消失的是希腊哲学：在维多利亚英语之中它整个听起来很傻，无论如何，希腊人做不到，因此，对此基本上无能为力，除非责备尼采和海德格尔（现在再加上德里达）关闭了美国心灵。即便有好的翻译——它们是如此令人惊讶的稀有，尽管不乏太多的努力——谁愿意自找麻烦去阅读和传授它们？并且，既然希腊已经被普遍公认为西方文明的摇篮，那么，为多元文化主义自豪的时代便不得不宣告，所有希腊的东西都被完美地同质化了，也被全然地熟悉了，它所有的一切都已经是死去的白人欧洲男性了（Dead White European and Male，DWEM）。对于它，我的一个同事以一种胆怯的柏拉图－苏格拉底式的问询回答道：“对死人你还有什么可以反驳的？”

然而，这与柏拉图对话如何依旧有意义不是一回事：没有我们的帮助，柏拉图两千年来一直有意义，并且他现在依旧不需要我们的帮助。注意到这点没有什么坏处，即总体上我们的文化和政治危机与公元前4世纪雅典的那些危机有惊人的相似之处。事实上，因为内部的政治腐败和犬儒主义，以及外部的灾难性的帝国战争和政治行动，城邦中的一切事情都已经受到审视和攻击，诸神、执政官、军队等。隐藏在此攻击背后的是信心的丧失，即对于煽动家们所称的“组成民族脉络的那些价值”的信心的丧失，这一方面归诸日益增长的社会的、种族的分裂和破碎，另一方面归诸日渐增强的政治经济权力的集中。我们厌倦于不间断的争斗，厌倦于同样不间断的权力之间的不妥协：所有这些讨论，谈话，对话！我们的时代是一个对话的时代，或许是说唱乐对话，但无疑是对话。我们不需要自找麻烦去找寻《理想国》《会饮篇》《斐多篇》的意义。如果尼采是对的，并且对话的必然性是文化衰退和政治腐败的确凿的信号的话，那么我们应当认识到我们的困境并且从柏拉图那里尽可能汲取更多的帮助。

诚然，这与传授柏拉图的价值观和思想给我们的学生也不是一回事。坦率地说是因为，我们越带着思考去阅读对话，我们变得越不确信对话的价值，变得越怀疑对话中展示的价值。如果说有什么东西将柏拉图的苏格拉底与其他智者区分开来，那就是，他不愿意教导任何教条。他甚至承认，除了爱欲之事，他别无所长，他真的是个脑子里没有什么主见的人。苏格拉底全部所做的事就是帮助年轻人测试他们自己的主意，从而看看他们究竟是活着还是死去了。他对于死亡也知道得不多，但是，作为一个出生和训练的助产士，他在爱、出生和活力问题上有许许多多的经验。

至于柏拉图，他没有记载自己的事情。如果他曾经记载了什么，那是关于苏格拉底的。如果我们要强加于柏拉图什么的话，那么我们最好像柏拉图对他老师做的那样有技巧并且注意戏剧性的细节。任何尝试，试图揭示柏拉图如何已经超过了苏格拉底——通常意味着柏拉图如何在教条主义者和形而上学家的路上更进一步——都很可能变成绝对的猜测。至于柏拉图在学园里的“私密传授”，以及他的“秘传著作”，我们没有这些著作，也无法加入学园。相反，我们的确有了对话，我们应当试着学习如何阅读它们：如何聆听罗各斯或论证，如何观看物理学，这出现于罗各斯之前、之中、之后的戏剧事实，如何被神话所触动，后者既是对话的情节也是对话的根源，深深地隐藏在多文化的希腊土壤之中。

临近生命的终点，何塞·奥尔特加·加塞特（Jose Ortegay Gasset）开始构思柏拉图《会饮篇》的评注。这几乎是我读的第一篇对话。奥尔特加的第一章问道——“什么是解读？”这是关于解释学问题的光辉灿烂的写作文本，文本的解释——这个问题应当希冀出现在一篇关于《斐德若篇》而非《会饮篇》的论文之中。为何解读的问题关乎《会饮篇》？奥尔特加肯定不会为了我来写作！但是，对于解读的问题，柏拉图要在两方面受到评判：奥尔特加想知道如何解读柏拉图，但我想知道是否要阅读他。在尼采之后。或许，传授的致命之处是要知道这两个问题其实是一个问题。我们如何传授柏拉图很大程度上跟我们的学生是否要阅读他相关联。很大程度上依赖于我们在宴会上如何表现。如果我们传授柏拉图就好像他是泡赛尼阿斯——说教地、义愤地、教条地、确信地，并且胸有成竹地，那么我们就让对话和哲学的会饮在至少一代人面前变得不可读和不可接近。

尼采提供了一个精彩的补救办法，一剂药方和疗法，通过颠覆柏拉图主义来恰如其分地对抗柏拉图的贫穷化或泡赛尼阿斯化。最终，我们凭此学会更好地阅读柏拉图，通过留心尼采的建议，建议如何阅读他自己的著作，称为鸡鸣的著作，《曙光》。尼采是个反柏拉图主义者，是带着锤子的哲学家，但他也是个文献学家，这就是说，他也是个对话的爱者，一个从容不迫地阅读的教师，“……一种深沉的、内省的同时也前瞻的阅读，一种暗示性的、带着温和的手指和眼睛的阅读”。

尼采的礼物（编译）[1]

哈罗德·艾德曼（Harold Alderman）

第一章 尼采的面具们

尼采对19、20世纪思想和文化的影响主要在文学、心理学和哲学上[2]。心理学上，主要有阿尔弗雷德·阿德勒（Alfred Adler），他从尼采的著作中发展出两个概念：创造性自我、追求自我完善。心理学上，尼采还影响了弗洛伊德和哈维洛克·艾莉丝（Havelock Ellis）。尼采在文学上的影响是广泛深远的：例如，德国有卡夫卡和黑塞，法国有纪德和马尔罗，英国有萧伯纳和叶芝，美国有奥尼尔和杰克·伦敦。在哲学上，尼采最有意义的影响是对于马丁·海德格尔的著作，后者写了两卷本的尼采研究，以及若干重要的论文，临死之前还在编撰另一本关于尼采的手稿。

《查拉图斯特拉如是说》到目前为止共翻译了五次，荷林达尔（R. J. Hollingdale）的译本是如此之好，以至于除了最细枝末节之处，任何想

---

❶ 译者注：哈罗德·艾德曼的著作《尼采的礼物》于1977年由俄亥俄州立大学出版社出版。该书主要解读了尼采的《查拉图斯特拉如是说》这部著作。全书共分八章，分别是尼采的面具们、骆驼狮子与孩子、沉默和笑声、游戏的思想者、永恒轮回的戏剧、肯定的喜剧、作为戏剧的哲学、谁是尼采的查拉图斯特拉。这个译本由全书编译而来，其中一部分其实可视为译者的读书笔记。

❷ 译者注：作者在此段的尾注里，列举了尼采所影响的主要文化人物。

要完善它的企图都是狂妄自大的[1]。

我的研究以英译本为主，英译本并没有误导尼采的中心意思。哲学不像诗歌，哲学是可译的，尼采是个哲学家，尽管其文本很具诗歌的特征，他的思想也属于那些不懂德语的人。但并非所有的英译本都没有误导，奥斯卡·列维（Oscar Levy）编撰的尼采选集就常常误导，而且其翻译并非总是那么恰当的。该英译本出版于1909—1911年，再次发行于伦敦（Russell and Russell，1964）[2]。

---

[1] 译者注：作者与之最主要的分歧在于“ubermensch”一词的翻译，荷本译为“superman”，作者则凡涉及此处，皆以“overman”代之。

[2] 译者注：在此书的附录里，作者对之前西方主要的尼采研究做了概括和评述，涉及的主要著作如下。

亚瑟·丹托的《作为哲学家的尼采》（1965）。此书中关于尼采的视角主义是很重要的一章。然而，总体而言，作者对此书不敢苟同，这主要是因为其对权力意志和永恒轮回的宇宙论的、科学的解读。此书的价值在于它尝试揭示尼采与分析哲学的关联。

马丁·海德格尔的《尼采》（1961）。这是一部深远且具启发性的尼采解读著作。此书开始于这样一个理念，即尼采的主要思想在其死后出版的著作中。但作者认为海德格尔的这个观点本身是很有问题的，但是海德格尔接下来的论述不仅对尼采而且对整个西方哲学传统都是一种彻底的重新审视。该著作既是海德格尔与尼采的对话，也是海德格尔自身思想的详尽阐发。对严肃的尼采解读者来说绝对是必读之书。关于海德格尔的另一篇关于尼采的文章，《谁是尼采的查拉图斯特拉》，这篇相对短小的论文最清楚地展示了海德格尔的尼采解读。海德格尔关于尼采最核心的观点在于他认为尼采是最后一位形而上学家，他对尼采的主要看法都可以在此文中找到。作者在第八章中会对海德格尔的解读作更详尽的探讨。

荷林达尔的《尼采：其人其哲学》（1965）。这是对尼采生平及作品的最重要的综合性研究，既有益又有趣。像尼采一样，荷林达尔的书写本身在学术传统之外。此书是英语世界里两本最好的尼采解读著作之一，由此入手开始尼采研究非常合适。

考夫曼的《尼采：哲学家、心理学家及敌基督者》（1968）。这是一本重要的、充满激情的、信息量很大的著作，它使得“二战”之后人们再次复活了对尼采作品的兴趣。这部作品关注尼采与西方哲学传统主要哲学家之间的关联，探讨了尼采的主要教言：关于权力意志、永恒轮回、艺术、超人等。尽管考夫曼在提及评价其他译者和解读者时显得很专横自负，但若要研究尼采，这部作品仍是必读的。此作品的不足之处在于架构和风格不够明朗，没有明晰的整体解读，但是其文献目录很有帮助。

雅斯贝尔斯的《尼采：初步理解其哲学活动》（1965）。这是存在主义哲学家对尼采生平和作品的主要解读著作，着墨于尼采关于真理、永恒轮回、哲学活动的本质等问题的观点。与海德格尔的尼采解读一样，这部著作的确是两位重要思想家之间的对话。

伯恩·马格努斯（Bernd Magnus）的《海德格尔的哲学前史：爱命运，存在和真理》（1970）。尽管混合了海德格尔和尼采主题的标题很具误导性且很不吸引人，但这部作品的讨论和评论很有趣，它探讨了海德格尔的尼采研究，将尼采置于海德格尔对西方哲学的画像矩阵之中。

乔治·A. 摩根（George A.Morgan）的《尼采想说什么》（1965）。这部被人忽视的作品是英语世界里两部最好的解读尼采的入门之书之一，其开篇“论解读尼采”便出手不凡，此外其余探讨也很有成就。

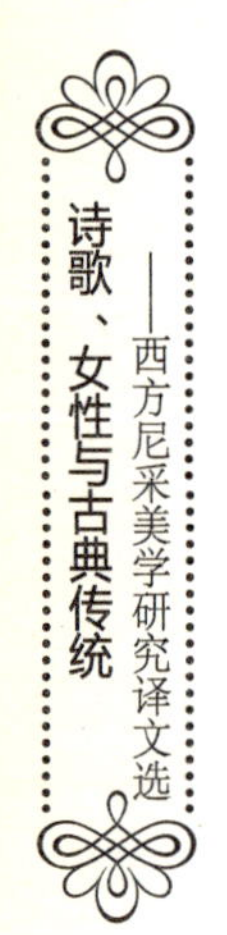

这部著作主要聚焦于《查拉图斯特拉如是说》。我的主要研究方法不是历史的比较，即尼采与前人后人之比较，而是聚焦于《查拉图斯特拉如是说》这部著作本身，其丰富复杂的结构。我不相信必须通过比较，通过显示尼采与其前人后人之间的关联才能达成此书目标，尽管这样一个比较是很具历史性的，但我在心中牢记的并非历史比较研究，而是哲学研究，从而我的研究将致力于《查拉图斯特拉如是说》一书的丰富复杂的结构，致力于若干主题常数，正是它们塑造了尼采的哲学活动，构成了尼采的主要思想元素。研究尼采的思想和研究其他哲学家的思想没有什么不同，不需要知道尼采私人生活。就像研究康德的思想一样。某些人以为，只有当一个哲学家过着沉闷的生活时，他的作品才比他本人更有趣……我不会再提到这些人们，如瓦格纳、柯西玛、梅森伯格、莎乐美、伊丽莎白、保尔李、彼得加斯特等，尽管这些人常常被带入尼采解读作品之中，尼采毕竟是一个哲学家，像康德一样，即便不知道他的朋友是谁也能理解他的作品。

关于生前出版的著作与死后出版的著作在对尼采本身的研究的重要性之比较上，我认为生前出版的著作比死后出版的著作重要，尼采主要的观点已经在生前出版的著作里出现。尼采之所以选择出版这而不出版那，是因为尼采认为这更能代表自己的观点，要尊重尼采自身的选择。

尼采是一个喜欢使用面具的哲学家。在《超善恶》一书里，尼采说，“任何深沉渊博者皆爱面具”（BGE 50）。原因在于作者领先于他的时代，为了便于自己的哲学被同代人理解，于是使用面具，就像希腊戏剧里演员使用面具一样，就像柏拉图使用洞穴喻相一样。思想者认识到自身领先于时代，需要给自己的思想披上隐喻和寓言的衣裳，希望借此引领读者超越外在的面具通向内在的教言……它们就像希腊剧场里演员所戴的戏剧面具，为了简化、仪式化和引领……柏拉图的洞穴喻相是关于面具的一个经典的哲学范例，其作用不是隐藏而是简化及沟通。

尼采使用面具还出于精英主义思想。尼采并不希望自己的思想被市场的闲聊所贬损，而且类似的精英思想在柏拉图的《第七封信》里也表达过。即便评论者的面具也具有讽刺和保护的功能，以便保护思想者的作品里的真正的思想不为市场的闲聊所减损，尼采在此方面的态度是精英主义的，此态度自柏拉图以降便出现于西方哲学之中，柏拉图在《第七封信》中曾表达过类似的观点，对能否被任何人理解持悲观态度，并心酸地警告严肃的思想家切莫将自己内心深处的教言公开化。

尼采使用的两种主要的面具如下：第一种是寓言和隐喻，第二种是格言。尼采也使用第三种面具，反讽。我将区分尼采所用的两种面具：第一种，寓言和隐喻；第二种，格言。第一种意在隐藏和指导，第二种意在隐藏。尼采对讽刺的使用当然是第三种面具，意在隐藏，但我不明确阐述这一种……因为全书的基本论述已经提供了足够的篇幅来区分尼采语言的字面与反讽。

指导性的面具用来与那些还不够优秀的读者交流。同时，这种面具的最有趣的一个效果是向尼采自身隐藏自身的洞见。使用指导性面具的正当性显然很充足，它们是相当简单有益的说教工具，以此能和那些不够强壮、不够坚硬、不够艺术的读者交流真理……它们最有趣的一个功效是有助于尼采向自身隐藏某些看法。

格言式的面具则用作智力的屏障。格言式风格常常是神秘隐晦的，因而用作智力的屏障。之所以要树立一个屏障，是因为人从本体论的意义上是孤独的，柏拉图主义强调共同体的概念，尼采则用“市场之所”来表述这种共同体，认为只有离开共同体人才能发现自己，由此，格言式的面具就起到这样一个将个体与市场隔离的作用。在本体论意义上，孤独最好地体现在萨特的表达里，“我们没来由地被孤零零地抛下了，当我说，人被判了自由的刑罚时，就是这个意思”。用尼采的词汇，只有当人离开“市场之所”时，他才能发现自己，一旦离开“市场之所”，人就被迫要保护他自己，为此面具是绝对必要的。

关于使用格言，尼采说：“群山之中最短的路线是从峰顶到峰顶，但为此你需要长腿。格言当是峰顶，所与言者必须够高才行。稀薄而纯净的空气，临近的危险，充满欢欣之顽皮的精神，这些事情彼此相协。”（Z，67）

关于格言式面具的作用，一在于保证思想者的安静，二在于保证思想者的安全。格言式面具所保障的这种安静使得自我在其中得以被肯定。此外，格言式面具也能保障持有这样一种危险思想的思想者的安全，使他们得以避开那些没有勇气肯定这种思想的人们的眼睛，从而，如果一个人拥有从格言式洞见到格言式洞见所要求的“长腿”，那么这个人就有勇气肯定：一个人只有在自己的独特之处才能发现自我。尼采正是为这样的思想者写作的，对他们而言，格言式面具是激动人心的挑战，对其他人而言则是禁止的屏障。

关于尼采的研究意图和方法，考夫曼曾认为尼采无力于体系式的思想，是实验的哲学家。我不同意这个观点。一个著名的尼采学者曾将尼采的方法表述为“实验的”，意指尼采自身是一个衰败者，无能延续并将观点系统化[1]。这个著名的学者说，之所以如此，是因为尼采明白时间不再允许系统思想得以可能。现在，尽管我反对将尼采思想概括为实验的，但这种概括有一定的意义，从词源学上看，“实验”与经验相关，所以一个实验式的方法可能在某种意义上，强调经验作为其本质要素之一，我认为，尼采的方法是一种复杂意义上的实验：意欲在读者那里激起一种基本体验，一种对我们称为哲学的思想体验的基本体验。

关于尼采的整体风格，其从本质上来说是美学式的，由此尼采倾向于使用想象、隐喻、象征，而非证据和论证。考虑到尼采风格从本质而言所具有的美学特征，可以得出，在其教言的关键之处，尼采会运用想象、隐喻、象征，而非论据和论证。当然这些解释手段须得是文学的，而非科学的。对这些手段的运用在尼采作品里并非偶然现象。对尼采而言，

[1] 关于考夫曼的这个观点，见考夫曼著作第 78 页。

世界是隐喻的（譬如，不确定的，边界柔软的），远甚于世界是逻辑的（确定的、边界僵硬的）。围绕《查拉图斯特拉如是说》的基本观点，尼采作品中所有的诗意想象构成一个复杂的拓扑学。对我而言，尼采在一个特定的语境里用一个特定的象征想意指什么总是非常清楚。

第二章　骆驼、狮子和孩子

在第二章我打算探讨《查拉图斯特拉如是说》的结构。此书是一部有着戏剧性结构的哲学著作，其结构很复杂，并且正因为其戏剧性的结构，或者说，戏剧性结构作为一个不恰当的结构，很多读者认为此书成为哲学著作真是一个意外。

之所以《查拉图斯特拉如是说》的结构是戏剧性的，是因为其结构的发展不是凭借论证的展示，而是凭靠查拉图斯特拉的生命事件的发展。正如柏拉图和尼采都很清楚地知道的，哲学是某种戏剧，在这种戏剧当中，人从自身的生命经验中生发出自己的言说，并力图将之说清楚，所以《查拉图斯特拉如是说》的戏剧性结构也便是哲学的结构。但哲学戏剧如何区分于那些仅仅相关于个体的私人经验之小说和自传呢？哲学戏剧的主角不仅仅言说自己的私人经验，正如苏格拉底，更重要的是，他在言说着哲学家的企图——企图言说人类经验的本性，哲学便是个体声音试图超越自身的戏剧。

因而《查拉图斯特拉如是说》是一部元哲学作品，它描绘出一幅哲学的戏剧画像，一幅关于哲学在这个世界之内之起源的画像，一幅哲学状况的画像，一幅哲学边界的画像，从而研究《查拉图斯特拉如是说》就是研究哲学状况自身。

接下来，我以《查拉图斯特拉如是说》的序言和第一个教言为例来说明该书的结构是如何带动全书的整体运行的。

查拉图斯特拉作为言说者，需要与人交谈，然而此需要不是出自寂寞，而是出自自我的充盈，后者可比之为太阳之充溢，像太阳一样，查拉图斯特拉充满了智慧。查拉图斯特拉的言说是以此前十年的沉默为前提的，十年的沉默、孤独，以及对世界的躲避。查拉图斯特拉在山峰住了十年，这使得他远离并高出于这个世界。显而易见，尼采是在告诉我们，一个人打算看清楚这个世界的话，那么他必须从这个世界抽身以便将此世界纳入视角之中。看清楚并不等于显微镜视角。因为当一个人用显微镜观看时他得到的仅仅是细节。而看清楚意味着看到整体，这需要保持距离。所以，查拉图斯特拉在此世界居住了三十年之后为了看清楚它于是远离了十年。但对世界的远离并非是抛弃这个世界，而是为第一次进入这个世界做准备。

查拉图斯特拉在山峰十年的孤独中通过聆听来为言说做准备，他在沉默中聆听，因为他知道，如果言说要区分于闲谈的话，真正的沉默是必要的。这里就涉及尼采要宣示的一个明确的原则：真正的言说来自并渗透了沉默。这是言说与沉默的辩证法，此辩证法是尼采此书的中心主题。查拉图斯特拉作为一个哲学家，试图解释言说与沉默的平衡，他将再次回到的正是这个问题。

查拉图斯特拉下山后进入一个森林，他的第一次偶遇和第一次交谈是同一个旧熟人：一个宗教隐士，住在世人的世界和查拉图斯特拉的山顶之间。隐士比世人看得清楚，但不像查拉图斯特拉那么清楚。之所以如此，是因为隐士作为世俗生活的宗教视角的人格化身，企图逃离生命的细节。他的逃离只能将他带入一个地方——森林——在那里他得以安全地从世界撤离，这样一个避难所无疑是隐士所寻求的。在这个避难所里，他筑了一道世界和自己之间的墙。和查拉图斯特拉的退避不同，隐士的退避不是回归的序曲。从而按照尼采的观点，这是一个不完整的退避，它寻求的不是救赎世人，而是隐藏世人的世界。查拉图斯特拉在其自愿的放逐里获得了视角的清晰度，而隐士只是获得一种安全性，这导致视角的简化。（21-22）

当老的宗教隐士第一眼看到查拉图斯特拉时说道：“他的目光清澈，嘴角没有嫌恶。他难道不是像个舞蹈者那样走着吗？查拉图斯特拉变了！变成了——一个孩子，一个醒者。你想对这些沉睡者怎么样呢？”

查拉图斯特拉对此的回应很简单，“我爱人类。”老圣人对此回答说，他之所以进入森林正是因为过去太爱人类，而现在他打算爱上帝，他说，“我爱上帝：人类我不爱。人对我是一种太不完美的东西。对人类之爱会毁了我。”查拉图斯特拉对此的回应是，细述自己如何爱人类——带给人类一件礼物。隐士对此持反对态度。

但是当隐士向查拉图斯特拉要礼物时，查拉图斯特拉却拒绝了，说：“我应该给你什么礼物呢？让我快走吧，这样我才不会从你那里带走什么！”两个人像个孩子似的笑着分开了，查拉图斯特拉对两人之间的分歧很清楚，这体现在他的自言自语里：“这可能么！老圣人在他的森林里没有听说上帝死了！”

为什么查拉图斯特拉没有给老圣人礼物？首先，如果他把神秘的礼物给了老圣人，他也就要从老圣人那里拿来什么。他的礼物就是“上帝死了”，对老圣人而言，收取这个礼物的结果是宗教信仰的失去。总体上，“上帝死了”这个表达是尼采的一个隐喻，意指绝对价值的去值——无论是哲学的、科学的还是宗教的——而查拉图斯特拉，作为一个慈悲而富有同情心的人，拒绝拿走隐士的信仰。

但是，查拉图斯特拉的礼物并不神秘，无论这个礼物是什么，它必定某种意义上与信仰和思想的绝对主义相敌对。先前我们谈到查拉图斯特拉和宗教隐士尽管都寻求避开世界，但隐士是为了丢弃这个世界，查拉图斯特拉是为了发现这个世界。隐士说他无法爱人是因为爱人会毁了他自己，因为他将自身规定为依附上帝的生灵。查拉图斯特拉作为一位教师来到我们身边，他的教言就是他的礼物：查拉图斯特拉要教我们成为人。我们必须相信作为人类的我们自己；这个信仰的推论在于不相信任何作为我们人性的绝对基础的可能性。正如尼采所强调的，绝对基础的去值是一个令人震惊的事件，常常令那些经验到此的人没有任何东西可以相信。但在此处有一个对位的讽刺，按照尼采，由于相信上帝包含了对本质上的人类的否定，所以相信上帝已经包含着不相信任何东西。从而对尼采而言，隐士所代表的绝对信仰形态是一种清晰但又有失偏颇的洞见，对作为人的本质的清晰而又有失偏颇的洞见。这种信仰始于真理，继而发展为一种广大而巧妙的宗教解释，由此人通过发明一个上帝来证明自身的合法性，因为人必须在上帝面前为自己辩护。对尼采而言，这个隐士有一个信仰远比没有一个信仰更有深度，隐士无论如何是一个探索伙伴，他已经发现了部分真理。为什么要剥夺掉隐士的信仰呢？那是他太人性的洞见得以成型之所在。毕竟，正是其宗教信仰将之定义为一个探索者。

如果隐士没有获得清澈的眼、轻捷的步伐，以及孩子的纯真，至少他有时候获得了相近的东西，这正是他的美丽之所在。查拉图斯特拉判定——原因我们不是很清楚，这个相信人如果没有宗教的救赎就无法忍受其自身的老隐士永远也不能认识到，人实际上是能给予自己的最珍贵的礼物。尼采没有揭示这个判定的原因，但这个判定显示了查拉图斯特拉的人性。查拉图斯特拉作为一个教师走向我们，而非作为一个狂热者。所以，查拉图斯特拉离开了这个在自己的森林里歌颂上帝的老隐士，进入一个城市，人的城市，去庆祝人的诞生。

查拉图斯特拉在一个节庆日进入森林边缘的一个小镇，这个进入不算成功。他的头几句话是："我教你们超人，人是某种应该被超越的东西，你们做了些什么来超越人呢？"（Z，41）在现代哲学史上，这是三句最令人难忘的话。查拉图斯特拉，一个天真的隐士，将此作为其教言的开篇。没有序曲，没有铺垫，没有开场白。仅仅简单地说，"我教你们超人"。这个教师可能不知道他的学生，但他显然知道自己的课程，他已经用头几句话给出了自己的礼物，此书余下的部分便是对此礼物的评述。在某种意义上，如果人要真的成为人，他必须超越他现在所是。在何种意义上超越呢？要详述这点不是一件容易的事情。但尼采在最后的分析里清晰地回答了这点。

在进入世俗世界的第一天，查拉图斯特拉要争取人们的注意，人们都聚集在市场观看走绳索表演。介入表演及表演本身成为查拉图斯特拉解说超人教言的首次尝试的背景，并且最终表演本身成为阐释的核心。走绳索者象征了作为寻求者的人，在自身经验的限度内表演，试图超越自身从而创造自身。这个寻求当然是查拉图斯特拉教言的必要序曲的开篇。查拉图斯特拉通过埋葬这个走绳索者而给予了这个学生以敬意，这个学生也是他的探索伙伴。

埋葬的细节很简单：查拉图斯特拉扛起尸体走了很长时间（4小时）；放下尸体将之安全地葬在一棵树里；他孤独地走开了，放下了负担。这三个步骤是骆驼、狮子和孩子的变形，并且作为一个整体它们描述了全书的结构。成为骆驼，仅仅只是创造的第一个条件，而且是一个必要条件而非充分条件。尼采似乎认为，大多数人甚至无法自由地承担骆驼的角色。关于一个完整的创造活动的最后一个部分，尼采说得很少，这不仅仅是偶然的，因为尼采打算在此书的余下部分向我们显示，在查拉图斯特拉此人身上，孩子的纯真、孩子的“神圣的是”、创造意志的意欲是如何示例的。

查拉图斯特拉自身示范了人类创造的三部曲。他作为一个哲学的奥德修斯漫游世界，以超人的构想为指引。漫游的结构描述了哲学家（也是每个人）在人类经验中的漫游。从而正是《查拉图斯特拉如是说》的戏剧性结构描述了哲学的状况。当然，根据尼采，某些主要的概念只能隐藏，哲学的核心任务是说明揭示的漫游和隐藏的漫游之间的不同。通过骆驼、狮子、孩子的变形这种必要的再扮演，查拉图斯特拉再次回到其研究中的这个元哲学的关注点：沉默和言说的适当平衡，揭示和隐藏的适当平衡。

问题在于，这不是希腊戏剧，我们也不是希腊人，所以我们没有一个轻松的通道进入神话，此神话能指引发展的瞬间朝向运动的高潮。从而我们有可能倾向于相信，戏剧没有方向，瞬间的有趣性仅仅在于瞬间自身；我们有可能相信，尼采仅仅是另一个杰出的、文学的衰败者。但是，这个观点是错误的，此书的目的就是要让读者相信这个观点是错误的。尼采所书写的戏剧是给予未来的希腊人的。

第三章　沉默和笑声：被抑制的思想者

《查拉图斯特拉如是说》是一部言说之书。这个事实尽管显而易见，却似乎一直被评论者忽视。对尼采这部书的解读史表明，只有查拉图斯特拉的教言让解读者感兴趣。每个人都知道查拉图斯特拉教导永恒轮回、权力意志、超人和价值，但即便最好的尼采解读者，相信尼采是一切时代的哲学家的种子之一的解读者，也忽视了这个事实：这些教言是被说出的。这些解读者怎么会不明白——因为这真的非常清楚——尼采的立足点的本质在于他的语言？

尼采不仅仅是一个很擅长写作的传统哲学家。其他哲学家在语言的运用上也很有风格。但在尼采那里，有一些更根本性的东西。因为我们只有通过查拉图斯特拉言说的色彩、音调和风格才能理解他的教言。这些教言只有在尼采的语言里才是它们所是，从而将它们从这个语言当中移开的话，它们就只会被误解。所以，如果我们打算理解尼采的教言，我们必须首先理解，为何是一个言说者而非一个作家来表达它们？尼采试图告诉我们并显示给我们，那些能被有意义地说出来的东西是如何能被说出来的。最终他试图向我们显示，存在一个界限，超过此界限则所有人类的语言形式都将开始失败。通过探索这个界限，尼采阐述了舞蹈、笑声和歌唱对于人类沟通那些无法言说之处时的关键角色。《查拉图斯特拉如是说》从而是哲学沟通艺术的革命，正因为此，它是一切书中最哲学的。

我将在这章里描述沉默和笑声，它们令查拉图斯特拉的声音既是人性的又是世界的。在讨论第一个主题时，我将概括查拉图斯特拉的重要的、开篇的独白来阐述沉默在人类言说当中的价值。在讨论第二个主题时，我将描述尼采所嘲笑的思想的虚无主义元素，显示笑声如何将思想者从他所批评的事物上解放出来。

在讨论第一个主题时，我首先描述沉默在总体上的角色，其次解读查拉图斯特拉在具体的语境中特有的沉默。

独白式的沉默是在语言中创造的开场白。亦即，如果一个人能学会静静地向自己言说，那么他就可能学会倾听某种要求被言说出来的东西，因为这种东西出现在沉默之中。查拉图斯特拉分享的不是美妙的沉默本身，而是安静的独白。通过静静地对他们自己言说，查拉图斯特拉提供给我们一个通向创造性沉默的通道。

查拉图斯特拉遵循赫拉克利特的忠告，后者很久以前就告诫哲学家："不要倾听人的声音，而要倾听存在的声音。"

除了先于言说的独白式的沉默，还有查拉图斯特拉的笑声。接下来我将探索该笑声的功能和范围，从而显示它如何将我们从绝对主义的要求当中解放出来，使我们成为我们自己，作为具体的思想者的我们自己。

苏格拉底在哲学的开端处担心自己由于过分强调理性而变得过于不希腊。听到精灵对自己说，"苏格拉底，练习音乐吧！"此忠告其实是在说，探索触觉、视觉、嗅觉、味觉和听觉的感觉器官。通过这样的探索，哲学家才会认识到作为具体理解力的自身。但苏格拉底的忠告对尼采而言还不够身体化，后者一直是个好学生，当他建议我们学习具体的音乐时已经超越了他的老师，尼采说："我只应当信仰懂得如何舞蹈的上帝。"（Z68）舞蹈的上帝是尼采的一个隐喻，指精神领会到自己是世间的和人性的。按照尼采的观点，逃离身体便是逃离哲学，如果我们想要回归哲学，我们必须首先再次发现身体。

"蔑视身体"的哲学声称身体在永恒之下。18 世纪的康德和 19 世纪的黑格尔是其最好的代表。尼采将此名之为“无孕怀胎”。尼采在其对虚无主义的带笑的起诉书中，当然没有将其批评局限于哲学家。包括在这个起诉书里的还有诗人、牧师、有德性者、崇高者等。然而，先于宗教圣人和哲学家的虚无主义，还存在日常生活的虚无主义，嘈杂而世俗，这体现在查拉图斯特拉在市场遇到的人们之中[1]。

斑牛镇象征了现代世界及其尘世的虚无主义，此镇处于查拉图斯特拉隐居的山脚下，查拉图斯特拉就是在那里讲出关于超人的第一个教言。理解这一点很重要：尽管查拉图斯特拉蔑视这个镇及镇上的人，但他也爱他们（Z，202）。

查拉图斯特拉像任何好的喜剧家，知道最真实的、最人性的笑声来自有趣的小缺点，他和他的听众皆有之。正是这样的笑声杀死了一本正经和狂妄自负。我们的喜剧视角创造了更肯定的、更喜悦的笑声的可能性。在我们赢得对这种肯定之笑声的权力之前，我们必须学会嘲笑我们自身的谎言。查拉图斯特拉激起的关于人类状况的笑声来自我们对自己开的玩笑。

一本正经者不会笑，无论是一本正经的圣人，还是一本正经的哲学家和市民。查拉图斯特拉的笑声直接针对这种一本正经。查拉图斯特拉将这种一本正经名之为重力之精灵。这是所有那些人的精灵，那些人称“大地和生命很沉重”（Z211），那些人不能和查拉图斯特拉一起肯定这点，“我们都是重负的驴子”（Z68）。笑声减轻了重负。

查拉图斯特拉所嘲笑的形而上学喜剧的整体结构现在很清楚：通过恐惧，我们假装成我们所不是的——绝对的、确定的、永恒的。查拉图斯特拉的笑声从而是一种批评的形式。它使一本正经、独断和笨重沉静下来。而且如果我们能学会嘲笑我们自己身上的这些东西，我们就会变成这样的思想者：通过我们自己创造性的意志活动，将时间的碎片、谜

---

[1] 译者注：所以，尼采的“这个世界”既非宗教圣人和传统意义上的哲学家的世界，也非日常生活，尤其是尼采所处的那个现代世界里的日常生活。

语以及可怕的运气转化为世界的、人性的创造（Z163）。但查拉图斯特拉的这种带笑的沉默自身诞生于言说之前的沉默。从而，谁想要嘲笑自身，想要以人性的声音来言说，谁就必须先倾听很长很长一段时间。在如此这般的倾听之后，一个人可能发现有理由嘲笑查拉图斯特拉的抑制的、批评的笑声。

在这种抑制的、批评的笑声之上，是创作者的肯定的、欢欣的笑声。要发现这种笑声的源头，我们必须发现一个理由来越过对时间的复仇之精灵：我们必须观察查拉图斯特拉这个游戏的思想者。当我们处于这种观察之中时，我们会看到查拉图斯特拉发现了另外两种沉默的形式——舞蹈和歌唱的沉默。这些沉默不是隐士的沉默，它们不在言说之前，不在世界之外，它们作为世界自身的庆典在言说之后，在世界之中。这种辉煌的沉默只有在深沉的哲学肯定的语境中才能被理解，根据这种深广的哲学肯定，尼采要求我们现身于自己面前。

第四章　游戏的思想者：价值和意志

无论在语言还是意义层面上，要破解尼采的价值理论，其入门钥匙是《查拉图斯特拉如是说》第一部的题为“一千零一个目标”的那一节。在元规则的层面上，尼采区分了两种评估风格：一种直率地承认评估的自由和创造特点（从而也是认知的自由和创造的特点），另一种隐藏它。尼采将第一种称为主人道德，第二种称为奴隶道德。尼采在《超善恶》里也对此作了区分。

主人道德里的基本的区分是好与坏，但奴隶道德里的基本区分是善与恶。基督教和犹太教是这种道德化风格的最清晰的例子。基督徒谴责那些做了“邪恶”之事的人进入绝对的、永恒的地狱。根据这个分析，也可以得出，柏拉图主义以及其他声称其价值的客观现实性的道德也是奴隶道德。通过声称其价值的客观性，奴隶道德否认他们自己的自由和

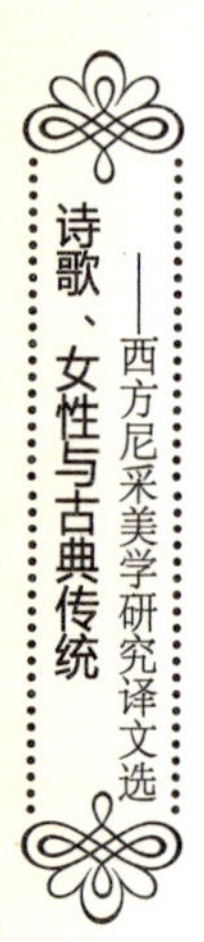

人性的创造特点，从而在元规则的层面上，对自己一无所知。他们是虚无主义的，他们受罪于重力之精灵。《超善恶》这个标题的意义变得很清楚了：超越绝对主义的善与恶，发现评估的自由特点，发现主人道德。超善恶从而意味着超越虚无主义，超越奴隶道德。

以下是奴隶道德的一些主要特点：

愤恨

反动的或消极的

为他人所主导的

寻求彼岸的

自我欺骗的

谦逊的

利他主义的

审慎的

民主的

忏悔的

原则的道德

意志软弱的

善对恶

相反，主人道德的主要特点是：

直接表达愤怒

创造的

自我主导的

此世的

自知的

骄傲的

利己主义者

实验的

贵族的

离散的，或面具的

个人的道德

意志强壮的

好与坏

尼采对意志的处理有点模糊。此模糊来源于，文本中似乎存在两种论证：首先，意志是一种形而上学的力量；其次，意志是一种人类活动。我打算表明，从其对意志的描述中，尼采的意志概念源自自由意志概念，由此有助于矫正一个很不幸但却是共同的印象：对尼采而言，意志是某种宇宙的力量。

从尼采的有限人类意志的现象学中可以得出的是对意志活动的描述，这种意志活动是人类存在的基础。从作为我们自身的意志经验的复杂的感觉经验开始，尼采将意志的角色溯源并穿过形而上学、伦理学等诸如此类，促使我们肯定他的描述在我们自身的经验之中。他对意志活动的描述从而是相当经验式的。从而只有我的意志，你的意志，在意志的练习中，我们同时遇到自我和他人——无论在形而上学、艺术还是伦理学中。我们如何选择认识他人当然与我们如何认识自我亲密的联系在一起。

思想者如果理解了价值的相对特点和人类意志的偶然特点，他就会明白，他仅仅是一个在自身经验领域的游戏者。查拉图斯特拉在《查拉图斯特拉如是说》的开头就有这个认识。他知道，思想者像孩子一样，对经验的必然性做出自由的回应。思想者的成熟“……在于再次发现一个人像孩子一样玩耍时所保有的那种严肃性”（BGE，83）。

思想者像孩子一样，居于游戏之中并在游戏中成为他自身。思想者反思地知道一个孩子天真地知道的东西：游戏模式不是现实的偶像。经验可以产生许多可能的解读，我们可以在自己的思想中游戏——亦即，我们可以克服重力之精灵和绝对主义——如果，而且只有当我们明白，对于一个孩子而言，牛仔和印第安人的游戏与医生的游戏并不矛盾，因此对思想者而言，数学的游戏与诗歌的游戏也不矛盾。真正的游戏着的思想者像查拉图斯特拉一样，探索着很广泛的游戏模式的领域，从而避免倾向于相信某种绝对的游戏模式对一切游戏者都是必要的。

思想者像孩子一样还体现在另一个重要的方面：他自由地不去思考，他自由地成为非哲学的，或者，像禅一样，自由地保持沉默。毕竟，在我们的游戏中没有必然性。但如果我们游戏，我们必定会明白，即便我们最高的抽象也终会将我们引领回到在这个世界之中的我们自身。作为游戏着的思想者，我们会进一步明白，我们一切的教义都只不过是有一点儿太教条主义了。它们必须自由地为其他的教义和其他的游戏者所限制和约束。一个像查拉图斯特拉的声音在发问："这是我的路，你的路在哪里?"这样的声音不可能对其自身的教义抱有教条主义的态度。人们的确可以想象，尼采——这个一切辩证学家中最轻松愉快的——轻松地发现他自己的一些教义只不过是有点儿太教条主义了；从而他通过嘲笑他自身来摆脱它们。

从而，我们可以在对自身创造意志的充分肯定中发现沉默的惊奇，那作为思想之始基的沉默的惊奇，在此惊奇中，思想者开始明白他的确如他所做的那样思考，思想者开始明白在他的创造意志中没有必然性，没有将他和他的思想绑在一起的必然性。只有当一个思想者像尼采那样，将他的分析推进到他理解的这一点上，他才能完成思想的作品。因为只有这样的思想者才会达到这种反思性的理解，理解到人类思想是一种游戏的、美学的经验组织，在生和死的边界之间[1]，这些边界为我们的创造意志设定了限制。接受这些限制是查拉图斯特拉的最终和最困难的成就。只有赢得了这个成就才会清楚，在我们的游戏中，将来和过去在

[1] 译者注：这能否成为我的论文《生死之谜及其在瓶画上的面容》中某处的一个注脚呢？

过去的一瞬间成为一个整体，我们居于那一瞬间，通过理论、艺术或伦理，游戏着超越我们自身——在永远再次发现我们自身作为游戏者的过程中。

第五章　永恒轮回的戏剧

永恒轮回的戏剧的开幕先于《查拉图斯特拉如是说》，在《快乐的科学》第341节“最沉重的负担”里已经出现。在第341节里，尼采介绍了永恒轮回，在第342节里，尼采介绍了查拉图斯特拉。在《快乐的科学》里，尼采指出任何伟大的著作都有一个中心思想将全书贯通；永恒轮回就是《查拉图斯特拉如是说》的中心思想，查拉图斯特拉是其教师。

沿着对永恒轮回的完全肯定之路径，查拉图斯特拉完全克服了虚无主义，最终接受和庆祝人之为人的条件和有限性。通向永恒轮回之肯定的路径从而就是通向完全的、自我意识的人文主义，这种人文主义不带任何狂妄地庆祝人类状况的美丽和惊怖[1]。

考虑到永恒轮回在《快乐的科学》里的先声，探讨《查拉图斯特拉如是说》里那些没有直接提及永恒轮回的段落，认为它们成为这个教义的前提并成为该教义的一部分便也是有可能的。

第一部分在最一般的意义上向我们指出永恒轮回的教义。如我们在第二章里看到的，“序曲”和“三种变形”指出了经验的循环结构，骆驼、狮子、孩子宣示着哲学剧场的结构。

第二部分里对永恒轮回教义的第一次重要的提及在题为“自我克服”的那一节里，此标题恰好表明了人类经验那开放式结尾的、暂时的、重复的特点。如我们在上一章的讨论，“自我克服”的原初主题是

[1] 译者注：这里可能得出尼采独特的崇高观吗？与柏克和康德的观点有何不同呢？

意志及权力意志。查拉图斯特拉自己并没有带出永恒轮回的主题，相反他是听众，言说者是生命。“生命告诉我这个秘密，‘看哪’，它说，‘我是那个要一再克服自身的。’它还说，‘无论我创造了什么，无论我有多爱它——很快我将反对它以及我的爱：我的意志将如是拥有着它。’”（Z138）。此处的查拉图斯特拉与苏格拉底在《会饮篇》里的角色类似，后者所讲述的关于爱的真理来自狄奥提玛的言说。

在谈及美和永恒轮回时，苏格拉底和查拉图斯特拉之言谈出自灵感。灵启的言谈不是哲学的言谈，哲学家不像先知，哲学家在受到灵感启示时，必须为其所说的负责和担保。查拉图斯特拉在朝向“自我克服”的结尾处说：“从而生命曾教导我们：带着这个教言我解决了你的心灵之谜，你最有智慧的人。真的，我对你说：不变的善和恶不存在！从它们自身当中，它们必须一再克服它们自身。”（Z139）然后解释为什么他这样说，他说：“让我们来谈这一点，你最有智慧的人，即便它是一件坏事，保持沉默会更糟糕；一切被抑制的真理都变得有毒了。”（Z139）此处既清楚地表明了哲学家将事情说清楚的责任感，同时也清楚地表明了查拉图斯特拉在真理必须言说出来之前的犹豫。此真理在未被言说出来时是一服毒药，但若服用合适的剂量，毒药就会变成解毒剂。查拉图斯特拉寻求的是对虚无主义的解毒剂，他在永恒轮回的教义里发现了这个解毒剂。

显然，当尼采在永恒轮回里使用永恒这个词时，他不是指“完美的、不变的现在”。对我而言，尼采用永恒来表示“在有限的人类生命里无穷无尽的瞬间序列”。永恒轮回的教义从而在其描述的层面上变成了如下声明：瞬间如何产生，瞬间如何变成现在，瞬间如何过渡到其他的瞬间，所有的瞬间都无穷无尽地卷入瞬间改变的循环。此描述性的声明自身听起来非常的客观，好像它隐含着这层意思：时间是某种产生在我们面前的东西，而不是某种我们让其产生的东西。

永恒轮回的教义从而变成这样一种教导，这种教导表明怎样接受我们的全部责任，对我们经验的暂时秩序的全部责任[1]。它表明，我们必须怎样将我们生命里的每一个流逝的瞬间与一个生命之内的整体瞬间序列相联系，从而每一个瞬间自身都会是完满的。

如何看待《查拉图斯特拉如是说》里的那个侏儒呢？侏儒是查拉图斯特拉的最重要的对手——代表查拉图斯特拉自己身上的软弱。他对侏儒说："我是我们两人中更强壮的那个——你不知道我深不可测的思想！那个思想——你无法承受！"（Z178）

侏儒通过说出如下的话来反对查拉图斯特拉：时间是有限的，是一个圆。

这只不过是绝对主义之声的一个变奏，在有界限的、封闭的时间那里寻求安全性，在这样的时间里，永恒变成了一个完美的固定的存在。而当瞬间被握在永恒的权柄之中时，无常就被否定掉了。

查拉图斯特拉愤怒地反驳了侏儒，详见 Z178-179。随着这些反驳的话语，查拉图斯特拉听到了一只狗的嚎叫声，这令他想起孩提时代的恐惧。城门和侏儒一起消失了。查拉图斯特拉再次孤独，与自身的软弱的对话也结束了：他已经准确地说出了什么是他必须相信的[2]。

第三部分的最后一节"七封印"（或者"是与阿门之歌"）让抒情的肯定更完满。七小段的每一段都以这几个字结束："因为我爱你，噢永恒！"从而很清楚，查拉图斯特拉不再论辩着完美肯定的必要性，他已经最终完成了这个论辩。查拉图斯特拉学会了超越论辩。他提醒自己："唱吧！别再说！"（Z247）

正如永恒轮回的教义在先于《查拉图斯特拉如是说》的其他作品中

---

[1] 译者注：此文作者在这里没有提及阿纳克西曼德，但我们可以从中看到尼采身上的阿纳克西曼德的影子。"永恒轮回的教义从而变成了这样一种教义，它向我们显示如何接纳我们存在中暂时的秩序的全部责任。它向我们显示我们如何将我们生命里的每一个消失的瞬间与生命里全部前后相继地瞬间联系在一起，从而每一个瞬间都能成为完整的自身。"参见原著第 90 页。

[2] 译者注：接下来作者沿着《查拉图斯特拉如是说》的文本走向描述了永恒轮回教义的发展脉络，直到第三部分的结尾。

出现，因而它的最明晰的声明之一也同样出现在紧接着《查拉图斯特拉如是说》的其他作品中，详见《超善恶》第 56 节。

永恒轮回让人进入一个神圣的恶性循环，在期间人必然在每一瞬间回到其自身，因为人想要回到其自身。永恒轮回是这样一种戏剧，需要这种戏剧的人必须永恒地在其中出演着。这种人当然是那种希望完美地肯定其自身及其经验的人 —— 超人。

正如每一个解读者都知道的，在尼采的超人教言和永恒轮回教言之间存在紧密的联系，我想通过指出如下这点来强调这种亲密性：永恒轮回只有同超人概念联系在一起时才能被完全地理解。

关于查拉图斯特拉是不是超人这个问题有点儿误导人。超人是那种通过克服自身局限来永远超越自身的人。我在此希望强调的是，超人的"模式"永远也不能当作完美的典范。它毋宁是这样一种典范，当个体不断趋近它时，它将不断变得更典范，从而只存在个体对典范的渐进的趋近。

那么查拉图斯特拉是超人吗？他是又不是。亦即，他总是保持着必然的和理想的未完成状态。

尼采的超人模型必须被解读为一个召唤，召唤个体去面对其自身，面对那个在全部个体性意义上的自身。但个体如何能够确定他是什么？尼采的回答当然是：个体不知道，但个体必须自己去创造那个他寻求发掘的自我。从而按照尼采，并不存在一个超越的名词，不存在绝对的度量设备，不存在一种人可以用来测量其自身人性的度量设备。每个人用以度量自身的那个模型是内在于他的意识的，那是他自己的创造，从而存在许多作为一个人的模型。

然而，对尼采而言，在真正的人与人类之间有两条限定的因素：第一，寻求自我永远也不会停止，在每时每刻 —— 像西西弗斯推石头上山。第二，克服虚无主义，如尼采的诫命所言，"对大地保持真实"。我们将这条诫命理解为，要求我们完全接受人类意志的限定或条件。

如果这样一个表达——“对大地保持真实”是一个邀请，邀请认可尼采的视角，那么他的永恒轮回教义则是最终的准入。在邀请和准入之间，当然是详尽和审慎的哲学论证之仪式。

尽管尼采将永恒轮回教义称为“所能获得的最高肯定公式”，我认为它必定同时也是最绝望和最寂寞的。个体用这个最高肯定公式来让自己在如下仪式中进入自我之中。在这种仪式中，一个人既是主持仪式者又是新加入者。

第六章　肯定的喜剧

在《查拉图斯特拉如是说》的第四部分中，尼采将其作品里的主要主题全部再现出现，既是喜剧的，又是严肃的。第四部分指明了肯定任何教义所需的个体条件，从而需要我们精细地关注。评论者们常常忽视第四部分的重要性，将其视为多余的和重复的，认为《查拉图斯特拉如是说》的正当的结束是第三部分的结束。尽管第四部分是重复的，但如果说它是多余的，那么只是因为其中所有的理论观念已经在前三部分中产生出来。然而，这样一个认定为多余的判断仅仅建立在如下假设上，即假设传统的哲学概念应当是理论——超然的、客观的观看。但是，正如我指出的，尼采所完成的哲学革命的最重要的元素之一就是，在理性和理论之外，存在经验和信仰的领域，既有活力但又依然是哲学的，它们超越理性和理论，但又并非与之相分离。这个领域涉及献身问题。在此意义上，第四部分是最重要的，因为通过其喜剧，它再次显示了信仰的超越特质，因为它同时再次表明，对信仰和献身而言，经验、仪式、重复是多么重要[1]。《查拉图斯特拉如是说》第四部分不是通过额外的论证来强调经验之重复的、循环的特质，而是要求我们再度经验、再度思

[1] 译者注：同样地，对于交响乐而言，或者对于那种将《查拉图斯特拉如是说》视为交响乐的解读者而言，第四乐章是多么重要。

考那些我们已经经验和思考过的。因而，通过向读者发出查拉图斯特拉向其自身所发出的那种命令，第四部分在内容和形式上都成了一种人类存在的圣象：耐心的、终极嬉戏的对于自我创造的细节的关注。

第四部分之喜剧的最根本的要素在于这样一个简单的事实，查拉图斯特拉和他的弟子们在他们的戏剧感觉中都得到成长。第四部分常常看起来像是莎士比亚的喜剧，不仅有着语言的华丽，更有着背景、面具、表演中的戏剧的运转。第四部分说到底是《仲夏夜之梦》。

明确地说，第四部分的贡献在于：

首先，它清楚地显示，一个人不能仅仅重复查拉图斯特拉的教言的形式；他必须在自己个人的经验中去寻找这些形式的质料。哲学不仅涉及理论，它还涉及理论理解的拨付。这种理解总是生发于个体经验之中。第四部分强调，哲学不仅关涉教义的理论阐释，也关涉教义交流的条件。

第四部分强调经验和理解的自我中心的特点。查拉图斯特拉只教导他自己：他合法的孩子们是他自己将来的自我创造（Z333-334）。如果更高的人们愿意像查拉图斯特拉教导他自己那样去学习，那么他愿意为他们腾出地方。但像每一个伟大的哲学家，查拉图斯特拉在最后的分析中只对自己言说。每一个其他的对话仅仅都是为最个人的独白做准备。

在第三部分永恒轮回的科学彩排之后，第四部分排除了一切认为永恒轮回是一个理论的建议；它清楚地表明，在此教言中重要的是，“所有欢欣都期盼——永恒”（Z332）。在这个意义上，第四部分为我们理解尼采做出了非常重要的贡献。随着查拉图斯特拉圆舞曲的吟唱，这一切变得很清楚，即即便我们最深沉的肯定也被揭示为游戏的、滑稽的。

全部第四部分包含了一种对全书其余部分的嘲笑感——也许最终，它嘲笑了所有的概念和理论。

在第四部分，查拉图斯特拉变成了更高的人的丑角，这根本地改变了序曲中小丑的象征。本来，那个敏捷地越过走绳索者的小丑是被查拉图斯特拉蔑视的，因为他的足步过于轻捷。在治愈了重力之精灵后，查拉图斯特拉变成了一个丑角——其游戏不是将他从自身引开，而是将他引向一个更清晰的视角，人类思想和经验的相对本性的视角——这个丑角不同于第一部分的小丑。因为对于第一部分的小丑，游戏是逃避；但对于查拉图斯特拉，游戏是启示和庆祝。

第四部分从而是一个小丑的舞台。对更高的人的肯定自身是喜剧的，因为他们是不完善的、装模作样的；他们是喜剧的，就像一个不完备的或错误的婚礼是喜剧的一样。在查拉图斯特拉和更高的人之间的沟壑在于这样一个事实，他们缺少查拉图斯特拉对于经验论证的审慎关注，这种审慎关注教导了适当肯定的技艺。他们太热衷于相信，因为这点并且因为他们缺乏技艺，他们是喜剧的。因为他们自身太庄重，所以他们是完美的喜剧衬托。查拉图斯特拉自身的肯定也是喜剧的，因为它并不是它看起来的那样；看似永恒的，但却是必须被一再更新的。时间对我们所有人玩了这个恶作剧：在我们获得永恒感觉的完美瞬间，发现它仅仅是一个时间的片刻。我们被永恒的表象所戏弄了；通过笑声，我们将自身从这个恶作剧当中释放出来。

一切肯定都是喜剧的，这是因为，虽然它们是我们的担保和确定性之源，但它们只产生我们带给它们的担保和确定性，而且我们永远也无法带给它们我们所寻求的——绝对的确定性。笑声将我们从对确定性的需求中释放出来，从而我们可以优雅地获得人类的肯定。肯定是喜剧的，因为，不管我们怎样努力试图论证着肯定的某些奉献是必要的、是为理性所要求的，但在理性和肯定之间总有沟壑。考虑到对驴子之节日的嘲笑以及查拉图斯特拉圆舞曲的游戏性，我们打算将一切肯定的节日都看做是喜剧的；毕竟，有那么多的节日，它们都带着完美的严肃要求我们绝对关注和奉献。它们的宣告之中的那种绝对性之中，我们也看到它们的喜剧的最终的严肃性。

最终，这解释了为何哲学家大部分都忽视第四部分的要点，这个玩笑真的出自哲学自身，哲学的庄重性排除了喜剧。随着这种排除，哲学丧失了自身。这是尼采的天才的一个主要元素，即因为理解笑声之作为必要的哲学角色，他选择将其思想的重要总结书写为一部戏剧性的喜剧[1]。从而他强调，无论表明上看起来如何，思想者都仅仅是一个游戏者，在其自身的经验领域里的游戏者。

第七章　哲学作为戏剧：尼采作为哲学家

在这一章里，我打算从事以下事情：显示《悲剧的诞生》和《快乐的科学》如何为《查拉图斯特拉如是说》做准备；指明尼采在传统哲学问题当中的位置（毕竟，在一个很重要的意义上，哲学被界定为一个问题的历史），最终以此总结我的论证，即将尼采的哲学概念解读为戏剧事件的最根本的种类。在整个这一章，一切都瞄准这样一个论证，尼采的作品是典型的哲学作品，因为它对经验基础的先验的探索。

在尼采看来，戏剧艺术的精华在于合唱队歌，它既唤起作品的意义，又凭借它代表戏剧中的观众这一事实，将此意义具体化。狄奥尼索斯和阿波罗对戏剧艺术而言都是根本的，但他们都呈现在合唱队歌中。

这就是为何尼采相信，欧里庇得斯抛弃合唱队歌、随后以对话来作为戏剧的标志意味着戏剧的死亡。对话仅仅体现显明之事，体现直接和清楚之事，代表准确的、未变形的画面。而合唱队歌则唤起黑暗和模糊的半影，此半影包围着人类活动的表面。欧里庇得斯排除合唱队歌后，扭曲了戏剧经验，让事情变得比它们实际所是的样子更清晰、更明确。我认为这是尼采在欧里庇得斯作品当中看到的戏剧的衰落之所在。当对话变成了戏剧的中心，戏剧家和听众都遭受着理性主义的狂妄自大，相信通过对话的逻各斯他们可以知悉一切。

这个狂妄自大彻底发展下去，就变成了尼采所称的苏格拉底主义。

---

[1] 译者注：本文作者将《查拉图斯特拉如是说》视为一部戏剧、一部喜剧，而非一部交响乐。哪种解读更深刻呢？暂且存疑。

美学上的苏格拉底主义以可理解性和鉴定来界定美。这始于欧里庇得斯，通过杀死神话的狄奥尼索斯元素来击败戏剧精神（BT，83-84）。对话的戏剧始于欧里庇得斯，在柏拉图的对话里发展完备。随着这一发展，艺术为哲学所取代，后者成为希腊人的根本性活动。尼采最具争议性的论点之一就是，因为这一取代，苏格拉底和后苏格拉底的雅典代表了希腊文明的最低点而非最高点。柏拉图和苏格拉底是衰败者，他们抛弃了将神话和理性连接在一起的人类经验的戏剧视角，而仅仅只热衷和肯定理性。

那么谁是狄奥尼索斯？在“自我批判的尝试”末尾尼采告诉我们，查拉图斯特拉是“狄奥尼索斯式的怪物”（BT26）。这以戏剧性的方式告诉我们查拉图斯特拉代表了尼采的成熟的狄奥尼索斯概念，这一概念将阿波罗和狄奥尼索斯功能联系在一起。然而，这一概念并非那么新鲜，因为在《悲剧的诞生》里尼采就已经区分了野蛮人和希腊人的狄奥尼索斯概念。希腊人的狄奥尼索斯是合唱队歌的狄奥尼索斯，在这个合唱队歌里，司仪者既超越他们自身，又将自身作为神面前的萨提尔；亦即，他们既在狂喜中摧毁自身，又以神的面相将自身重铸。而野蛮人的狄奥尼索斯仅仅只代表了对自身的摆脱，从而导致的不是通过重铸而再生，而是疯狂[1]。从而，查拉图斯特拉体现了狄奥尼索斯精神，或者我们也可以说，查拉图斯特拉就是狄奥尼索斯。我们的第一个问题得到了回答。

断言“世界只有作为一个审美现象才是正当的”可能是尼采最众所周知的观点之一。此断言似乎与《查拉图斯特拉如是说》相冲突，因为在后面一书中，很清楚地表明伦理概念才是人类经验中最根本的：查拉图斯特拉劝告其弟子们打碎旧的价值之碑去创造新价值。但这一冲突很容易被解决掉，如果我们理解了尼采所谓的“道德”为何。

他说，“艺术，而非道德，被作为真正的形而上学活动”（BT22）。

[1] 译者注：作者此处对希腊人和野蛮人的狄奥尼索斯的区分很有意思，基于《悲剧的诞生》之文本，但又跨越了它。

在一个普遍的、描述性的层面上，“道德”这个术语仅仅指一个行为代码，它并非尼采用以作为艺术之对立面的那个道德。艺术和道德的对立仅仅发生于当一个道德假扮成绝对主义和客观性的时候。而艺术被视为真正的形而上学活动是在这样一个意义上，即按照尼采的观点，形而上学是一种创造性的而非发现性的活动。形而上学家是戏剧家，而非个人经验的客观观众。一个价值体系的自由创造从而是一个艺术活动。在《快乐的科学》里尼采说，自我创造的艺术是“最稀有的、最困难的艺术”；那么现在应该清楚了，对尼采而言，道德的创造是自我创造的最具艺术性的活动。希腊人在他们对于奥林匹斯诸神的创造当中示范了这样一种审美活动。通过回到尼采的经验描述，我们获得了查拉图斯特拉自身戏剧的神话复述[1]。

尼采在叙述希腊人的世界概念的起源时，反对如下传统说法——按照浪漫的说法——相信最早的希腊人是天真无邪的，他们的创造力是那种孩子式的纯真的直接表达。按照这种解读，希腊宗教和艺术之美，是纯真的希腊心理之美与和谐的一面镜子。尼采的看法与此相反（BT 第三节）。他以一个问题开始，“是怎样可怕的需要产生出了奥林匹斯诸神的辉煌群像？”（BT41）他的答案是复述关于米达斯国王的神话。

“希腊人知道也感到生存的恐怖和惨淡。为了经受住这种恐怖，他不得不在自己和生活之间插入光辉灿烂的奥林匹斯诸神的梦境……为了能够生活下去，希腊人不得不从最幽深的需要当中创造出诸神（BT42）。

“召唤了艺术之诞生的那个同样的冲动，作为生存的补充和完成，诱使人继续生活下去，也是奥林匹斯世界诞生的原因。诸神如此这般地为人之生命作了辩护：他们活着自己的生命——唯一令人满意的神正论！”（BT43）

关于奥林匹斯诸神的创造使得希腊人有可能将西勒纳斯的嘲笑转向

---

[1] 译者注：作者在此处揭示了《查拉图斯特拉如是说》作为美学文本的合法性。

其自身，并能够说“立即死亡是一切中最糟糕的，其次糟糕的，从来没有出生过”（BT43）。

尼采对此神话邂逅的解读预示了《查拉图斯特拉如是说》的许多主题。第一，希腊思想是对希腊经验的自由而创造性的回应。第二，这种回应救赎并转化了这种经验，引导希腊人庆祝自身，将自身视为这种经验者，即恰恰拥有其自身经验的这种经验者。第三，既然希腊神话使希腊人引回到其自身的更具体的经验，它是对大地真实的，而非虚无主义的。正如我们所知道的，与此相反，基督教神学也是对生存之恐怖的一种回应，但这种回应将基督徒引得背离自身。基督教是一种逃离的方式。希腊神话是一种走进的模式。第四，在西勒纳斯智慧的逆转中，包含了在永恒轮回中出现的那种完美肯定的线索；希腊人想要永远活着——因而他完美地接纳了自身。第五，像查拉图斯特拉自己的自我创造，希腊神正论是一种完全的自我探索的结果，它既揭示了恶魔也揭示了神圣。就此而言，希腊人是强壮的骆驼、勇敢的狮子和最纯真的孩子。查拉图斯特拉从而是“非道德的艺术家——神”，对他而言，“世界在每一瞬间都是获得的神之拯救……”（BT22）最后，奥林匹斯诸神的原初创造是非常阿波罗式的：诸神在希腊人面前作为完美的图像而存在。这种创造当中的原初尝试与查拉图斯特拉对永恒轮回的原初的科学发现是互相平行的。通过发明狄奥尼索斯的肯定，查拉图斯特拉和希腊人不得不学会拥抱他们自身创造的东西。

《快乐的科学》在《查拉图斯特拉如是说》之前，并紧挨着，在其标题中恰恰揭示了这样一种自我反思的科学精神：它是一种轻盈的、舞蹈的科学，它能够嘲笑其自身。在探讨这本书时我的主要任务是详尽说明一种能够嘲笑其自身的知识形式的总体特点（德语中科学一词的含义）。此书包含五个主要部分和一篇韵文序言。第一至第四部分写于1882年，序言和第五部分写于1886年。韵文序言对我而言似乎是某种尴尬之物，我不会进一步提及它。

第四部分的最后两节，“圣者亚努斯”，介绍了《查拉图斯特拉如是说》的两个主要主题。第341节，介绍了永恒轮回的教言；第342节，以几乎与《查拉图斯特拉如是说》序言中一模一样的文字介绍了查拉图斯特拉。圣者亚努斯自身是一个双面的神，朝向两个相反的方向：过去和未来，戏剧和悲剧。“最重的负担”这个标题告诉我们永恒轮回的教言——这个标题意在成为这样一个教言，调和对立面的一个教言。

《超善恶》与《查拉图斯特拉如是说》一起，是尼采两本最重要的著作。在我看来，它虽然写于《查拉图斯特拉如是说》之后，但却无疑是前一本书的序言。它的风格较《查拉图斯特拉如是说》而言更传统。在《查拉图斯特拉如是说》里讨论过的许多问题在《超善恶》里以更传统的语言再次被探讨。因为，我认为，要澄清《查拉图斯特拉如是说》里的许多晦暗不明之处，《超善恶》是最好的注解。《超善恶》第一部分中哲学的批判是查拉图斯特拉的批判。

尼采将他的“新哲学家”概括为价值的创造者和实验者（BGE 136）。好的哲学要避免两个错误：第一个是托马斯主义者的错误，对历史俯首称臣；第二个是维特根斯坦的错误，对历史视而不见。

要成为尼采著作的读者，不是没有要求的，此要求与苏格拉底对我们所要求的一样。当有人在雅典的街上与他交流时，苏格拉底说，哲学对他而言，不仅仅是中性的旁观者的理论活动，也不仅仅是一个超然的、批判的知解力的活动。对苏格拉底而言，理论总是要被带回到个人的、人类的领域，在此领域理论意在照亮实践活动。从而苏格拉底通过私人间的对话和询问所取得的成就正是尼采著作中通过隐喻和疑问的风格所取得的。它要求解读和奉献。尼采像他之前的克尔凯郭尔一样，试图通过书写的文字与个人对话。

尽管在尼采和苏格拉底的哲学意图上存在这些重要的平行，但尼采常常误解苏格拉底所论及的。我认为这些误解的原因是很显然的。苏格拉底经历了批判性智力从神话中的第一次诞生，从而像一个好的助产士一样，他将自己完全奉献给了这次诞生。从而他必然地不重视狄奥尼索斯——为此尼采是如此严厉地责骂了他。苏格拉底视批判理性为唯一的方法，人类唯有凭借此才能使自己免受神话式热情的过度影响，此观点来自他和如此多的人相处的经验，譬如诵诗人伊安，似乎知道很多东西，却不知道他们为何知道。

相反，尼采却要对另一个完全不同的思想环境做出呼应，在此环境里，现代数学科学，苏格拉底主义的归谬法，在客观理性的伪装下大权独揽。从而尼采对狄奥尼索斯和实验的强调必须从这个角度来理解[1]。亦即，在过度的苏格拉底精神中所做出的一个回应。

对尼采和苏格拉底而言，哲学是某种自我扮演的剧场。他们的风格和主题不同又有什么关系？毕竟，风格和主题是艺术家的特权，而苏格拉底和尼采都是完满的、戏剧性的哲学艺术家[2]。

第八章　尾声："谁是尼采的查拉图斯特拉"

对尼采著作的解读至此已经完成。在尾声里解读要落在哲学家身上。通过回顾海德格尔的尼采解读，并与我自己的相比较，我将来总结性地回答他的经典问题，"谁是尼采的查拉图斯特拉"。我自己的尼采解读源自马丁·海德格尔的著作，但我在主要层面上的解读与他的截然相反[3]。

---

❶ 译者注：从这个角度来理解尼采对苏格拉底的过度攻讦很好。

❷ 译者注：作者此处对苏格拉底和尼采的比较深得我心。我终于明白我为何同时喜欢这两个看似风格完全不同的哲学家了。

❸ 1973年5月24日，我与海德格尔教授有一个对话，在此对话里我们讨论了我们之间在尼采解读上的差异。他承认，考虑到我的解读落脚点在《查拉图斯特拉如是说》和《超善恶》，因为我的观点是前后一致的并且重要的。当我提醒他，他自己也曾建议《查拉图斯特拉如是说》是尼采解读的一个适当的焦点时，他很高兴，但依然坚持，只有在未出版的笔记中才能发现本质的尼采（essential Nietzsche）。此次对话的结果是，我承认我曾经试图阐述他所提议的但最后未采纳；他则坚定地抵制我的某种调侃式说法，即认为他选择了一个"错误的"方式。他也同意"谁是尼采的查拉图斯特拉"是他的尼采解读的最好总结。第八章是我们讨论的主要主题的一个总结（177）。

在前面的章节里，我指出，查拉图斯特拉是哲学人的范例，我同时指出，尼采的作品——尤其是《查拉图斯特拉如是说》——试图苏格拉底对理论和实践知识之联合的关注；从而尼采通过让哲学完整却让哲学更哲学了，而他让哲学完整是通过要求哲学家重复那种原初的迷狂经验，那种思想由之诞生的迷狂经验。然而，我的解读在海德格尔教授看来是大谬的。

根据海德格尔，解读尼采的关键在于声名狼藉的笔记《权力意志》，而且他将这本书作为他解读尼采的基础。他之所以这样做是因为，他认为在一个哲学家的作品里最重要的是尚未说出来的。《权力意志》的确在字面上代表了尼采的未说出的东西；它代表了尼采决定保持的一个方向。我不打算从总体上反对海德格尔的断言，但我的确反对海德格尔在这点上的失败，他没有看到一个重要的警示性的约束：在寻章摘句时，一个人所创造的解读意义必须与一个思想家的作品的整体方向相一致，如果这个读者打算将此意义解读为"该思想家的"意义。如果这个约束性的警告没有坚持住，那么解读就变成了漫无边际的发挥，在此解读中，解读者只是用一本书作为一块白板，通过"解读"，他走向再次书写。当然，一个人可以阅读一本书然后通过否定或改变此书思想的主要方向来回应此书。这是一种很具创造性的阅读方式，但不是解读。康德以此方式阅读休谟，但却没有随即声称他的作品代表了休谟思想的真正方向。从而解读是对文本的创造性回应，但这种创造性回应要受到限制，限制他的是作者在其出版作品里真正说了些什么。在尼采的个案里，没有证据表明他打算由其未出版的笔记来代表自己，所以，那些出版了的作品才应当成为解读尼采的试金石。

尽管有如此重要的不一致，海德格尔对尼采的解读在某一点上和我一样，即一开始便认为尼采的作品代表了西方思想里的哲学经典。只是我们对哲学元素的界定又不一样。海德格尔在《权力意志》中寻找此元素，从而得出结论，尼采是最杰出的思想家，代表了西方人的主观主义倾向的完满表达。根据海德格尔，哲学是形而上学，形而上学自身是人类的傲慢自大，因为它坚持按照它自身的逻各斯来再造万物。因为《权力意志》中的意志学说，海德格尔指出，尼采像谢林和黑格尔一样，不过是另外一个形而上学家，在其意志中发现了现实的绝对而确定的特征。实际上，海德格尔指出，尼采自身是客观主义和虚无主义的最重要的支持者。概括而言，我们之间的对立如下：尼采要么是，根据海德格尔的观点，形而上学思想家，简单而不自觉地声称其意志学说；要么是，根据我的观点，苏格拉底式的思想家，极其小心地探索意志的全部特征和范围，既关注意志的力量又关注意志的局限。但如果我的解读是忠实于尼采的，那么海德格尔的就不是；他的解读不忠实，恰恰是因为他混淆了对尼采作品的自由而创造性的呼应与对尼采作品的解读本身。从而海德格尔作为一个解读者是错的，但作为一个思想者没有错[1]。因为《权力意志》代表的方向是思想所选择的一个走向，但不是尼采所选择的一个走向。海德格尔对《权力意志》的策略性的利用从而导致对以下重要教言的基本的误导性解读：意志，永恒轮回，超人。

首先，尼采对意志的分析在海德格尔那里得到了一个形而上学的解读。为了解释尼采关于意志的教言，海德格尔引用了谢林："在终极和最高处，除了意欲别无其他。意欲是原初的存在……无条件的，永恒的，不依赖于时间，自我肯定。"（NZ421）根据海德格尔，对尼采而言，"存在者的原初存在就是权力意志"（NZ421）。现在所有这些对我而言十分直截了当，不可能争论我在这些问题上误读了海德格尔。

但是当然，问题在于，谢林所说的意志并非尼采所说的意志。在第四章里，根据《超善恶》第一部分给出的分析，我在一定的程度上考察了尼采对意志的探讨。如我所显示的，尼采在那里清楚地表明，他认为那种以为意志是一个单一的、真实的东西的观点只不过是一个"流行的

[1] 译者注：作者此处对海德格尔的尼采解读之评价很得当。

偏见”（BGE25）。海德格尔之所以会给予尼采一个连尼采自身都曾经公开反对并视之为“流行的偏见”的解读，是因为他忽视了出版的作品并断言尼采是由《权力意志》所代表的[1]。我们已经看到海德格尔认为《权力意志》代表了尼采思想的原因之一，亦即，“未说”之说。在海德格尔自身的作品里还存在更根本的、本体论的因素使得海德格尔将尼采的意志解读为“存在者的存在”。正如现在已众所周知的，海德格尔阅读哲学史是按照他自己思想的那个中心计划来进行的：存在—存在者关系。尽管我认为海德格尔按照此计划来阅读传统恰恰证明了一个对哲学历史和本性的更为原创的重新审视，但我也认为，在尼采的案例里，海德格尔误用了这个计划。亦即，通过将此计划强加于尼采思想，海德格尔没有领会到，对绝对主义的根本批判恰恰是尼采自身作品的关键。尼采一定不能被误读为“最后一个形而上学家”，而是这样一个思想家——与克尔凯郭尔和海德格尔自身一道——试图将思想从中毒甚深的形而上学中解放出来。但海德格尔需要在尼采的思想里发现一个关于意志的形而上学教言，因而他的确发现了一个，在死后出版的作品里那些被废弃的笔记里。考虑到对尼采的意志思想的首要误读，海德格尔对永恒轮回和超人教言的解读也自不待言。

在第三章，我探讨了尼采用“复仇之精神”意指什么；在第五章，我指出永恒轮回的教言是这样一种方式，借之复仇可能被克服。海德格尔同意，尼采尝试通过永恒轮回的教言来克服复仇，但又指出该尝试是不成功的，因为永恒轮回自身最终只是一个“形而上学的教言”。这也

---

[1] 海德格尔对此所作的基本辩护就是，“真正的哲学在死后出版的作品里”。尼采，卷1，第17页。见文献目录。

同时，在他对康德的解读里，海德格尔又告诫不要用康德的笔记来解读康德！参见：什么是一个物（thing），W.B.Barton and Vera Deutsch 译，Henry Regnery，Co.，1967，第152页。

所以，至少，认为一个人应当到思想者的笔记里去寻找思想家真正说了什么，这并非一个普遍的原则。在我看来，海德格尔没有在尼采的作品里发现足够的原因使他转向尼采的笔记。

是海德格尔解读里的一个基本的错误。

海德格尔以一个无可争议的对尼采的复仇精神的思想的再述为开始："复仇是意志对时间的厌恶，这表明终止存在及存在的无常。""时间和无常一样，是意志所遭受的不幸"（NZ423）。这些话语精确地描绘了尼采关于人类知识的画像，亦即，相对于理想的、完美的、永恒的存在，人类简直什么也不是。在西方哲学传统的初始，柏拉图已经认定，人类经验的具体的、特殊的东西并非真实存在的，因为它们受制于时间的流逝。对柏拉图而言，相应地对西方哲学而言，实存被界定为不依赖于时间：某物是真的，当且仅当它是永恒的。通过这种推论，柏拉图进而指出——在其作品的一种解读里——绝对理念（真实的存在）世界的存在是永恒的。根据柏拉图，人类事物和经验的世界仅仅是完美理念世界的不完美拷贝。在尼采看来，对完美存在世界的假设只是柏拉图对其自身经验状况的太人性的不满足所造成的结果。这种不满足导致人类试图逃离这种状况，通过告别它走向另一个完美存在的理想——人类惯例上忘记了这种理想只是他自己的一个理想。如我们在第三章所见，这是虚无主义的根本运动。对尼采而言，哲学的基本问题是要决定，一个人如何避免虚无主义，通过学习拥抱无常，进而跨入完全接受一切有限的和人性的东西。到目前为止，就对尼采的复仇思想的描述而言，海德格尔的阅读没有问题。

然而，在尼采为复仇精神所开的处方永恒轮回问题上，海德格尔走得似乎太过偏离轨道，在我看来。从复仇精神当中释放出来，如海德格尔所正确观察到的，意指将人从对无常的消极态度中解放出来："从复仇当中解放出来，是一座从对时间的蔑视跨入意志的桥，此意志代表同一的永恒轮回的的存在者。"（NZ424）查拉图斯特拉是永恒轮回的教师，从而也是超人的教师。海德格尔正确地强调了两个教言的整体统一。但当他试图解释永恒轮回的意义时，他没有转向《查拉图斯特拉如是说》，而是转向了《权力意志》，转向了《权力意志》的宇宙论解读：

在生成上打上存在的特征之印记——这是最高的权力意志……亦即，最高的权力意志，一切生命之中的生命力量，代表了无常，一如同一的永恒轮回之中的凝固的生成，因而使之安全和稳固（NZ 426）。

海德格尔此处的观点是，以一种特殊的、纷乱的方式，尼采的永恒轮回教言不是治愈了复仇，而是变成了复仇的"至高精神化的"表达（NZ427）。他说，之所以如此，是因为在永恒轮回的教言中，意志为自身获取了意欲的永恒性。当一个人意欲万物的永恒轮回时，一个人是在意欲他将永恒。由此，尼采的教言就简单地变成了尼采试图克服的虚无主义的最完备的表达。从而按照海德格尔，尼采的永恒轮回的教言不是在教导对人类的接纳，相反，是另一种逃离的形式。由此，既然只有超人才能意欲着永恒轮回，超人也就变成了所有思想家中最具复仇性的，从而超人试图通过意欲的力量来支配时间和生成（NZ429）。从而，在柏拉图那里作为隐含的、偶然的东西——人类通过自身的有意识的概念来支配经验的企图——在尼采那里变得公然而明显。按照海德格尔的观点，尼采是比柏拉图更好的柏拉图主义者。形而上学的精华在他的永恒轮回和超人教言里获得了最完满的表达。从而海德格尔将尼采的作品视为形而上学的最后和最完满的发展：他将尼采的作品视为形而上学声音的最刺耳的表达。

从前面章节里可清晰地看出我对此强烈地反对。我反对的原因在那些章节里也已给出，在此不再复述。在此我打算做的是请大家注意海德格尔和尼采的基本的相似之处。亦即，我打算通过显示海德格尔是一个十足的尼采主义者来反驳海德格尔的尼采解读。的确，我打算表明，海德格尔的那种大力士式的企图，即企图找到一条道路来超越理论人的逻辑魄力，早在尼采出版过的作品里就成功地表达过了。

海德格尔的作品基本上是三重式的。在《存在与时间》里，他给出了对人类的总体的现象学描述，并显示出，在这样一个参数内，什么样的潜能会给予存在。为了这个目标，海德格尔描述了工匠的实践活动、科学家的理论活动、艺术家的创造活动。按照他的观点，第二种和第三种活动出自第一种活动，并意在净化它。然而在这两种活动的发展过程中，它们在世俗的现实中从它们的源头分离出来。随着这种分离，艺术和科学变得无根和无方向，开始发展其傲慢和固执，这表明了人类活动中的绝对主义的自负。海德格尔的计划和尼采一样，是克服这种自负。

完成此计划的尝试还包括海德格尔作品里的另外两个层面。第一个涉及对西方思想史的详尽考察，试图找出思想自身所由之生发的原初经验[1]。在此考察里，海德格尔观察到思想者的两种基本不同的反应：一是科学家的攻击性的、有条理的反应，二是艺术家的安静的、具体的反应。海德格尔说，我们被第一种声音过度占据了，从而导致一种幻觉，以为人能够成功地支配其经验。此幻觉的完美表达显示在当代科学技术里，而且现在还只是学习这种自负的浮华的开端。

海德格尔作品的第三和最后的层面是尝试探索艺术家的安静的声音，以便形成对人类及其与超越自身的存在之关系的完整的领悟[2]。此探索的结果是一种从形而上学的主观主义倾向中解放出来的自由，在这种自由当中，通过使人类的声音安静下来，人可以知道声音的力量和限度，人可以知道他自身既是有力的又是受限的。在其作品的第三层面的最后阶段，海德格尔通过对神秘主义者的考察，开始试用一种超越人类声音的认知的形式[3]。在此最终的、沉默的认知中，思想获得了它最深厚的潜能。这种沉默认知的实验是海德格尔作品的主题。前两个层面只是此主题的前言。

在我看来，海德格尔的哲学剧场始于《存在与时间》描述性的本体论，继之以一个再现部，再现人类的可能性在西方传统里被表达的那种

---

[1] Ralph Manheim. An Introduction to Metaphysics [M]. Translated by Yale University Press：New Haven and London，1964.

[2] Translated by Albert Hofstadter. in Poetry，Language，Thought [M]//Harper & Row：New York，Evanston，San Francisco，London，1971.

[3] Translated by John Anderson. The Origin of the Work of Art Discourse on Thinking [M]. Harper & Row：New York，1966.

方式，接着，沉思地试用作为一种认知模式的沉默，并在这种试用里达到戏剧性的高潮。目前对我而言，这似乎是海德格尔计划的最好最精确的代表，并且如果确实如此的话，那么对我而言，海德格尔仅仅是完成了一个尼采早已从事的思想运动。亦即，海德格尔的三重计划在尼采作品里有模拟体：尼采在其意志的现象学里展示了对人类的基本描述；在其阿波罗和狄奥尼索斯的区分里以及四个谱系里（第七章）尼采探讨了思想的起源，也区分了思想的两个不同的基本模式（170）；最后，在其查拉图斯特拉作为大笑者和舞蹈者的画像里，尼采指出了超越理论和论证的经验之路。那么，海德格尔怎么能将他自己视为与尼采正相反?

我认为海德格尔与尼采的关系很像尼采与苏格拉底的关系。正如海德格尔和尼采皆指出的，人处于一种意志的实践之中，既非主宰的亦非完全受制的。他是一种主宰和受制的辩证法。对人类状况的完整认知需要同时关注主宰和受制。

然而，这两位思想家的差异在于以下事实，亦即，对意志潜能的发现将尼采引至对其创造性力量的探索；此探索招致了 19 世纪决定论对他的反驳。另外，海德格尔出于对哲学主观主义的去魅化（哲学主观主义认为我们对存在的认知与人类自身没有关联），在其著作里强调对某种思想模式的找寻，由于此思想模式训练意志反对其自身，从而打开了一种进入他者的通道，此他者并非意志——尽管海德格尔有时承认，从未完全认同“他者”这个词的意思。从而，海德格尔错过了他与尼采作品的重要的相同之处。这是由于这个简单的历史事实，即尼采似乎被意志的创造性潜能所迷住了，而海德格尔似乎着迷于找寻一种道路来人性地限制这种意志。

在我看来似乎海德格尔对尼采回应的核心是，他没有将尼采视为一个人类意志的小心的、诗意的探索者，而是视为另一个 19 世纪的形而上学家，一个不加反思地断言其意志的形而上学家。如我已经观察到的，这个回应源于海德格尔对《权力意志》的依赖。但似乎亦表明海德格尔没有汲取其自身某些好的意见。他在“谁是尼采的查拉图斯特拉”里指出，精确地解读《查拉图斯特拉如是说》要求我们关注“查拉图斯特拉怎么说，在什么场合说，带什么意图说”（NZ413）。此建议表明，我们要在《查拉图斯特拉如是说》之中去发掘尼采所未说的。但海德格尔的建议是在他自身对尼采的解读里保留了尼采未说之说。不过通过聆听它，我倒是获得了我自身解读的钥匙。

与海德格尔相反，我视尼采的作品为某种开端，因为它既发掘了一种有意义的意义，在其中意志是自由的，同时又指明了意志在经验剧场中的局限。按照尼采，作为一个人意味着是有意志的，而这种意志又并非任性，正如海德格尔所指出的，我们应当要求自己训练意志反对其自身。如果海德格尔关于沉默的诫命还有任何意义的话，那就在于此，朴素地认可人类意志并非是信马由缰的，人类事件中的自愿性是由非自愿性所限定的。人类对意志的训练要求认识到意志的局限；但尼采自身已经有这个观点，因为他已经注意到，人类视角的锐利和有限价值是，我们必须设想“不是只有人才是万物的尺度”（BGE 11）。

最后，我要强调，此文对海德格尔的尼采解读的这个简单讨论是以此开始的，即注意到我们都同意尼采是经典的哲学家，同时又在界定什么是尼采作品里的哲学元素这一点上有分歧。海德格尔将此元素视为一种独断的、形而上学的主观主义；相反，我将之视为一种踌躇的、探索性的、苏格拉底式的邀请，邀请人们去面对自我。现在，尽管我不知道我们概括的特征哪一种代表了哲学的本性（两种元素都有其丰富的历史），我可以肯定，海德格尔误将尼采用作了形而上学之傲慢的代表。在我看来，似乎尼采和海德格尔都在探索一种超越此傲慢的道路。而且在我看来，相比于海德格尔，在与绝对主义传统相分离的道路上，尼采是“狮子”，他更彻底。从另一方面而言，海德格尔是更完美的“骆驼”：他对传统的批判相较于尼采而言更完整。从而，尽管在其第三阶段，海德格尔尝试了一系列重要的、实验性的从形而上学传统走出来的方式，但恰恰是这些实验的语言将他牢牢地锁在了这个传统中。与海德格尔相比，尼采更是那个孩子，而且海德格尔在其自身作品里找寻的东西已经呈现在《查拉图斯特拉如是说》当中了。在走出形而上学传统精神的道路上，尼采在19世纪比海德格尔在20世纪走得更远。而且是尼采创造的人物角色查拉图斯特拉证明了这点。

那么谁是尼采的查拉图斯特拉？从前面的分析中可以清楚看到他并非像海德格尔说的那样是复仇的教师。如我们已经看到的，克服复仇精神，《查拉图斯特拉如是说》的这个主要成就涉及一个循环的戏剧，在此戏剧中查拉图斯特拉这个思想者学会的不仅是接受而且庆祝其存在的有限的和暂时的等特征。这种有限的暂时性的愤恨才是一种复仇，而且查拉图斯特拉既经历了又超越了愤恨。

查拉图斯特拉是一个教师，教导说，人类创造之源并非上帝，或绝对意识，或实存，而是太人性的意志，这个自由而又人性的存在模式的基本现实。查拉图斯特拉是一个教师，通过他自身的有意志的行动，创造了一个能克服虚无主义的视角；他是一个创造者，探索和庆祝了我们的价值和知识本质上作为美学的特点。如果一个思想者像查拉图斯特拉一样作了这种探索，那么他就变得自由，并以这样一种方式创造着，他的创造性活动无法拒绝意志作为他们的源泉。这样一种创造的风格承认，我们的艺术的、伊卡璐斯式的作品无须承担声称普遍性、永恒性和绝对性的重负；摆脱了这种沉重的束缚，我们的创造就变得轻盈并忠实于我们的经验。

查拉图斯特拉，这个超人，是思想者的范例，他探索并发现了创造的意志条件；只有他的这个发现，这个他通过谨慎的并最终欢欣的仪式所达至的发现，在其最后的阶段才能被肯定，在歌唱的热烈和舞蹈的庆祝中被肯定。尼采的查拉图斯特拉是那个做此教导的人，教导人们必须重新发现“一个人作为游戏的孩子时所具有的那种严肃性”。

从而查拉图斯特拉是一个教师，教导说，必须探索人类声音的全部音域；他是一个教师，指出只有一个声音才是真正的人类声音，这种声音学习这样表达自身，即从独白式的沉默到刺耳的辩论，再到理论，到笑声，再到舞蹈和歌声，在这种逐渐延伸的可能性的全部音域中学会表达其自身——人类不仅作为一个理论家来言说，也不仅作为一个诗人来言说——而是，不管他在什么音域里言说，这种言说都承认他者既是断言也是局限。

尼采的查拉图斯特拉是一个教师，他带来了既炙热又发人深省的言说的礼物——对于这件礼物，我们可能会在空洞的闲聊中耗尽自身，我们也可能通过游戏的、谨慎的、具体的关注，作为言说者第一次开始向自我敞开，进而，敞开于已经言说出的世界万物面前。

Cotati-Freiburg-Little River

1973 年 1 月—1974 年 5 月

尼采的音乐性[1]

格雷汉姆·帕克斯（Graham Parkes）

在生命的尾声时期，尼采谈到查拉图斯特拉的诞生，谈到 1881 年 8 月那个基本的想法第一次撞击他的那一天时，他说："如果从那天再倒回几个月，我发现了某个征兆，在我的品位上的某个突然的、深远的、决定性的变化，所有关于音乐的品位。整本查拉图斯特拉或许能被看作音乐——当然前提是，聆听艺术的再生"（EH"查拉图斯特拉"，1）。要理解查拉图斯特拉作为音乐，了解些传记背景会有所帮助[2]。

尼采成长于一个突出的音乐氛围里：他父亲弹钢琴，孩提时的朋友们都与音乐相关，从早年开始练习的钢琴发展了他自己在这件乐器上的才能。当一次病恙使得他暂时不能演奏钢琴时，他从寄宿学校写信给母亲说："当我不能聆听音乐时，一切似乎都死气沉沉。"（B，1863 年 4 月 27 日）从十来岁到二十来岁期间，他谱写了大量的钢琴与声乐作品，创作了将近一百首曲子[3]。

---

❶ 译者注：摘译自帕克斯为其《查拉图斯特拉如是说》的英译本撰写的前言中的一部分。Thus Spoke Zarathustra [M]. Trans. With an introduction and notes by Graham Parkes. Oxford university press，2005: xxviii-xxxi.

❷ 在此内容上的一个极好的研究是 Georges Liebert. Nietzsche and Music [M]. Chicago：University of Chicago Press，2004。

❸ Curt Paul Janz（ed.）. Der musikalische Nachlass/ Friedrich Nietzsche [M]. Basel：Darenreiter Verlag，1976.

在巴塞尔大学任古典学的年轻教授期间，尼采遵循着古希腊那种大声朗读自己作品的榜样。据他一个学生说："他会大声说出（自己所写的）以经验它的节奏，它的重音，它的音调和韵律的运动，也为了检测其意思表达的清晰度和精确度。"❶然后，在谱写查拉图斯特拉几年前，他写道："我阅读思想家们，通过将他们的音乐和我的激情相比拟，我虽只唱出他们的旋律：我知道在所有冰冷言辞的背后跳动着一颗渴望的灵魂，我听到它在歌唱，因为当它跳动时我自己的灵魂在歌唱"（W9：7[18]）。在整个巴塞尔时期，他经常被邀请和瓦格纳一家一起。在他们位于卢塞纳湖的家里，晚餐后一个共同的活动就是大声朗读文学作品以及他和瓦格纳在那个时期写的手稿。

在他最早关于查拉图斯特拉的草构中，尼采试图以"贝多芬第九交响乐的第一乐章的形式"书写手边的第一部分（W9：11［197］）。完成这部分后，他写信给作曲家朋友柯斯利兹："通过这部书我踏入了一个新指环"——对瓦格纳杰作的暗示提出了戏剧的一个额外的维度（B，1883 年 2 月 1 日）。两个月后，当他问柯斯利兹："查拉图斯特拉究竟属于哪个红字标题之下呢？"他转向交响乐以回答自己的问题："我几乎相信它来自'交响乐'。我可以确定的是通过它我进入了一个新世界。"（B，1883 年 4 月 2 日）交响乐家如古斯塔夫·马勒确信："他的查拉图斯特拉完全诞生自音乐精神，甚至以'以交响乐的'结构谱写。"❷在完成第三部分后，尼采经常提及它是"我的交响乐的尾声"，并指出它和第一部分开头的联系给这部作品一种圆环的结构——尽管不是邪恶的那个圆环，他希望（B，1884 年 3 月 30 日）。由此他毕竟肯定了指环的再生。

在查拉图斯特拉之后他写的一部书里，尼采谈到了用"第三只耳朵"

❶ Curt Paul Janz，Nietzsche Biographie（3 vols）[M]. Munich and Vienna: Carl Hanser Verlag，1978: i.475.

❷ 如 Bernard Scharlitt 所引用的，Gesprach mit Mahler，Musikblatter des Anbruchs，1920:310。

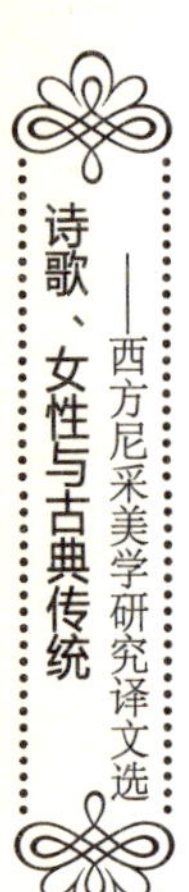

聆听“每一个好句子中的艺术”的上下文背景：

误解了它的节拍，比如说——句子本身也就被误解了！但愿对有节奏的决定性的音节没有疑问……让我们对断续的、自由节拍的每一处报以精微的耐心的耳朵，让我们慎重对待母音和双元音的序列的意义，当它们彼此前后相继的时候，仿佛渲染并变幻着色彩，如此精妙，如此丰富（BGE 246）。

这是对阅读查拉图斯特拉的独有的好建议：之后尼采特别关注到“查拉图斯特拉演说的节奏”和它们“精妙的舒缓”——“从光明的无限充盈和幸福的至深处一滴一滴、一字一字地流溢”——连同恰当地聆听那来自他的嘴里的音调的必要性，这宁静的音调（EH 前言，4）。

查拉图斯特拉的演说在德文原典中的段落大约两行半的长度，有些是两行，另一些是三到四行（显著的原型是查拉图斯特拉 Gathas，后者五到六行一节[1]，还有赞美诗，那里韵文更短）。长度似乎呼应着查拉图斯特拉的“精神呼吸”的种类——也包括读者的——部分：在开头的深吸一口气之后，经过两行半时期，思想似乎以平稳的呼气自然地来到结束[2]。尼采的标点进一步加强了文本的音乐性：查拉图斯特拉里的惊叹号（其中有很多）读作类似于乐谱里的一个强音记号会很有帮助，而破折号（尼采极为赞赏的劳伦斯·斯蒂纳很喜欢的一个标点符号）常常扮演音乐中的延长记号——尤其作为一个延长停顿的手段以沉思读者的部分[3]。

重复是多数音乐种类中的关键元素，它也大量出现在查拉图斯特拉

---

[1] 关于严格遵守节律的英译本，参见 Lawrence H. Mills. Zarathustrian Gathas in metre and rhythm [M]. Chicage: Open Court，1903。

[2] “周期的句子在古代的含义是生理学的整体，鉴于它被一个完整的呼吸所围绕”（BGE 247）。

[3] Walter Benjamin 用 Jugendstil 建筑和设计提供了一个说明性的比拟：“查拉图斯特拉从 Jugendstil 中挪用了它的建筑元素，而非它的组织动机。尤其是作为尼采节奏特点的停顿，恰恰是这个风格的基本建筑现象的对应。此风格就是留白形式相对于充填的优势。” The Arcades Project [M]. Cambridge，Mass.，and London: Harvard University Press，1999:557。

中——不仅是字和语词的重复，也是整个句子甚至段落的重复。引领第二部分的格言是前一部分的最后小节中的一句半的重复，仅仅两页之前。尼采在一封信中对柯斯利兹评论道："从这个格言显露出——对一位音乐家说这个可谓不相称——与第一部分不同的和声和调音。主要的东西从自身荡高到第二个层次——以便从那儿达到第三个层次"（B，1883年7月13日）。（在瓦格纳的歌词中，尤其是齐格弗里德中）也有引人注目的元音和调和音的重复。在一封给埃文·罗德（Erwin Rohde）的信中，尼采写道："我的风格是舞蹈；一切种类的对称的游戏，以及对这些游戏的跳跃和模仿。这最终达至元音的选择。"（B，1884年2月22日）尼采使用子音的重复已达到伟大的效果：第二部分的第一页半构造了一个高潮，当查拉图斯特拉说他的演讲好似"激流的奔涌"，他的灵魂好似"冲入峡谷"（2.1）。以"s"和"sh"发音开头的字词的洪流使得这比喻无比生动——尽管如此这般齿擦音的洪流要复制到英语中是悲哀地不可能的。

尼采不得不忽视卢梭，当他写信给指挥家赫曼·列维（Hermann Levi），说："或许从来没有一位哲学家像我这样，如此地骨子里是一位音乐家"（B，1887年10月20日）——尽管查拉图斯特拉依然必须看作西方哲学传统上最富音乐性的作品。当一位作者写"生命作为音乐"和"生命音乐"（GS，372），当一位作者在接近生命的终点时说"没有音乐生命便只是一个错误，一次耗尽的劳作和流放"（B，1888年1月15日），不必惊讶。

尼采：狂乱的一瞥（节译）

罗伯特·约翰·艾克曼（Robert John Ackermann）

前　言

我力图显示尼采的思想如何从其早期视线中发展和衍化而来，他在早期聚焦于前苏格拉底的希腊，由此得来的这个视域尼采一生都未抛弃，并成为他那令人震惊的价值新榜之源泉。

尼采比我们大多数人更始终如一。

尼采的发展轨迹依赖于对他早期对希腊高贵生活所产生的概念，这个哲学概念缓慢地成熟起来。狄奥尼索斯的过程最终表达在权力意志的清晰的哲学视像之中，高贵者的心理学最终表达在永恒轮回的清晰的哲学视像中。尼采成熟时期的这两个主要的哲学主题从而紧紧地植根于其早期视像中。进而，尼采对于一个好的社会结构的观点，女性在其中的位置，以及几乎所有他成熟时期的观点，也都已经出现在他关于早期希腊社会的概念中，这个概念迥异于现代社会关于社会平等的设想。尼采依然是令人震惊的，一如他所想。而且他的社会视像，那个对其他视像提出了尖锐挑战的视像，值得我们深深思考。

尼采希冀被精读者所理解，但这种理解并不需要笨重的学究气。当尼采写作时，他其实在舞蹈，给笨拙的个体的学术带去优雅的轻松。当一个人试图给尼采的文本提供完备的注脚或研究其论证的精确结构时，这其实是一种很不恰当的解读方法。

尼采认为一个人不应该囫囵吞枣地阅读过去的文本。对过去的作者，他是一个积极能动的解读者，常常用一些关键的引文来构筑他的解读。对尼采多少带有几分狂乱的、并列的阅读看来是符合他自己对其他人的价值评估的，而且在其作品里有大量的线索暗示他在寻找和他一样阅读的读者，这种读者为当代生活而寻找过去文本的意义。

我试图在运动中勾勒尼采，而非尝试尸检般的考察。这不符合当代大多数对过去大事的阐释，但它似乎特别适合尼采这个案例。如果我们不张扬靠近尼采，或许我们根本就无法靠近尼采。

我对尼采的解读是个人的，正如你的一样。有些哲学家，譬如维特根斯坦和克尔凯郭尔，认为哲学问题依赖于个别哲学家具体所处的情形（相比较而言，柏拉图、亚里士多德、笛卡儿、康德，以及黑格尔似乎认为我们都拥有同样的哲学问题）。

尼采个人的视角主义带来一些阐释问题。以我们的处境去解读尼采意味着会发现大量他个人的负重，这些与我们的解读不相干。例如，他个人与瓦格纳及其音乐意义的抗争，这些抗争带来复杂纠结的东西，对20世纪晚期的读者不是很相关，对后者而言，瓦格纳只不过是众多古典作曲家之一。重构尼采和瓦格纳之间的关系，这种学术尝试对我们今天的大多数人而言不大有意义。我试着去捕捉尼采思想中与当代话语节奏最为相关的那些层面。从而，对于这两者，尼采对他自己说了什么，以及尼采在20世纪可能对读者说什么，我更关注后者，抑或，我更关注尼采的文本可能在读者中激荡出什么。

介 绍

尼采的声誉毫无疑问是由他为自己思想的表达所付出的存在代价而滋养的。

尼采的作品充溢着关于古希腊和古罗马作者的知识，同样充满着大量的关于德国文学、法国文学和圣经的知识。

例如，在《查拉图斯特拉如是说》里，许多段落都包含着对歌德的《浮士德》的暗示，或者是对《浮士德》里许多诗行的拙劣模仿，这个事实只有当一个读者熟悉德文原文的《浮士德》，并且阅读德文的尼采时才能注意到。

粗略地说，尼采相信，包含着希腊人的标准价值的欧洲文化，一度有力而进取的欧洲文化，到了他的时代已经衰竭了，继续执着于这个嵌入欧洲历史中的价值现在已经显得反动而僵化。需要新价值、新文化。并且尼采试图将这种新价值定位在早期希腊视角的哲学重构中[1]。

当其他哲学家试图改变或否定这些价值时（译者注：来自苏格拉底的那种逻辑和理性的建构），尼采试图将它们连根拔掉，代之以新的路径。在此意义上，尼采对周边的批判是远在其他 19 世纪对主流形而上学理念的批判之上的。例如，尼采不打算挽留或净化他那个时代的作为新的社会体系之根基的科学，也不想回归某些来自后苏格拉底时代的宗教价值。尼采发现自己被衰竭的虚无主义所围绕，这种虚无主义是完全衰竭的，是无力恢复的。这种虚无主义注定要终结人性的时代，这个时代始于苏格拉底对希腊价值的转换继而发展为现代科学。

---

[1] 译者注：尼采认为，欧洲文化是苏格拉底和柏拉图的延续，而这是对前苏格拉底的遗忘。尼采恰恰是要唤起欧洲人对前苏格拉底的回忆。而译者看来，尼采对欧洲人的记忆的挖掘还不够，光挖掘到荷马时期是不够的，还要往前走，要走向黑暗时期，那才是希腊人的原初记忆。译者在《生死之谜及其在瓶画上的面容：对前苏格拉底宇宙论美学的一种解读》中阐述了这一观点。

尼采的权力意志和永恒轮回代表了对早期希腊价值之榜的哲学净化，这套价值现在可以用来改变生命并建立新文化。

最近，一些分析哲学家视尼采为先驱。丹托、夏哈特、尼哈马斯从这个立足点做了著述。笼统地说，尼采的某些观点的确展示了一种形而上学的嫌疑，或他某种关于自我的观点在现在分析哲学的观点看来很新潮。也有可能将尼采视为隔离在科学知识的压力之外的领域的自我表达的向导。但分析哲学对形式逻辑和事实客观性的倚重是完全与尼采的视角主义相左的。后者与任何将现代科学视为通向真理的特权路径的辩护都是格格不入的。或许更关键的是，分析哲学家在分析进程之可能性上的乐观主义是彻底与尼采的悲观主义相左的。如果分析哲学家是对的，那么尼采就错了。

尼采很难被塑造成某某运动的代言人。有声称说尼采被用作纳粹的哲学家，但法西斯主义要求团体服从于一个领导人，而这种服从难以与尼采对政治学和经济学的恶心一致。一个人也可以试图想象尼采阅读《我的奋斗》（译者注：希特勒自传）并角力于它的风格，但这想象不可能长久。更有趣的是将耶稣和查拉图斯特拉的生活并列起来，并认为尼采是一个非同寻常的宗教思想家[1]。为此，耶稣的寓言中的悖论能被接受为查拉图斯特拉的格言，并且尼采似乎可能推进了一种基督教虔信主义的形式。有一种基督教圣人可以被大体视为超人的心理学剖面，这种圣人在涉及罪的方面不作评判并且将个体的价值建立在他们的功绩之上。

尼采和克尔凯郭尔在以下方面可以并称：都提供了一种对官方的体制性的基督教的尖锐谴责。两位哲学家都拒绝黑格尔的体系，否认自己的哲学立场能被逻辑论证证明为真。要反对这种将尼采同化为某种宗教护教学形式，不能从内在的文本证据上去着手，尽管克尔凯郭尔确实选

[1] 作者自注：参看 Nelson. Nietzsche，Zarathustra，and Jesus Redivivus：The Unholy Trinity，做一个有趣的研究。

择了基督教角色的模式而尼采选择了异教角色的模式。尼采完全不同于像克尔凯郭尔这样的哲学家，尽管他对这样的哲学家感兴趣，在阅读，并且从中体会他自己的作品。

尝试将尼采视为存在主义哲学家的人在尼采和克尔凯郭尔之间作了太多平行比较。考夫曼和雅斯贝尔斯都试图将尼采认定为对此持肯定态度的哲学家，而且他们能指出很多段落来支撑这种解读。尼采不是一个人文主义者，他不接受很多关于现代世界的断言，譬如按照这些断言，存在主义者将重要的人类行为视为是荒谬的。尼采绝对反对那些从世界隐退出来的观念，而这些观念被一些消极的基督教存在主义者所鼓动着。最重要的是，在尼采的框架里，人并非万物的终极尺度。终极的尺度是狄奥尼索斯的过程，而且人类存在的进步阶段只有靠联合的文化才能抵挡毁灭的命运，这种联合的文化是很难与存在主义在其典型的陈述上相协调的。

尼采有时被表述为现象学的先驱，譬如认为尼采是这样一个哲学家，希望将语言的文化覆盖层揭去，以便关注事物本身。但在作为真理的载体的加了括号的语言里，尼采没有发现能够保持确定性的事物本身，而这种确定性是现象学家们孜孜以求的。

尼采说得很清楚，他是一个罕见的人，他立足并致力于坚定批判整个西方哲学传统的基本预设。海德格尔的重要的尼采研究将尼采视为最后一个形而上学家，终极的主体性思想家，并宣布尼采这个形而上学传统的终端为存在——这个自苏格拉底以来被擦除的概念——的发展和恢复提供了一个空间。海德格尔然后将他自己视为形而上学之后的第一个思想家。

最近，通过感应于海德格尔作品中的残余的形而上学元素，法国哲学家们对一个非中心的、建构的自我感兴趣。特别地，福柯、德鲁兹、德里达借重尼采的框架。霍克海默和阿多诺，在《启蒙的辩证法》里，将尼采看作虚无主义的死去的终点，在任何启蒙理性的详细阐述中都必须达至的一个终点[1]。

批评理论和最近的法国学术将尼采还原到神谕的地位，结果是尼采被唯美化了，而且他再次被用作对他者的哲学战役的代言人。也许是时候开一个展览会了。

尼采的路径与那些对人类本性和社会的现行的、根深蒂固的态度相抵触，这就是为什么尼采似乎对许多人而言是完完全全疯了。他的文本是一堆杂乱的不连贯的意见。也许将尼采看作疯子或者为了其他目的而修整他是更便当的方式，与和他的思想相角斗相比。我将在本文指出，他的思想是令人震惊的，有力的，有意义的，并且一致的。

1 希腊

文献学考察过去残存于现在的文本，我们可以为了我们自己的福祉来探索这些残本。尼采认为我们不应该在过去面前感到悲观，因为过去存在于现在。过去应该被解读，但它应该提供进步的价值建议，尤其对那些心灵，那些某种程度上已经跟周围意见不一致的心灵。尼采认为，惯常的、与周围意见相一致的学问只能产生出已经盛行的观念。希腊的残余的壮丽将那些希腊人已经赋予其伟大意义的意见加诸我们。某个解

---

[1] 作者原注：尼采和马克思能否一致？通过抽取黑格尔、马克思和尼采的文本，数量惊人的有趣的置换显示出来。霍克海默和阿多诺罔顾尼采的社会和政治学的观点，用他来攻击肤浅的科学启蒙思想，包括马克思主义的实证哲学版本。他们的目标是产生一个更反思性的马克思主义。那些认为尼采是一个深刻的反辩证法的哲学家的人，譬如德鲁兹，可能不会认为尼采在这样一个项目中有用，他们坚持认为，尼采和马克思在关于一个更美好的社会的概念上是有裂痕的。另一些人指出，尼采对真正的社会主义的一鳞片爪的了解（casual acquaintance with true socialism）使得他误判了社会主义，并且阻止他认识到以下这点，即只有在社会主义社会里，真正的超人才能发展起来，每个人才能潜在地作为一个超人。这个值得注意的观点出现在 Koigen，Die Kulturanschauung des Sozialismus，需要一个坚定的阐释学的姿态。还有一些尝试也是一样，譬如 Lukacs，The Destruction of Reason，这些尝试试图指出尼采是一个资本主义的有意无意的辩护者，他预设了纳粹主义的压抑的意识形态。也许这些可能性表明，这个问题是多么复杂，以及我们为何需要回到它们。

读如果不能让希腊人比其学术的解读者更伟大，那它不可能是对的。

在尼采所处的时代里，希腊学问领域占主流的观念是，希腊人是所有时代里最理性的、最审美地观察事物的人类。尤其是，关于古希腊的占支配地位的画面是建基于对希腊理性和相关的审美形式的假设，这个画面要归因于温克尔曼❶。对“另类希腊人”的发现很大程度上要归功于尼采，他强调了希腊生命中非理性和直觉的层面，他认为这才是希腊的伟大之处❷。尼采的很多观念都是人为的推测，因为希腊图像的颜色和希腊音乐的本性，这些对尼采的观念至关重要的东西，很少显现在已获得的文本上❸。尼采产生出一种完全不同于他的同行所研究的观点❹。他知道他不能在证据上证明他的观点，而且他不想在其观点之必然性的理性说服力上费劲。他所做的就是含蓄地指出，所有与可获得的文本有任何关联的观点都是平等的解读。他的观点无法被否认，而且可以从中抽取出有价值的经验教训。在论及希腊时，尼采从一开始就是在谈论现在❺。

让我们从尼采早期思想中关于希腊的观点的核心部分开始，《悲剧的诞生》。第一节的第一句话就贬低了逻辑推理的重要性，在与视角作为过去的试金石上相比较时。尼采是在说，他的观点更可取，因为它开

---

❶ 作者自注：关于温克尔曼的观点对希腊知识分子的影响可以参考 Butler, The Tyranny of Greece over Germany。莱辛的某种程度上的、直觉的与温克尔曼的不同（Butler 所探讨的），尤其应该与尼采对莱辛的高度尊重并置考量。

❷ 作者自注：关于这个问题的讨论需要考察 Hamann, Herder，以及这些浪漫主义者，譬如荷尔德林和诺瓦利斯。参看 Baeumer，“Das moderne Phanomen des Dionysischen und seine ‘Entdeckung’ durch Nietzsche”。

❸ 译者注：在将我的英文论文《生死之谜及其在瓶画上的面容》交给导师欧文·胡莱特博士看后，他给出的意见中有一条就是关于我的关键性论点的考古学支撑。我当时没法回答这个问题，直到我到了雅典的国立考古博物馆之后。在那里，我不仅一眼就看到了我论文所提到的那个瓶子，而且在二楼的陶瓶室里，发现了至少三个类似的瓶子，当然保存不如我论文提到的那个瓶子完好，但据观察应该都是同一个时期同一个陶工和瓶画家的手笔，其瓶上装饰都是葬礼的画面。

❹ 作者自注：参见 Grundlehner，The Poetry of Friedrich Nietzsche。

❺ 译者注：我的外国文教专家项目的题目是“尼采美学的古典传统与当代启示”，也试图贯穿这样一个宗旨，研究过去是为了启发现在。

启了这样一种对希腊人的理解，这种理解对理解我们自己生活的肤浅性有用，这也是为何他持这种观点。尼采的观点不可能被“理性地”推倒，因为我们无法回到过去去看希腊人“真的是”怎样的，因此事情转变成了阐释。尼采以此避免了矛盾，即没有指出他自己的观点有一个固有的逻辑的基础。尼采威胁到了某种稳固的、令人舒服的关于希腊文化的画卷，这一事实明显与尼采所受到的来自文献学机构的险恶攻击有关。

据尼采自己分析，其关于希腊文化的观点潜在地对所有能读他作品的德国人有用。希腊的悲剧的悲观主义的一剂药能够使德国傻气的乐观主义清醒，尼采在其所处的时代里看到了这种乐观主义。从而据其分析，尼采的观点适用于每个人。另外，其对手所辩护的希腊画卷在那些能够领会它的人——更有教养的“更高级的”灵魂，与不能领会它的人之间画了一道线。尼采在知识分子和体力劳动者间不作区分，部分是因为他画面里的希腊贵族并没有两种模型。

《悲剧的诞生》分为二十五个小节。这可以分为三个基本的主题。第一个主题（第一至十小节）研究希腊悲剧诞生于阿波罗和狄奥尼索斯的艺术形式。这里的主要问题是，阿波罗和狄奥尼索斯是什么以及他们如何与悲剧相连。第二个主题（第十一至十五小节）是悲剧的景观被苏格拉底的乐观主义和理性所解构。正是在此处，尼采清晰地颠覆了盛行的学术价值。尼采认为欧里庇得斯和苏格拉底摧毁了更高贵的希腊文化，开启了人类的文化。按照尼采的观点，欧里庇得斯和苏格拉底不是希腊人物。如果悲剧某种程度上诞生于希腊艺术生命中的阿波罗和狄奥尼索斯元素的对立，那么，当这种对立被苏格拉底和欧里庇得斯关于人类行动的单一的理性解释所掩盖时，悲剧就消亡了。苏格拉底和希腊悲剧之间的对立就像黑和白。在祸起苏格拉底和欧里庇得斯的悲剧消亡中没有辩证法的正反合。同时也表明，苏格拉底和欧里庇得斯的综合无法奠定一个健康的社会，并且苏格拉底倡导的理性恰恰是现在达至虚无主义顶峰的东西。第三个主题（第十六至二十五小节）是希望某种像希腊悲剧

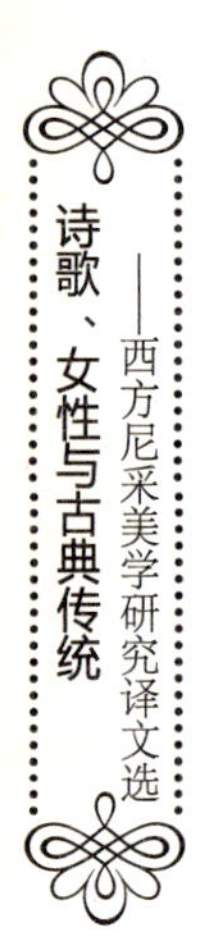

一样的东西得以再生，并且这种再生可以建立在现代德国音乐的本性的基础之上。在结束部分的诸小节里，悲剧的一般本性获得了再次的审视。

在第三主题的发展中，尼采对瓦格纳的积极评价在《悲剧的诞生》的序言中也同样出现，他后来对此作了否定，但这并不意味着第三主题能被忘记。我们可以将之视为永恒轮回主题的预示。在希腊人的时代有着真正的悲剧显现❶，而且它可能回归。即便它同瓦格纳的关联被弃置，但此主题未被遗弃，这一点清晰地出现在尼采后来的作品中，例如，在《快乐的科学》第382条格言的末尾，悲剧的开始与查拉图斯特拉的抵达相关。即便尼采关于悲剧的论述是幻想性的，悲剧依然可能随着瓦格纳或查拉图斯特拉诞生，不管那意味着什么。也有可能是，瓦格纳对尼采的影响对于揭秘古老的手稿至关重要。但要感受尼采思想的运动，《悲剧的诞生》中全部三个主题必须被记住。

什么是阿波罗精神与狄奥尼索斯精神？无可置疑的事实是，它们并非对立而平等的，尽管看起来如此。狄奥尼索斯精神是根本的。阿波罗精神是酒神精神的表象模式，允许人们以一种可接受的或可理解的方式来领会酒神精神❷。在人类时代之前是这样，并且，如果理性之网没有过滤掉酒神的暗示，那么人类时代依然会是这样。那种酒神式的认知，即认为一切都是可变换的，全部看似固定的真理都是幻相，这种认知只能被暗示或间接显示在阿波罗的形式当中。悲剧是酒神精神的一种特别成功的阿波罗式的显现❸。狄奥尼索斯和阿波罗在希腊悲剧里不能分割，因为酒神精神卷入所有阿波罗的表象之中。阿波罗精神总是由狄奥尼索斯精神所生发。这不是一种综合❹，因为狄奥尼索斯精神没有消失，没被抹去，没被转化，即使当悲剧成功演出时它无法被清晰地看到。

---

❶ 译者注：这里我第一时间的反应就是 the Dark Ages。

❷ 译者注：此处对两种酒神的理解值得回味。

❸ 译者注：至此乍一看读出了黑格尔的话音，但，酒神精神与理念是完全不可同日而语的。

❹ 译者注：再次对黑格尔的辩证法的否定。

音乐是主要的狄奥尼索斯艺术。即兴演奏的音乐像任何我们能经历到的东西一样，当它到来时是如此地贴近酒神精神。没有预先计划的智力结构和有规则的节奏，表演者感觉到他们自己处于至上力量的掌控之中。音乐的即兴演奏，不间断的流动，应当采用非预期的、挑战性的路径。音乐的暂存性的一面表明酒神精神。另外，造型艺术则表明日神精神，因为它们试图提供一种永恒的图像来抵抗时间的流动。作为艺术形式，酒神艺术和日神艺术都自生命生发，亦即，自酒神过程中生发。阿波罗艺术以梦的形态显现，狄奥尼索斯艺术以自发的舞蹈和民间音乐显现。在提供这种阿波罗精神的原始呈现中，梦向我们表明阿波罗精神并非在认知上是属于理性的，直到苏格拉底介入之后。梦向我们表明这样一种知识形式的可能性，它仅仅只是沉思万物的显现[1]。

关于音乐对哲学的重要性这个少数派的观点，尼采持之一生，因为，在尼采对现实本性的最深的审视中，狄奥尼索斯从未走远。狄奥尼索斯艺术关涉直觉反应之中的身体，譬如在舞蹈之中。在某种程度上，我们梦见自我，但在舞蹈、音乐和陶醉之中，我们遗忘自我。尼采觉得，哲学家通常所表达的那种关于根本的个体性的观点是虚幻的，他为狄奥尼索斯精神所激发，认为由之可以看出为何通常哲学家的那种观点是错误和肤浅的。个体是这样一种构造，它最终注定要回归世界过程。这种回归可能导致个体在狄奥尼索斯表演中遗忘自我。

《快乐的诞生》第一节始于这样一种综合的观察，即艺术的发展是阿波罗和狄奥尼索斯艺术的丰饶融合的过程，并向我们充分表明，希腊人依然能启发我们。阿波罗精神能在梦中被识别，而狄奥尼索斯精神能在醉中被识别，这里涉及生理学的形式，而非为冰冷理性所沉思的现象。这二者都是潜在的狄奥尼索斯过程对人类生命的侵入，人类的生命由这个潜在的过程所产生，并且，这个潜在的狄奥尼索斯过程的侵入不是由

---

[1] 作者注：关于其他文化里梦的重要性的人类学的材料能补充心理分析的阐述。

科学或学问所掌控的。万物都能在梦中显现，但是作为独立的物体，作为幻觉，如果没有这，生命便不值得活。在狄奥尼索斯的歌声或陶醉中，阿波罗式的个体幻觉被除去了。梦和醉关涉每个作为艺术家的个人。

转入第二节关于希腊艺术，尼采指出，两种希腊艺术形式在希腊悲剧中互相抗衡，但并不消解。这尤其是希腊的一个特别的成就，即这两种力量彼此作用于狄奥尼索斯的进程，从而狄奥尼索斯的力量得以在与阿波罗的幻觉的张力之中揭示自身。欢欣和惊怖自发地表现出来——尤其是在全部身体的象征符号之中——在酒神颂歌之中。尼采尝试自己写作这样的酒神颂歌。在希腊悲剧中唯一遗失的是实际的社会关系的等级，那些出现于实际的社会之中的等级在希腊悲剧中消失了。

第三节将阿波罗文化溯源至其终极的狄奥尼索斯根基。奥林匹斯（阿波罗式的）诸神带有人类矛盾的全部辎重。和人类一样，他们并非全然的善，而是既善又恶。这些神向我们表明，希腊人知晓生存的所有惊惧恐怖[1]。在很重要的程度上，希腊人的诸神依然可以溯源至狄奥尼索斯的非道德的根基。随着时间的流逝，在逻辑上更站得住脚的希腊理性的出现驯化了诸神，引入了关于好与坏的价值之榜，并只将善归诸诸神。基督教完成了这个掏空诸神的过程。舞蹈、性活动、惊怖被禁止在基督教崇拜之列，因为后者发展成一种理性的神学形式，丧失了与狄奥尼索斯现实的全部联系。

尼采在第四节里将自己的观点讲述得非常清楚。就狄奥尼索斯的存在根基而言，醒着的、理性的城邦比梦之城邦更具欺骗性。理性的骗术将梦魇从醒着的城邦中过滤掉。这在艺术中反映出来，最具启示性的艺术是原始而天真的。阿波罗和狄奥尼索斯形式既可能是虚弱的也可能是强壮的。尼采看到，在历史上，东方的狄奥尼索斯的实践活动一再“侵入”希腊，由此造成的混沌之威胁与希腊的阿波罗力量互相抗衡。最终，

---

[1] 译者注：可以佐证本人在《生死之谜》中的相应观点，即关于西方文明的两大源头中生命原罪的那部分论述。

强健的多利安式的阿波罗艺术形式使得阿波罗和狄奥尼索斯在早期悲剧中得以媾和。

第五、六节更详尽地探讨这个过程。荷马和阿尔克罗克斯可被视为希腊文化的创立者，前者在其悲剧中展示了希腊个体生命的阿波罗的一面（梦一般的），后者在其抒情诗中展示了生命的狄奥尼索斯一面。抒情诗在音乐模式中发源，这个过程对于诞生更为狄奥尼索斯的艺术形式是必要的。应当注意到，抒情诗是阿波罗式的，但与史诗相比较，抒情诗更具狄奥尼索斯特质。抒情诗被视为主体性的显示，个体消融于狄奥尼索斯精神之中，这种潜在的可能性犹如千钧一发。个体消融的威胁，即便是消融的瞬间，也能为人所察觉，这就是为什么抒情诗能应和宇宙的感觉，而并非美化所谓杰出人物的那些其他个体的行为。早期的民俗音乐是一种原始的混合，阿波罗抒情诗和狄奥尼索斯旋律的原始混合，但它几乎无法被描述出来。试图以一种阿波罗的形式来说出那种只能作为狄奥尼索斯来体验的东西，难免涉及一种悖论。这可以由此得到验证，即音乐在艺术之中处于一种特别深沉和独特的地位。在这点上，尼采关于希腊人的另一种解释就完全进入了我们的视野，以其那种相当简短和简洁的分析。音乐在述说狄奥尼索斯过程之中的重要性被介绍出来，并且直接与一种美学理论相关联，这种美学理论提供了一种关于希腊悲剧的吸引人的解释。

如第七节所言，悲剧的诞生是在音乐之中，而非在政治或道德的表象之中，因为音乐的暂存性可以直接代表狄奥尼索斯的过程。音乐向我们提醒着复杂性、痛苦和苦难，这些无法在语言中令人满意地描述出来。悲剧起源于合唱队歌的音乐表达。当演员加入进来后，合唱队一开始并不与他们互动，同时也不理性地分析所发生的一切。在希腊悲剧中，合唱队意味着舞台化的行动，正如梦者表明梦的画面。梦的画面可以被个体所分享。悲剧字义上是一个集体的梦。观众与合唱队融为一体，后者如同一人在言说，可以代表个体化人类的狄奥尼索斯之根基。因为在梦里，梦者可以知道他或她在做梦但梦依然可以继续下去。在此处，作为梦的视像的知识居于行动之中。舞台的行动仅仅是合唱队的梦或视像。艺术作为处置狄奥尼索斯的真理的方式是必要的，从而行动最终变得可能。

演员的逐渐引入以及合唱队的逐渐式微并消失被尼采视为衰颓的过程。然后演员开始说出理性的解说词，正如在欧里庇得斯的戏剧中所出现的，理性的观众评估角色的推理，而不再感受意味深长的艺术中本应有的沉吟。更尖锐的、更枯涩的推理随处可见，例如在哲学之中。尼采的观点给我们一个理由去推崇美学，视美学为哲学的核心，因为悲剧是一种展示显示的手段。被此后的作者们解释为悲剧功用的“识别”或“净化”理论，是一种平凡化的悲剧形式的解释。

文化人是整个人类的风干的标本，在更早的时期他们由萨提尔所代表。正如我们在第八节所学到的。希腊剧院的物理设计试图在一种梦境状态下与合唱队融为一体。观众就座时看不见彼此，也无法向彼此展示自身。他们在物理上被驱使着只考虑舞台上所发生的一切。瓦格纳计划在拜罗伊特通过剧院的设计达到相同的效果，但尼采此后发觉瓦格纳另有所图。

在第九节，我们回到对阿波罗和狄奥尼索斯精神的总体探讨。尼采的视觉画面表明，后来的舞台上的悲剧的阿波罗式的明亮画面只有在与狄奥尼索斯的黑暗相对比时才能被识别。尼采指责以前的学者们只注意到明亮的点，而没有注意到给予他们有意义的黑暗[1]。他们对于希腊欢欣的肤浅的认识来自对希腊遗产的一知半解。希腊观众知道生命的全部惊怖，他们的欢欣必须在此语境中被阅读[2]。个体性的获得来自受罪这个代

[1] 译者注：这点与本人在《生死之谜》里的观点相关联。希腊精神并不简单地由蓝与白所代表，黑与赭更代表希腊精神的本源。

[2] 译者注：完全同意这个观点。

价。受罪不是一件坏事；它将尊严给予人类。[1] 在希腊视觉里，邪恶无法与受罪相等 —— 那是此后宗教的修改。

第十节介绍了这样一个理念，即欧里庇得斯杀死了希腊悲剧，与通行的观点大相径庭，后者认为欧里庇得斯对悲剧做出了决定性的改善。当然，有一点的确是对的，即通过引入更多的角色以及抑制合唱队，欧里庇得斯使得悲剧更接近我们现在的戏剧。但尼采将此视为对虚无主义的一种起源性的转向，以及对狄奥尼索斯根基的认知的丧失。但欧里庇得斯个人对狄奥尼索斯力量的削弱其实是很微小的，因为后者其实也是欧里庇得斯全部作为的基础。

第十一到十五节详尽探讨了欧里庇得斯和苏格拉底对早期希腊文化的影响。与狄奥尼索斯进程相关联的悲观主义被肤浅的乐观主义所取代。现在演员在舞台上代表普通人以及他们的行为，而非梦的镜像。这允许观众在舞台的角色上认识他们自身，极大地改变了观众和舞台事件之间的关系。戏剧现在呈现人类的理念。欧里庇得斯展示了一种普通人的戏剧，一种可被认知的人类，他们在面对一种预期的以及可计算的未来时感到欢欣鼓舞、充满把握。基督教在最初与希腊人文主义相遇时比之更悲观，因为在其更黑暗的历史教义里（地狱、罪），基督教认识到欧里庇得斯观念的完完全全的肤浅。第十一节表明欧里庇得斯是一个复杂的角色。他害怕自己身上那种与艺术感觉相对立的理性冲动，但是在与苏格拉底相连接的过程中，他创造出一种理性的悲剧观念，以此取代了更古老的悲剧观念。欧里庇得斯感觉自己高出于观众，但他在观众面前掩饰自己，试图让观众感觉他们是自己作品的裁判。一种独特的欺骗出现在任何人为的、用以取悦其观众的装置之中。这种在作者动机上的决定性的转变在尼采看来意味着衰退。尼采感到这预示着不可避免的肤浅的大众艺术的律令。

---

[1] 译者注：崇高由此而来。这里不存在受虐狂式的享受与被虐，而是承受痛苦，以此彰显人性的尊严。

当欧里庇得斯将狄奥尼索斯从悲剧中移除时，理性的解释取代了阿波罗式的对表象的沉思，可认知的人类情绪取代了狄奥尼索斯的狂怒。如第十二节所表明的，狄奥尼索斯和苏格拉底互相为敌。因为苏格拉底反对狄奥尼索斯的复杂和深远。总之，苏格拉底是被萎缩了的阿波罗式的艺术形式。苏格拉底带来了一种道德和一种为理性所认可的世界观。美变成了理性的理想；它取代了生命的复杂。知道什么是善便意味着实施了善。苏格拉底的戏剧是如此的虚华以至于它以为无须丑陋、无须惊怖就可以将美投射到舞台上，因为丑陋和惊怖在苏格拉底看来毫无价值。苏格拉底式的傲慢注定走向虚无主义。

第十三节试图将欧里庇得斯和苏格拉底并列起来。苏格拉底将一切都弄糟了。本能应该创造，意识最多是批判的工具。苏格拉底的疯狂展示在他的欢欣赴死之中。他没有认识到前面的惊怖吗？

要理解第十四节和十五节，我们必须区分肯定和乐观主义。肯定是希腊人的姿态，他们认识到生存的全部幅度并直面它们。乐观主义是在面对狄奥尼索斯现实时的肤浅的姿态，由科学理性的幻觉所浮起的精神错乱。苏格拉底是这种理论的科学人的原型，肤浅的科学和学术乐观主义的原型。对这种败坏的特征描述出现在第十五节关于典型的科学家和学者。

第十六节到二十五节进一步论及音乐在尼采艺术观中的核心地位。正如我们所注意到的，尼采将希腊悲剧明白奠基于抒情诗歌的音乐基础。因为音乐是用来感觉的，而不是用来看的，所以不是那么臣服于理性之滤网的限制。德国音乐传统被视为可以作为悲剧再生之处。在德国传统里没有合唱队，所以我们无法拥有相同的音乐手段，但依然有可能在德国的阿波罗形式中瞥见狄奥尼索斯。在第十六节里，我们了解到瓦格纳和叔本华为此状况的认识提供了音乐和哲学上的手段。在尼采看来，尤其是瓦格纳，似乎为狄奥尼索斯的显现提供了一个适当的阿波罗坩埚。第十七节探讨这个显而易见的问题，即并非所有的音乐形式都揭示狄奥尼索斯。在模仿自然的声音或处置人为的和声理论时，音乐失去了深度和复杂性，正如带有特定特征的欧里庇得斯悲剧不再能显示狄奥尼索斯的痛苦。

第十八到二十一节探讨文化的不同的可能的类型。诸小节的细节之处不尽然连贯一致，部分是因为叔本华的理念与尼采新生的视角之间的纠缠。尼采试图描述他所寻求的肯定的悲剧文化，并将之区分于肤浅和空洞的文化。文本上明显的不连贯表明这样一个事实，即“希腊式的”在此段落中没有一个刚性的指数。一个双重的希腊概念必须加诸此文本。由此看来，尼采没有在体裁控制上给出这种双重的概念[1]。

在第十八节，当它的奴隶阶层逐渐自觉并爆发反抗时，亚历山大里亚文化，一种基于科学理念的发展的文化，必须自我解构。不仅仅是奴隶阶层的存在导致这个状况，而是在乐观主义科学文化之中的奴隶阶层的存在导致这个状况。因为亚历山大里亚文化认识不到狄奥尼索斯的根基，它没有复原之可能，必须崩塌。亚历山大里亚音乐在歌剧中允许文字决定音乐，允许剧本及其含义来召唤曲调。在第十九节中，瓦格纳的允诺是他能够用文字和音乐的戏剧性共存来超越德国的巴赫和贝多芬的传统，再次召唤悲剧的张力。德国的音乐历史从而能被视为这样一种发展过程，即逐步走向多利安式悲剧中阿波罗和狄奥尼索斯的并存。

第二十和二十一节探讨一种唤醒了的文化。尼采试图清楚表明，正确的希腊模型应当是他的希腊悲剧文化模型，而不是他同时代人的历史主义叙述中的希腊文化。尼采在此处提及叔本华设计的那种来自佛教画卷中的避世的文化，认为这种文化也将很快融入狄奥尼索斯之洪流中。一种肯定的科学文化是微不足道的，将会自我解构于虚无主义之中，因为它的抽象概念丧失了与瞬间的接触。真正需要的是一种肯定而又深远的、悲观主义的而且灵活的文化，该文化能与狄奥尼索斯相关联。尼采

---

[1] 对尼采的一种有保留的批评。

极力将自己的视角置于读者的概念空间之中。

在第二十二节，尼采回到作为审美现象的悲剧问题，但现在是在瓦格纳的可能性之语境中。悲剧的道德解读，譬如亚里士多德的，未能抓住悲剧的狄奥尼索斯深度。生命必然涉及谎言和欺骗；如果道德否定它，那么悲剧不能。只有当悲剧的倾听者能感觉到悲剧所涉及的，而非悲剧的评论者对他们所经验到的思考得太多，悲剧才能再生。如果悲剧被视为一种道德的工具，那么它的真正的本性就会被遮蔽。当希腊人回应悲剧时，他们并没有真正理解它。尼采以其更高的视角感觉到，只有在现在，原初的悲剧的本性才能被理解。第二十三节考虑神话与民族文化之间的关系。希腊悲剧的解构意味着一个神话时代及其相关联的文化的结束，但或许德国文化能够伴随着新的德国悲剧形式的出现而再生。

在音乐中，快感无法与令人不安的不和谐的侵入相分离。如果后者缺席，音乐会过于简单以至于无法刺激快感。同样地，悲剧经验的快感也无法与它应当包含的惊怖相分离，如果悲剧试图其真正的狄奥尼索斯根基的话。否定这些真理的美学理论之所以能获得可信度是因为它们被一而再、再而三地在头脑简单的人之中重复❶。第二十五节包含了第二十四节的这些观察，总结并认可狄奥尼索斯作为万物的根基；再次认为悲剧的伟大在于它以一种特别适应了的阿波罗形式中将狄奥尼索斯揭示出来。

在《悲剧的诞生》之前，尼采写过（但未完成或出版）《希腊悲剧时代的哲学》，这部作品是《悲剧的诞生》的一个很好的补充。尼采关于前苏格拉底的宇宙概念（万物由之产生）的探讨为他后来的一元论奠定了基础。对于前苏格拉底而言，知道好也就知道受罪，并且他们单纯地观察狄奥尼索斯世界，不妄图将一个理性的秩序强加给它。在写作这

❶ 译者注：对美学的尖锐批评。

部早期著作时，尼采评论说，他感到自己是最后一个能够与自身对话的哲学家和人类。

尼采后来不再重视《悲剧的诞生》的意义，但尼采对之的责难多半要归于此书的风格。尼采逐渐坚持，风格和内容在一部统一的文化作品中是不可分离的，基于此，《悲剧的诞生》便被低估了。同样清楚的是，尼采后来对瓦格纳和叔本华的态度也发生了变化。叔本华的悲观主义似乎日益乖巧，瓦格纳最后像是一个自我荣耀化的浪漫主义者，而非一个真正的狄奥尼索斯艺术家。在与瓦格纳决裂之前，尼采指出，恰恰是德国音乐传统的那种艰涩（与法国和意大利传统相比较）有可能成为聆听狄奥尼索斯的低音音符的手段。但瓦格纳成了一个“天气风向标”之后，汲汲于攫取赞美和财务支持，德国的潜能由此枯萎。对《悲剧的诞生》至关重要的阿波罗和狄奥尼索斯之对立，在尼采此后的探讨中不再是核心的了。相反，是两种醉的形式的狄奥尼索斯根基才在后来的艺术探讨中占据中心舞台。如果以《悲剧的诞生》的这些特质为核心，很容易将其视为早期的、年轻的、热情冲动的作品，正如许多评论者所做的那样。要探究尼采从初期的《悲剧的诞生》开始的哲学发展，我们必须转向其他特点。

在其出版的最后一部作品《偶像的黄昏》中，前面有一节题为“苏格拉底问题”，在这一节里，苏格拉底的画像正如他在《悲剧的诞生》中一样的负面。苏格拉底认为，生命作为一种瞬间的现象是一种邪恶，从中最好是抽身出来。苏格拉底是作为反希腊人被引证的。苏格拉底的平民出身及其丑陋被强调为一个衰退态度的预兆。他那将理性等同于德性和幸福的方程式是断然与希腊人的本能相矛盾的。苏格拉底带来了辩证法的癌症，这个愤恨的终极表达，允许无休无止地与他人意见相对抗的自我辩护。幸运的苏格拉底！他带着这件武器现身，就好像社会变革导致的衰败会允诺给它一个位置一样。在文化衰退中产生的本能的冲突，不是靠健康而完整的行动来解决，而是靠理性的秩序来控制。在与衰退的战争中，苏格拉底用衰退的武器战斗[1]。最终，苏格拉底希望死去，这是唯一与疾病相称的态度。苏格拉底在此处的画像比在《悲剧的诞生》中更苦涩。理性是愤恨的表达，因而是高贵德性的破坏者。尽管这个观念来自尼采的谱系学，但苏格拉底的位置是一以贯之的。他处于分水岭之间，一边是高贵与健康，一边是理性与人性。尼采对欧洲虚无主义的批判轨迹继续瞄准这个北极星。

在《偶像的黄昏》倒数第二节“我欠古人什么”里，尼采讲述了他对古代世界的观点。或许令人惊讶，尼采在此处明显受古罗马而非古希腊的影响更甚。为什么？尼采揭示说他的风格来自某些罗马源泉，尤其是塞勒斯特和贺拉斯。与此相对，他说他没有从希腊人那里学到很多。从一开始，很显然，除了有选择的方式，尼采没有从希腊人那里学到很多。他仅仅将自己与所谓的“希腊时期”联系在一起——这个时期文献学的基础是一系列的残篇。这解释了为何尼采在赞美修昔底德、将他引证为生命的观察者的那个段落里攻击柏拉图及柏拉图式的对话风格。尼采（此时此刻回顾其生涯）知道，希腊人从未统一他们的文化，他的任务是将希腊的诸多洞见转化为一个统一的文化，将之呈现在一个有说服力的风格之中，借之克服苏格拉底和柏拉图工程的终极虚无主义。尼采拟完成希腊哲学家的未竟事业。尼采曾学习用一种对他的时代来说很合适的风格来书写希腊画卷。然后他开始将他的希腊人（狄奥尼索斯本能的希腊）与希腊的学者世界相对立。他在此处的最后的话语将那个始于《悲剧的诞生》的圆圈闭拢了，《悲剧的诞生》被尼采描述为他的第一次价值重估。这个画面与基督教的愤恨相对立，也与古典希腊学者的无菌的平衡相对立。结果是，与基督教的不和谐放大了这个原初画卷的批判意义，但没有在过度与力度上改变其源头。狄奥尼索斯依然是根源性的角色，尼采现在将自身描述为永恒轮回的教师，作为哲学家狄奥尼索斯

[1] 译者注：此处对苏格拉底的评价很有趣。

的弟子。

当然，希腊悲剧理论不等于整个希腊画卷。但是对尼采而言，它是这个画卷的肚脐眼。在此处，这个肚脐眼在本源地滋养了对狄奥尼索斯之洪流的认识，后者作为希腊悲剧的中心，以及早期希腊整体生命的关键所在。尽管知晓狄奥尼索斯的惊怖，希腊人依然能够充满欢欣，他们越是不断地知晓，越是不断地欢欣。尼采先知般的画卷从哲学上净化了狄奥尼索斯之洪流，将之融入权力意志，同时从哲学上净化了希腊式的欢欣，将之融入基于永恒轮回的肯定。如果权力意志是狄奥尼索斯的真理，那么《查拉图斯特拉如是说》中展示的永恒轮回则许可了一种肯定的现代形式，正如这个词语在《悲剧的诞生》中所曾被使用的那样。尼采的政治学隐约延续了希腊的社会结构，只是将那些能够成为希腊悲剧角色的高贵的人变形为社会的尺度，将女人和奴隶转化为协助者的地位。尼采学派对此不作道歉，既然这种精英的优越性已经在生活中通过精英们之间的斗争（而非对其他社会阶层的暴力压迫）得以证实[1]。希腊贵族短暂地存在，没有怨恨地接受胜利或挫败，只在紧要关头才结成联盟，采取一种健康的伦理道德和宗教，其中不涉及对过往行为的负罪心理，也不涉及因为没有取得一种神圣的完美标准而负罪的心理。他们所完成的一切都是在没有国家或没有官僚机构的情况下完成的。在《悲剧的诞生》之后，并非阿波罗或狄奥尼索斯在艺术中的冲突令尼采继续关注，而是希腊的贵族角色，这个角色持续作用，直到尼采能够构筑权力意志和永恒轮回的画卷从而让希腊贵族得以再生[2]。尼采希望对他所处的那个时代的知识精英们来说是危险人物，不在乎科学是否会令他的生活更美好。

[1] 译者注：作者，也算是尼采学派之一吧，在此处想表达一种什么意思呢？令人费解。

[2] 译者注：非常赞同作者的这个观点，在《查拉图斯特拉如是说》中的贵族气息和定义正是我打算要研究和撰写的一篇文章。

8 女性

这章我们将探讨女性在社会中的地位。当审视尼采对社会定位的观点时，女性在社会中的位置应当作为一个复杂性的例子被考量。那些多多少少类似的情形也可以考虑，譬如奴隶在社会中的位置，尼采将之视为一切经济结构中至关重要的，但女性的社会地位更容易与我们今天女性的社会地位进行比较。我们通过对女性社会地位的探讨来考虑所有其他的问题，当考量尼采对于社会变异的观点时这些问题都会自行呈现出来。

通常，人们会认定尼采是个厌恶女人的人。自尼采时代以来，支撑这一观点的那些显而易见的段落已经被厌恶女人的作者们利用殆尽，作为一个只有尼采敢于说出口的真理，而其他人都密谋掩盖它。然而其他评论者则视尼采的厌恶女性为潜在的同性恋的征兆[1]。基于同样的段落，尼采成了许多女性主义者的眼中钉[2]。在我们的时代,对于性别关系以及同性恋与最新的社会运动之间的关联等的直率的哲学探讨的涌现使得尼采再次出名，并且无疑给尼采增加了一个视角，一个尼采自身在写作时很难料到的视角。将性别关系视为当前的社会案例的任何渴望都会促使一个人在解读尼采时或者视之为同盟或者视之为对手，从而产生出解释学的偏见，并且这个偏见很难控制。不用否认显然的文本基础，一个人就可以合法地把水搅浑。当我们查看尼采关于女性的许多段落，我们会发现他的所谓的厌女症是一个复杂的问题。首先，如果我们将尼采与那些同样探讨女性的尼采的同时代的人进行比较，我们可以发现不同，叔本华厌恶女性因为他厌恶噪声，二者都是负面的，而且他不加辨别。例如：

---

[1] Schulte. Ich impfe euch mit dem Wahnsinn.

[2] 譬如参看 Schutte，Beyond Nihilism：Nietzsche without Masks。Schutte 的指控通常是柔和的，见 p. Xi. 和其他无数段落。关于探讨，参见 Eden 的评论。

女性本性上意味着服从，这一观点可以从以下事实中证实，将任何一个女性放入完全独立的非自然的位置，她会立即将自身依附于某个男性，她允许自己被这个男性引导和统治。这是因为她需要一个主人❶。

尼采从未如此粗糙。一个厌女主义者不加区别地厌恶一切女性，尼采的情绪是不同的。

让我们看一下著名的文本之一《查拉图斯特拉如是说》中的“论老女人和年轻女人”：“关于女人的每样事情都是一个谜，并且关于女人的每样事情都是一个解决的办法：那就是怀孕。”离开语境的话，这听起来像是尼采在建议，男人应该将女人视为生育孩子的机器。对于现代的耳朵，这个句子是丑陋的，竟然敢于蔑视礼仪。但是考虑到语境的话，事情就复杂了。例如，这里讨论谁怀孕？我们知道在别处尼采相信，女性的吸引力，或者说真理的吸引力，能够令那些充满知识的好奇心的男人怀孕，让男人孕育新思想。从而，即便男女差异是一成不变和自然而然的，在他们之间也存在复杂的受胎和生育经济，并且婴儿也并不会耗尽人类的全部。

当老妇人（对一个有经验的、知道如何表达她的思想的女性的直率描述）认可查拉图斯特拉的直觉的力量，并给予查拉图斯特拉一个真理：当他走向女人时要带着鞭子。此时，该段落达到高潮。当然，尼采是这个女人的观察力的作者。但是，当他允许老女人说的时候他试图言说什么？这“小小的”真理要静悄悄的，并且它被介绍出来的时候是作为一个“真理”，由这个女人以这样一种复杂的画面所诞生，否则它就会太大声了。这是不是意味着这个小小的真理是深沉的并且令人震惊的，需要遮盖起来，因为它为打击女人而正名？这对任何敏感的读者来说都是不可接受的，因为它是如此公然地宣告出来。似乎宁可似乎这样，这个

---

❶ 节自叔本华的论文“On Women”的最后一段，Modern Library 的译本，包括在 Studies in Pessimism 中。

小小的真理（静静的真理，婴儿般的真理）是那种只有某些有智慧的人才能正确地理解。需要与女人保持距离，对于完成查拉图斯特拉的任务而言。

尼采对她们既爱着也恨着，当憎恨的距离达到最大化时，他的爱也达到最大化，这种爱和恨的交织是人们可以从狄奥尼索斯根基那里希冀的。女性和生命，或者女性和狄奥尼索斯进程可以在《查拉图斯特拉如是说》中反复识别出来。靠得太近会丧失个体性，丧失同一性，丧失诞生超人思想的能力。另外，生命对查拉图斯特拉与智慧的关系满是愤恨。鞭子是粗暴的控制之象征。的确，在那张著名的三人合影中，莎乐美拿着鞭子，驱使着男人前进[1]。难道一个人拿着鞭子保持激发性的距离是因为女性总是会忘记鞭子？难道这个鞭子是用来（隐喻性地）作为训诫给自己保持距离的？这些可能性足以表明，“厌女主义”的文本并没有自动的解读。它们“通常的”解读是由厌女症产生的，而厌女症是被带入它们的解读中的[2]。

这有没有可能影响到对尼采许多关于女性的声明的总结？有些观点似乎很明显。尼采相信男性和女性的缝隙是一种深沉的生物学差异，总是在动物和人类身上留下深深的痕迹。这种痕迹总是伴随着（在动物身上）功能的区分。例如，在鸟类那里，雌性和雄性的区分在于羽毛和行为。在人类那里，这种区分似乎倒过来了。如果男性拥有鸟类中的那样漂亮的羽毛，那么在女人那里就应当是一种文化的人工制品。在此意义上，生物学和文化之间的界限是模糊的。

关于男女对比可以有不同的文化表现来强调那些特性，围绕不同的男子气和女人气的性别身份，可以收集到这些特性。譬如，历史上，它

---

[1] 译者注：作者对尼采的女性观的颠覆性解读。但是，作者在此段是想说，女性与生命、狄奥尼索斯进程相关，还是男性与智慧相关？难道生命和智慧是对立的？那为何前面某处作者又提到真理与女性的关联？

[2] 译者注：作者推翻了“通常”关于尼采的女性观的解读，亦即，在本文作者看来，尼采并非必然地是厌女症的，或者尼采并不能被贴上厌女症的标签。

可以显现在古希腊和19世纪的欧洲之间的显而易见的身份对比之上。再一次，尼采偏爱希腊社会模型，把它当作对艺术、哲学、宗教创造力的最好的激励。尼采知道，不同的性别关系是可能存在的，但他相信，他的希腊模型既产生这个世界所知的最伟大的男性，也产生最伟大的女性（例如，阿里阿德涅）。这个模型建基于一个最谦逊的女性，她知晓外观，知道深度其实是幻觉，从而与构筑社会结构的狄奥尼索斯现实更合拍。尼采建立了男性贵族的视角，在奴隶制度的案例中，尼采推想，那些充当其他角色的人能够幸福而又积极，同时知晓狄奥尼索斯之洪流。这里有个圈套，可能认为尼采错了。如果不接受尼采的视角，那么就需要发展别的视角，尤其是关于希腊女性在尼采之梦里的视角。她们，或她们的奴隶会赞同尼采的声称吗？

在《人性的，太人性的》箴言425中，尼采说，女性可以在任何意义上被改造成男性，除了生物学意义上。考虑到适当的教育资源，至少在每一个先进的欧洲国家，这能够出现。但结果可能是一个一无是处的混乱时期。这足以表明，性别关系可以采取不同的形态。在历史上，欧洲的性别区分版本，男性和女性不能理解彼此，每种性别是在对一种投射的理想模态做出反应，好像这种理想的模态是真实的异性一样。

尼采只探讨了男性视角，但这并非是一个简单的盲目事件。在学术案例中，尼采感到他只能在自己的经验基础上进行判断。他没有公开在这种意义上探讨雌雄同体的可能性，即两种视角对一切人类都是可行的，如果一种为意识所接纳，另一种便被压制。他视社会化进程为一种惯例，但一旦发生便不可逆转。对男性而言，母亲提供了宗教、习俗和道德的基础，而父亲则释放并指明传统可以如何被改变和克服。在尼采看来，母亲给男性后代提供智力（intellect！）和性别图像（gender images），父亲则加上意志和某种思想的节奏[1]。对尼采而言，女性是复杂的。作为

---

[1] 译者注：在这个解读里，尼采是认为男女没有高低之分的。

不要求这样一种视角是完全客观的。

通过创造一种女性的画像，男性实际上败坏了女性，在这种画像中女性被希望去顺从，因为男性的社会力量是强大的，如尼采在《快乐的科学》箴言 68 中所言。男性意欲着，女性被迫去顺从他们的意欲。供替代的选择是意志的冲突、挫败和混乱。男性需要被教育得更好一些。这种观察表明，尼采不满意现在的安排，想要基于他的希腊模型来建立一种新的画像和更好的安排，在其中假定，在分派角色时没有持续的压力来迫使顺服。

在《快乐的科学》箴言 72 中，尼采指出，在动物中，女性被认为是具有创造力的存在，而男性，则属于"美丽的"性别。这种生物学上的区分在人类中倒转过来了，如我们前面指出的。男性中的孕育（精神的孕育）是男性所能拥有的最接近于女性的特征。

《快乐的科学》箴言 352 中指出，我们不能免除一种叫作衣服的伪装。没有衣服，食欲会受到影响。我们用美德来打扮自己，男性和女性都这样。这是尼采的视觉主义的一部分，即这个事实，我们不是按照我们是怎样来看待我们自己，而是按照我们通过画像所调停的那样来看待我们自己。与以下事实相结合，即我们在异性中看到投射的画像这一事实，结果是几乎完全的性别怀疑、性别混乱和性别对立。

每种性别都有其自身与众不同的对爱的偏见——从而平等显得没有意义。《快乐的科学》箴言 363 的核心是捍卫不对称的必要性，鼓励一种会增加权力意志的功能性的不对称。两种性别都不会对异性预设一种同样的感觉和对爱的定义。女性赞同完全的奉献，灵魂和身体的毫无保留的奉献。反过来，男性并不会放弃他们的权力，只要他们还是男性。这个不对称是很重要的。然而，尼采的语言很多都冒犯了现在敏感的神经，的确如此，他所说的应当放到哲学的语境中，寻找相谐的、不会失望的渴望，因而两性之间的斗争并非一种一成不变的、必须为狄奥尼索斯进程快速扫除的形式。

《人性的、太人性的》箴言 406 观察到，令人满意的婚姻必须包含友谊的成分，因为婚姻中的大部分是长长的对话。这点说明了为何尼采认为好的婚姻是可能的，尽管罗曼蒂克的爱是很困难的。令尼采心醉神迷的高贵的希腊婚姻并不涉及罗曼蒂克的爱，而且尼采发现，罗曼蒂克的爱带着冲突与和解、欺骗与阴谋，解构了真正的人类关系[1]。

女性的突如其来的判断常常被解释为神谕式的直觉，尼采在《人性的、太人性中》箴言 417 中注意到。但世界是如此的复杂以至于一个好的意志总能发现突如其来的判断在某种程度上是真的。和往常一样，尼采避免了这种立场，即存在一种决定慎密直觉真理的基础。所以，这仅仅是对民间智慧的恶劣部分的解构。

《人性的、太人性的》箴言 425 允诺了这种可能性，即在欧洲三到四个最文明的国家，经过几百年，一个人可以通过教育、通过转换文化性别角色而把女性变成男性（可能会涉及“文明的”一词的讽刺性的评价）。当然，不在生物学的逆转的意义上，而是在文化和社会学的逆转的意义上。女性能拥有全部男性的德性和力量，但相应地，也包含男性的弱点和恶习。人类能幸免予这种转换吗？这将会是这样一个时期，在其中，愤怒将科学降低为浅薄的文艺爱好，并将哲学降低为慵懒的闲聊。处于高贵阶层的尼采，在其中看到了灾难，除非为女人找到一种新的权力，这种权力不依赖她们在习俗和道德中的旧的位置，这种权力不会因为社会角色的逆转就被消除，这种权力独立于某些更深的价值重估。显然，对于社会适应性而言，等级比性别关系更重要，因为，即便反转过来，等级也会让一切保持原样，不会产生出一个更好的社会。

女性和艺术家对科学都持怀疑态度，因为他们能够团结在一起反对那种错误的肤浅，那种假定科学具有解释深度的错误的肤浅。《超善恶》箴言 204 做出了这种令人惊讶的观察。女性和艺术家团结起来抵抗对深

---

[1] 译者注：想来尼采不会赞同《呼啸山庄》式的爱情。确实，凯瑟琳与希斯克利夫之间其实没有多少对话。

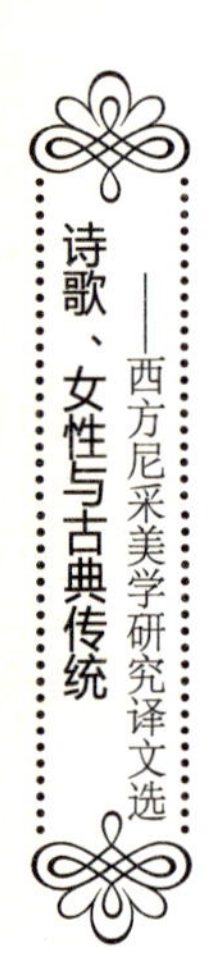

刻的召唤，希冀停留在外观上。这看起来像是尼采谴责女性和艺术家的肤浅。显然，因为希腊人对科学诱惑的抵制以及停留在事物外观的那种深刻，所以尼采爱希腊人。由此这支撑了这样一种观点，即尼采在女性对科学的直觉的厌恶中看到了某种深刻的东西。从而他自己的愤怒延伸到了那些打算成为科学家的女性身上。

《快乐的科学》箴言 60 展示了一幅关键的画面。一位深陷繁杂事务的男性，通过具体表达一种超越存在及其外观的渴望来发现一种不可触及的、静静的滑翔：一位女性拥有这种不可触及的安静，男性在其中可以幻想自己最好的自我。这种效果由画面涉及的距离产生。一旦接触，就变成了噪声，会摧毁梦想画面的噪声。女性的距离产生出创造力所需的那种幻想，并且如果面纱未被触及那么距离会依旧保存。打破距离会是一种灾难，尤其是对于创造过程所需的那种幻想来说，这种梦一般的状态使得狄奥尼索斯得以一瞥。

我们探讨的最后一个特定的段落是《超善恶》中经常被引用的前言。假如真理是一个女人。尼采这个著名的假设必须小心接触。尼采不憎恨真理，并且按照双重的概念，他想要言说真理。真理增加权力意志，但这不能被混淆以僵硬的科学“真理”。“真理”不是一个女人；恰恰相反。科学家和哲学家已经击败了她，但她几乎不值得拥有。其他真理能是一个女人吗？对于一个已经努力去理解女人的哲学家而言，这种怀疑是会产生的。独断论者是笨拙的。如果真理是一个女人（哪种女人？），他们不能用他们的方法赢得她。独断论者太粗鲁太性急。急速的观看和面纱是相左的，思想的大厦建得过快。一个更细腻的、更少自信的接触是必需的，同时伴随着这样一种认知：战胜总是暂时的、不确定的。设想真理可能是一个女人不会是厌女症的设想，不是一个简单心灵的肯定[1]。

---

[1] 译者注：原文是：To suppose that truth could be a woman is not the supposition of a misogynist and a simple minded affirmation。作者这里彻底推翻了那种认为尼采厌恶女人的观点。

真理作为一个女人的这种设想意味着，追逐难以捉摸之物绷紧了弓，产生了一种张力，这种张力偏爱视觉主义而非教条。由此产生的肥沃，永远不可能在正面进攻中产生出来。尼采偏爱的真理是短暂的，与外观相关。女性和真理都仅仅与外观相连，对尼采而言，但这是对二者的积极的评价。我们应当回忆起来，《超善恶》的前言是才弄个一个自由精神的视角写出来的，他依然期待赢得二者。

对那些论及女性的箴言的探讨足以表明，尼采看到了女性在两种社会中地位的差别，希腊社会中的女性地位是其模型，现代民主社会中的女性地位则不可取。如果尼采蔑视那些作为民主的平等主义者的女性，这并不表明他是厌女主义者，正如他蔑视一切民主的平等主义者一样。这些段落中许多都看似微妙的建议，女性在与狄奥尼索斯过程同步时更有能力转换到新的形态，并且尼采关于女性的负面的现象学是因为她们现在如此，而非因为她们将要如此。这使得他的评论与那些关于超人将要来到的观点相一致。的确，关于超人所说的那些没有明确指明超人必须是男性[1]。女性的这种可能性只能为尼采的内在的耳朵所听闻，或者在他与露·莎乐美的短暂关系中被显示，或显示在他对他的那种希腊画卷中的最谦逊的女性的正面评价之中。所有这些似乎是一个独特的低音，当一个人对尼采关于女性的评论有全面的考察时。我们这些考察的段落实际上是尼采关于女性的无数观点中的一小部分。那些最具破坏性的、被尼采的批评者们引用的段落中的许多都没有在这里被讨论，但此处探讨的目的不是要为尼采的评论辩护，而仅仅是针对这种对尼采的指控来为尼采辩护：出自简单视觉的厌女主义指控，这种指控将尼采的著作置于一种新的禁书目录[2]。

---

❶ 译者注：石破天惊的观点。至此在本文作者看来，尼采不仅不是厌女主义者，尼采所标举的超人有可能是女性。作者自己在此处的注释如下：那些不阅读德文的人应当知晓，Ubermensch 意味着一个超越的人类，而非一个超越的男性人类，就语法在此所限定的而言。一个问题是超人的孤独不允许一个伴侣存在，无论男性还是女性。（188）

❷ 译者注：完全赞同作者此处的甄别中所显示出来的审慎的研究态度。

本章的意图在于通过指出尼采对女性的评论的多样性和复杂性来将尼采研究的水搅浑，这个意图显然没有达到，但在某种意义上，这章已经结束了❶。这里并非要以一种对尼采社会视角的签注认可来结束。此处的中心主题已经表明，尼采的观点是如何从他的希腊社会画卷中产生出来。相对于他的同时代人，尼采是个做梦者（a dreamer）。其替代物几乎不可能还原至希腊式的伟大。如果说尼采提供了一副不切实际的替代物，那么他的确为某种考量提供了一个真正的可能性。他是对的，并不存在一个超验的基础，在其上将他作为一个厌女主义者排除出去。尼采认为，他的民主替代物中存在乏味的意见和行动的一致。他曾经发展出一些视角，认为性别角色的更正式的社会和政治平等可以避免这种乏味的一致。本文并不那么反对这些视角。为了了解更多，我们需要更多发展了的视角，尤其是那些认为希腊画卷并不顺利地适应20世纪的社会、经济、政治现实的视角❷。

此处已经论证了，尼采的哲学洞见始于其希腊社会的画卷，终于权力意志和永恒轮回的价值重估的形而上学，这些教义抹去了那个适用于任何时代的哲学中的希腊过去的重量。一个问题是，是否这些教义能在脱离其社会根源的情况下被理解。站在尼采的立场，答案不能不说是消极的，既然哲学不得不服务于某些价值之榜，而价值之榜不能完全从社会态度中抽离出来。在下一章开始对权力意志和永恒轮回的研究之前，在此章的末尾，通过考察海德格尔论尼采、德里达对海德格尔论尼采的批判，我们还要涉及一些相关的问题。相关的差异，以及继续在某些解读中探讨这个问题的原因，是因为海德格尔完全忽视了性别，而德里达明确试图要将这个问题的重要性理论化。海德格尔试图控制尼采的文本，将尼采归于最后一个形而上学家的固定位置。如果这个阅读是强

---

❶ 译者注：作者治学态度是谦虚的，对自己的研究定位是适可而止的。尽管本文的实际效果是翻案式的。

❷ 译者注：作者的审慎态度进一步清楚地表明在这里。

制性的，那么尼采哲学对之提出的针对性问题是这种解读是否是生命提升性的。如果德里达完全尊敬尼采的文本，将之精美地搁置起来，那么这种搁置并没有反映出尼采的参与行为的解释学。因而再一次地，一个人可以提出这个尼采哲学的典型提问，是否德里达的解读是生命提升性的。这些问题为明确考量权力意志和永恒轮回教言提供了一个适当的背景。

不管海德格尔哲学的本质和最后的价值如何，他都长时间地浸淫尼采。如果这个浸淫对海德格尔哲学之“转向”（如某些评论者所认为的那样对理解海德格尔思想发展很关键）不是那么重要的话，那么它无疑对海德格尔哲学之发展是重要的。海德格尔视尼采为反向的柏拉图，置生成世界为中心，将存在置于生成世界之中。海德格尔意义上的存在的研究并没有出现在尼采那里，亦即，在形而上学意义上对于能够给予存在者的存在的研究没有出现在尼采那里。通过对尼采与康德、黑格尔等人之间的关系的详细考察，海德格尔没有将尼采置于形而上学传统之中，相反，海德格尔利用尼采作为形而上学传统的主观主义的终结的关键性的总体代表，从而发展他自己的存在哲学。

按照海德格尔，永恒轮回的思想先到来，然后发展到权力意志思想。之后，权力意志是尼采本体论的支配性的主题。海德格尔的路径使得尼采成为一个思想者（在海德格尔的意义上），亦即，某个发展出一个或几个基本思想的人。尼采将生命置于其思想的焦点，发展出作为权力意志的生命本质，利用了生物学隐喻意义上的适者生存的概念。此处声称的价值源自赫拉克利特，它解释了为何是价值而非知识是尼采哲学之根。尼采的生物主义实际上隐藏了一个关于存在者的先验决定，与形而上学以及现代科学相和谐。从而尼采沦为价值之榜的牺牲品，犯了他自己曾经视之为令其他形而上学跛脚的错误。人类将他们的思想程式化并固定下来以便足以满足实践的需要。同时，人类艺术表明，人类已经克服了纯粹的动物状态，从而尼采的生物主义不仅仅是接受生存，而是居于自我控制和自我克服的可能性之中。海德格尔对自我控制的解读强调，如果一个人不自我控制，那么他就要经验到外在的控制。海德格尔的超人的任务是接管技术机器的控制，而非允许其控制我们（查拉图斯特拉的末人发现自己身处其中的状况）。很明显，海德格尔的解读强调了自我克服的概念。是这个尼采，海德格尔的尼采为尼采文本此后的解构倾向提供了燃料，尤其是，可以在尼采文本中发现的、自我克服之作为游戏的、实验性的层面被带到前面。

一个人必须面临这个质疑，亦即，是海德格尔自身的体系化的思想迫使尼采回到形而上学传统。当存在上场时，尼采的思想限定在存在者之中。海德格尔将自己的视角限定在对尼采后期零碎笔记的解读之上，并认为《权力意志》是尼采唯一真实的、科学的文本，而非展示或宣示狄奥尼索斯的进程，这并非是偶然的。尼采早期关于狄奥尼索斯进程所言说的，以及在后期笔记中的狄奥尼索斯痕迹（海德格尔所未曾探讨的），腐蚀了存在者的边缘，指向了本体论的一元主义（可以视为与海德格尔的存在相似）。对狄奥尼索斯画面的镇压是必需的，如果要驱使尼采进入一个更形而上学的位置[1]，但它无法在全部文本范围之内得到正当的辩护。

海德格尔的俄狄浦斯式解决方案涉及某些确凿无误的对尼采的误读。海德格尔自身在面对文本时的敏锐、对早期希腊哲学的癖好、克服主客二分的策略、对历史地流动着的哲学根基的渴望，所有这些很大部分要归功于尼采。我们在这里论证了一个体系化的解读，它基于尼采的持续关注，对希腊悲剧的价值之榜和那种围绕尼采的现代科学的价值之榜之间的冲突的持续关注。如果一个人打算实现权力意志和永恒轮回，那么这个冲突是必要的，因为权力意志和永恒轮回是尼采为了他自己所处的时代所发展的一种哲学声明，这个声明相关于希腊悲剧画卷的肯定

---

[1] 译者注：作者此处对海德格尔的尼采解读之批判可谓一针见血。与《尼采的礼物》对海德格尔的尼采研究的观点可以互相印证。

性的结果。由于聚焦于未发表的遗作，海德格尔丧失与《悲剧的诞生》中的尼采观点之根源的接触，并且将尼采的论述平面化了。可以看到，对于尼采与他的时代之相遇至关重要的大部分话题在海德格尔的论述中是缺席的，也可以在海德格尔的论述中看到这样一个令人震惊的事实，即尼采关于女性的很多观察都没有对海德格尔的探讨产生影响。

德里达的解释学立场几乎无法更与海德格尔的立场相左。德里达打算将尼采的全部文本都同等地搁置起来，拒绝将一切关于尼采的解读合理化，无论是海德格尔的还是任何读者的，无论是关于什么更不重要，还是关于什么更重要的。什么是重要的常常偶然地被揭示出来，一个尼采自己也不会否认的论点。德里达相当明确地将《马刺》作为一部原本打算论述文本性的作品——而非关于尼采的哲学。实际上，《马刺》是关于尼采的风格，关于尼采论女性，关于海德格尔，关于德里达自己（以及他的某些学生的观点）。

在《马刺》中，尼采对“撒谎”的认知，关于真理、隐喻和幻觉的观点，都是加在括号里的，现象学地言说出来，尼采关于女性所说的那些实质性的话语没有什么是利害攸关的，尽管德里达的论述清楚地接受了通常的观点，即尼采在此处的观点一如那些被引用的文本中的观点一样多姿多彩。总之，《马刺》认为，女性不能像本性一样凭借哲学论述以及隐喻来捕捉，尼采关于女性的特别零散的表述可以被读作他对这一事实的暗示。的确，对于这样一个令人震惊的声称（女性本非《马刺》的主题）的最简单的解读就是，尼采的风格表明女性不能成为任何论述的主题——最终这意味着男性也不能成为主题。如此说来，男性和女性不是制造论述，而是被论述所创造。

海德格尔在《尼采》中意识到这一点，暗示德里达在此间的位置是删除存在或存在的痕迹，但是没能解构尼采的论述，并退回他自己的体系之中。他认识到，尼采在诊断西方形而上学的原初隐喻（存在凌驾于生成）时是对的，但他未能看到可能的意义中的那种在先的混沌，而是代之以他自己的优越性的存在概念（这对于德里达而言，在海德格尔详尽论述它的时候已经逐渐解构了自身）。

海德格尔和德里达将尼采置于一个辅助性的地位，这个地位与尼采的设想不相容。海德格尔对论及女性的那些异质性的文本的压制攸关于他自己的统治解释学。海德格尔将尼采视为最后一个形而上学家，但他对权力意志和永恒轮回的贬低，以及他自己关于存在的教言，都意味着，如果海德格尔逃离西方形而上学传统，他自己又产生了一个形而上学的代用品，这个代用品不允许他将尼采与形而上学联系起来。德里达在攻击统治形而上学的同时，产生出一个开放的解读构想，将尼采的生命提升的层面萎化为彻头彻尾的解释学的解读自由。当海德格尔罢免技术的决定性地位时，德里达在服务于文本的异质性时宁可动摇固定的解读，从而产生出对权力意志和永恒轮回的去解读。在两种解读中，女性的地位成了一种更宽泛的哲学争论游戏中的对立面。如果尼采不打算沉默，如果尼采哲学的实质性大纲要被述及的话，那么作为他的社会画卷之符号之一的女性地位必须在狄奥尼索斯过程的背景下有所作为。

海德格尔对尼采的权力概念的解读中“主体性权力”和“易感性能力”之间的区分之消融

阿莱茵·布瓦洛（Alain Beaulieu）

内容摘要：尼采哲学的权力并非如海德格尔所认为的，是本体世界之上的主宰。对尼采而言，个体不应当被迫遵循存在的前定模态，相反应当将例外从庸众高压中拯救出来。

关键词：主宰；主体性权力；潜能

海德格尔的主旨是众所周知的：通过倒转本性和现象之间的柏拉图式的关系，尼采终结了形而上学的天命。尼采削弱了前者的价值而推崇后者。通过揭示形而上学的终极的可能性，尼采的思想与存在的进程性遗忘的最后一个阶段保持一致。海德格尔试图将尼采与存在问题的历史上的眺望传统整合在一起。像此前所有的形而上学体系一样，尼采的哲学从属于一种特定的“手上之物”实体的决断。对尼采而言，“理论的工具”相当于“权力意志”，后者被海德格尔解读为凌驾于所有存在者之上的神人同形同性论的力量。权力意志的形而上学照亮了所隐含在柏拉图以降的西方哲学中的，亦即，猛烈地独占实体总体的欲望。从而尼

采不仅是其他形而上学家中的一位，而且也是最后一位，是那个展示"形而上学的基础原则"的形而上学家，当他某种程度上变成与世界和真理保持纯技术关系的"思想家"时❶。海德格尔对尼采的基本概念（虚无主义、超人、价值、透视论、永恒轮回等）的解释系统地汇聚于一点，即将尼采哲学比作权力意志的形而上学。

如它所显示的那样诱人一样，海德格尔对尼采的解释隐含着两个对"权力"概念的误解。首先，尼采所谓的权力并非如海德格尔所料想的：于实体世界之上的主宰。将权力构想为镇压性的权威对尼采而言只是权力的一种特定案例，而且，仅仅与权力的最陈腐和最贫困的状态保持一致，与一种最基本的虚弱保持一致。其次，尼采所谓的权力并非一种"伟大风格的神人同形同性论"❷。在将人类的良知与纯粹的谎言联系在一起时，尼采从未停止谴责个人的自由意志。

尼采所谓的权力并非主宰之一种。的确，尼采有时视战争为"不可或缺的"❸，认为生命在"其基本功能上……危害、抑制、剥削、摧毁"❹，将意志与"命令"和"服从"的相互影响联系起来❺，并且秉持"有机世

---

❶ Martin Heidegger. The Word of Nietzsche：'God is Dead' [J]. *in* The Question Concerning Technology and Other Essays. Trans，by William Lovitt. New York：Harper and Row，1977:86；Nietzsches Wort 'Gott ist tot' [J]. in Holzwege，GA 5. Frankfurt am Main：Klostermnn，1977:242.

❷ Martin Heidegger. The Essence of Will to Power [J]. *in* "The Will to Power as Knowledge and as Metaphysics. Trans. John Stambaugh，David F. Krell，and Frank A. Capuzzi，*in* Nietzsche III. San Francisco：HaperCollins，1987:150-158；Martin Heidegger. Nietzsche I，GA 6.1. Frankfurt am Main，Klostermann，1996:585-594. *See also* Das Bedenken der 'Vermenschung' des Seinden [J]. *in* Nietzsche I，GA 6.1，318-326；Metaphysic und Anthropomorphy [J]. *in* Nietzsche II，GA 6.2:112-118.

❸ Friedrich Nietzsche. Human, All Too Human：A Book for Free Spirits [M]. Trans, by R. J. Hollingdale. Cambridge：Cambridge University Press，1986:477.

❹ Friedrich Nietzsche. On the Genealogy of Morals [M]. Trans，and ed. Walter Kaufmann. New York：Vintage Books，1969: II，§ 11.

❺ Friedrich Nietzsche. Beyond Good and Evil：Prelude to a Philosophy of the Future [M]. Trans，and ed. Walter Kaufmann. New York：Vintage Books，1966: I，§ 19.

界里的所有事件都卷入压倒性的、习得的统治权中”[1]。但我们必须加上一句，战争继续地成为高度文明化的人类之硕果[2]，从而这只是衰退，并且生命对生命的主宰并不隐含任何“独裁主义的优生学”[3]，而是代之以支持最虚弱的存在者，他们没有鼓励任何帝国主义的目的或表达任何为了“行星的”控制的形而上学倾向。对尼采而言对这样一个控制的权力的寻求是纯粹反动的。此外，尼采谴责镇压远远多过于通过更高的权力来校准。按照尼采，个体不应当被强迫遵守存在的前定模式；相反，“例外必须被从大众的蒸汽压路机中拯救出来”[4]。这就是为何尼采对区分的关注与“行星的”校准的任何形式不相容的缘故，后者猛烈地从前—存在的价值之反动体系中产生。正如尤金·芬克（Eugen Fink）在一个极具召唤性的段落中写道，一个创造性的生命越是充满强力，它就越是容易在其价值系统中接受人类的不同……反之，一个生命越是无力和虚弱，它就越是坚持万有的“平等”，意图敌视寻常中的例外[5]。

尼采的权力不是神人同形同性论的。这使海德格尔的解读变得无效，后者认为尼采的形而上学是被人类—模型意志所启示的，它鼓励人突破自身的本体论有限性强加的限制，以便成为存在者整体的主人和拥有者。存在的人类化或哲学的神人同形同性论化是海德格尔对尼采的权力概念的批判的主导动机之一。从海德格尔的观点看，尼采的权力意志概

[1] Nietzsche. On the Genealogy of Morals [M]. II， § 12.

[2] Nietzsche. Human，All Too Human [M]. § 477.

[3] B. Stiegler. Nietzsche lecteur de Darwin [M]. Revue philosophique de la France etdel'étranger 3，1998:378.

[4] Sauver les exceptions du rouleau compresseur de la masse [M]. B. Stiegler, Nietzsche *et la* biologie. Paris：PUF，2001:107（my translation.）

[5] Je machtvoller ein prägendes，stiftendes Leben ist，um so mehr wird es die Ungleichheit der Menschen gerade in sein neues Wertsystem aufnehmen - Und umgekehrt：je kraftloser und ohnmächtiger ein Leben ist，umso mehr wird es auf der ‘Gleichheit’ aller bestehen，wird es die Einzelnen，die Ausnahmen in seine Durchschnittlichkeit und Mediokrität herabzuziehen versuchen.” Eugen Fink，Nietzsches Philosophie. Stuttgart：Kohlhammer，1960:77.（译者注：芬克的德文原文，与正文中的引文一致。）

念直接同智者的观念“人是万物的尺度”相连。然而，权力意志与简单的人类学的、心理学的人类和个体现实不相关。远离支持主体主义的任何形式，权力意志断然地否认它。对尼采而言，有一种“自我的死亡”[1]，他不知疲倦地宣称着，譬如当他将自我与“虚数单位”、自我意识与“虚构”联系在一起时[2]。良心从属于超级—主体性的和自动的通用窗体描述语言（Ufe），对尼采而言，“一个人怎么赞美活体变得可能也是不够的，这样一个活的存在者的巨大组合究竟是如何能够作为一个整体活着、生长并存在于时间中的，在其中每个个体都依赖并附属，并在同一意义上反过来依据自己的意志而命令并行动——这当然与意识无关。在这‘奇迹中的奇迹’里，意识不过是一件‘器具’”[3]。

从而，像海德格尔所做的那样，将尼采的权力意志按照主宰的神人同形同性论的形式来解读便是不合理的。这点被德鲁兹更好地领会了，他按照内在的和非个人的潜能来理解权力意志是更为正确的。

德鲁兹对尼采的解读

权力的跋扈形态只是所有那些由权力激活起来的例子之一。而且严格说来，作为主宰之欲望的权力并非权力的最有意义的形态，事实上，它应当被看作最低意义上的形态。“权力（power），”德鲁兹说：“是力量（force）的最低层次！”[4]在别处，德鲁兹指明：“最高层次的权力意志，在其强烈的、集中的形态下，不试图觊觎和偷窃，而是给予和创

---

[1] Giles Deleuze. L'île déserte et autres textes [M]. Paris：Minuit，2002:180. *See also* Michel Haar. Nietzsche and Metaphysics [M]. Trans. Michael Gendre. New York: SUNY Press，1996: chap. 5: The Critique and Subversion of Subjectivity，83-112.

[2] Friedrich Nietzsche. The Will to Power [M]. Trans Walter Kaufmann and R. J. Hollingdale. New York: Vintage Books，1968: II，§ 177 and § 191.

[3] Friedrich Nietzsche. Nachlass. June-July 1885:37.

[4] L'Abécédaire de Gilles Deleuze. interview with C. Parnet. Video Ed. Montparnasse，1996:lettre “J”.

造。"❶德鲁兹返回到查拉图斯特拉之第三部分名为"三件邪恶之事"那一节。对权力的激情被表达为"世界上三件最遭诅咒的事情"之一，与感官享受和自私连在一起。换言之，只有虚弱者才希望从前定的价值开始控制。权力意志表明意志由权力构成，有一种内在的权力伴随着生命的任何形态——但这权力并不必然导致生机的高涨，当无力者试图施以控制时，它往往倾向于残暴的暴力。

从而，德鲁兹是海德格尔那将尼采的权力意志解读为神人同形同性论活动的猛烈对手。德鲁兹授予自己一个任务，将权力意志从任何仅仅涉及人类－类型权力或能力的提及中解放出来。"权力意志在其起源、意义或本性上并不隐含任何神人同形同性主义。权力意志必须以一种完全不同的方式来解释：权力是那在意志中所意欲的。"❷权力意志的存在并不意味着权力被个体意志自由地意欲。如果情况是这样，那么将权力界定为个人意志的谓词并且说权力与个人意志的结果或内在意志的行为所施加的结果一致就是必要的。正是朝着这个错误的解读，海德格尔将尼采推向此处：尼采变成形而上学的主体主义和自由意志（技术时代的终极危险）的最热心的、最有害的捍卫者。相反，德鲁兹更忠实于尼采，他辩护这个主题，据说人（特别是超人，对德鲁兹而言，超人生物体变成了没有秩序的身体）是唯一的仲裁者，在那些权力意志被强加的他者中间。更多的情形涉及所有不限等级的生物体，被力量的整体网络所驱使。权力由此变成所有生物体的驱动力量，而非人的特权。哪里有生命物质存在，哪里就有与之战斗的外部力量，并以非人格生命行动为

---

❶ La volonté de puissance à son plus haut degré, sous sa forme intense ou intensive, ne consiste pas à convoiter ni même à prendre, mais à donner, et à créer." Gilles Deleuze, Conclusions sur la volonté de puissance et l'éternel retour, in Nietzsche. Paris: Minui 1967:278. *See also* Gilles Deleuze. Nietzsche. Paris: PUF, 1965:24 ; Gilles Deleuze. Deux régimes de fous. Paris : Minuit, 2003:189.（译者注：德鲁兹的法文原文，与正文中的引文一致。）

❷ Gilles Deleuze. Nietzsche and Philosophy [M]. Trans. Hugh Tomlinson. New York: Columbia University Press, 1983:85. *See also* Deleuze. Nietzsche. 58.

条件。

从而控制之权力只是权力的一种特别形态，而形而上学的意志仅是权力意志的多种表达形态之一。此外，从尼采和德鲁兹捍卫的生机论哲学的立足点来看，经由理性的自由意志的训练而来的主宰的主体性权力依然是权力的最下位的和最低决定性的形态。人不能在权力之前出现，而是恰恰相反。宇宙力量的非人格权力（德鲁兹将之界定为“混沌秩序”，以强调其半秩序的特征）以生机活动为条件。由此并非神人同形同性论的活动主宰着现实，而是那依赖于人类之外的权力意志（这启发了德鲁兹对生命王国之间的生成主体的探索）的生物体。

尼采的权力与非人格的、外部的生机力量的特性保持一致。更特别地，权力意志必须被理解为一种特定的潜能。这一路径有助于将两位思想家联系到一起，哲学史试图反对这一点：尼采，“后现代者”，斯宾诺莎，唯理论者；尼采，宇宙的基本混沌特性的捍卫者，斯宾诺莎，世界的伟大理性整体的卫士。现在我们的任务是将此悖论返回其自身。

“伟大的斯宾诺莎—尼采等式”

几位评论者（芬克,米歇尔·哈尔,卡尔·洛维特,沃尔夫冈·穆勒-劳特）均责难了海德格尔，说后者过于轻率地将尼采消解为：在重申存在之遗忘的形而上学瞬间时没有发明任何新东西[1]。但很少有解读者,德鲁兹在其中，领会到斯宾诺莎和尼采在权力问题上的类同，这已经被哲

---

[1] Fink. Nietzsche's Philosophy. 76 ; Haar. Nietzsche and Metaphysics. Chap. 5 ; Karl Lowith，Nietzsche's Philosophy of the Eternal Recurrence of the Same，Trans. J. Harvey Lomax. Berkeley: University of California Press，1997:225-29 ; Wolfgang Müller-Lauter. Nietzsche. His Philosophy of Contradictions and the Contradictions of his Philosophy. Trans. David J. Parent [M]. Chicago: Universi tyof Chicago Press，1999:218-219.

学史家边缘化了[1]。

德鲁兹的确在斯宾诺莎那里发现类似的非神人同形同性论的、反—唯意志论者，以及非残暴的权力的意旨："伦理学的基本点之一包含了对如下的否认：上帝有任何可类比于暴君的权力，或者甚至可类比于开明君主的权力。上帝不是意志，即便一个被有立法权的知识分子所照亮的意志。"[2] 这个论据算是引导德鲁兹构想"伟大的斯宾诺莎—尼采等式"的主要几个之一[3]。然而，权力概念的再定义不是尼采和斯宾诺莎的会聚的唯一一点。其他还包括道德的责难（并非善与恶，而是一些特定的善与恶）[4]，自由意志的批判[5]，心灵和身体不可分割的特性的捍卫（以属性平行主义的方式或"生命体"的方式），对斯多葛主义的需求（激进的决定论和爱命运），那些被认为是破坏性的、可耻的、异端的一切（或多或少学术世界的自发的排斥）的捍卫和文化，以及内在概念（尤其是与超自然宗教的决裂）的发展。

事实上，尼采与斯宾诺莎包含了矛盾的关系。一方面，他责难斯宾诺莎那远离激情的中性知识之琐碎的爱。在贬低其神圣特性时，他描绘斯宾诺莎的思想是"简单而崇高的"[6]。他将斯宾诺莎主义的保存原则的

---

❶ Walter Kaufmann. Nietzsche. Philosopher, Psychologist, Antichrist [M]. Princeton: Princeton University Press，1968:246-247；Richard Schacht. The Nietzsche-Spinoza Problem: Spinoza as Precursor [J]. *in* G. Lloyd，ed.，Spinoza. Critical Assessments. London/ New York：Routledge，2001:257-275；W. S. Wurzer. Nietzsche und Spinoza. II, 3:Spinozas 'Conatus' und Nietzsches 'Wille zur Macht' Meisenheim/ Glam: Hain，1975；Y. Yovel，Spinoza and Other Heretics. Princeton: Princeton University Press，1989:104-135；P. Zaoui. La 'grande identité' Nietzsche Spinoza，quelle identité?" Philosophie 47（1995）：64-84.

❷ Giles Deleuze. Spinoza: Practical Philosophy，trans Robert Hurley [M]. San Francisco：City Lights，1988:97.

❸ Giles Deleuze. Negotiations [M]. Trans. Martin Joughin. New York：Columbia University Press，1990:135.

❹ Benedictus de Spinoza. Ethics，Ⅳ, Pref. and Ⅲ, Prop. Ⅸ [J]. *in* Complete Works. Trans. Shirley Samuel. Indianapolis：Hackett，2002；Nietzsche. On the Genealogy of Morals，I，§ 17.

❺ Spinoza. Ethics，I，Appendix；Nietzsche，Beyond Good and Evil，§ 21.

❻ Friedrich Nietzsche. The Gay Science [M]. Trans, and ed. Walter Kaufmann. New York：Vintage Books，1974: § 333.

设想等同为“多余的目的论原则”之一[1]。在《快乐的科学》中[2],他甚至走得如此之远，将斯宾诺莎的思想描绘为“病态隐士的化妆舞会”，而且在《超善恶》中,将之描绘为“灵性的化妆舞会”[3]。尼采将斯宾诺莎的思想比拟为“最纯粹的圣哲”的“满载悲伤的”倾泻[4]，将斯宾诺莎其人比拟为“没有脾气的天才”[5]。在别处，尼采朝那些“被长期跟踪、恶意迫害的人”——愤恨之人（包括斯宾诺莎）射了一箭，认为他们变成了“老练的复仇－寻求者和毒药－酿造者”[6]。此外，尼采也不分享斯宾诺莎的永恒之爱、自然神性、宇宙秩序、永久、宇宙因果论。但他侵略性的斥责很可能仅仅是一个面具，隐藏着对阿姆斯特丹的哲学家对积极的和内在的快乐的寻求的深深的同情[7]。从而，另一方面，尼采赞誉斯宾诺莎为灵性的前辈之一[8]，以“最高肯定的权力”向斯宾诺莎致敬[9]。在《道德的谱系》中，尼采赞成斯宾诺莎在怜悯之批判中的主旨[10]，人类之残酷的自然特性[11]，以及在内疚和同情之间的联系[12]。但尼采欣赏斯宾诺莎的最明晰的表达是在1881年7月31日致弗兰茨·欧维贝克的一张明信片中：

我彻底惊奇了，彻底着魔了！我有了一个先驱，怎样的一个先驱啊！我刚刚才认识到斯宾诺莎是被“本能”启示的，我应该转向他。不仅是他的过度倾向性很像我的——亦即赋予所有的知识最强烈的情感——而且在他学说的五个要点中我认出了我自己的；这最不同寻常的、最孤

---

[1] Nietzsche. Beyond Good and Evil [M]. § 1 3 and § 198.

[2] Nietzsche. The Gay Science [M]. § 349.

[3] Nietzsche. Beyond Good and Evil [M]. § 5 and § 25.

[4] Nietzsche. Human，All Too Human [M]. I， § 475.

[5] Friedrich Nietzsche. Day break：Thoughts on the Prejudices of Morality [M]. Trans by R. J. Hollingdale. Cambridge：Cambridge University Press，1982: § 497.

[6] Nietzsche. Beyond Good and Evil [M]. § 25.

[7] Schacht. The Nietzsche-Spinoza Problem: Spinoza as Precursor?

[8] Kaufmann，Nietzsche. Philosopher，Psychologist，Antichrist [M]. 246 and 278.

[9] Zaoui. La ‘grande identité’ Nietzsche-Spinoza，quelle identité?.

[10] Nietzsche. On the Genealogy of Morals [M]. Preface， § 5.

[11] Nietzsche. On the Genealogy of Morals II， § 6.

[12] Ibid.， § 15.

独的思想者恰恰在以下事情上是最接近我的：他否认意志的自由，目的论，道德的世界——秩序，非自利的，以及邪恶。即便分歧是无可否认的巨大，它们要多半归因于时间、文化和科学的差异。总之：我的孤独（lonesomeness），像在很高的山上一样的、常常令我呼吸困难、血液翻涌的孤独，至少现在变成了两个人的孤独（twosomeness）。奇怪！顺带说，我的感觉根本没有像我希望的那么好。天气也反常！大气条件永远在变化！——这依然驱使我远离欧洲！我必须有数月的清新空气，否则我哪儿也去不了。已经六次疾病凶猛来袭，每两三天一次！[1]

这里尼采在他的权力概念和斯宾诺莎的有影响力的权力（潜能）概念之间建立了一个平行。尼采所谓的权力从而是有影响力的和非人格的，不是主宰性的、命令式的。它创造和建构无须彼此相遇的方式的关系。尼采将斯宾诺莎视为他寻找最强有力的有影响力的前辈之一。这恢复邦交中的险境是什么？我们必须考虑到此：亚里士多德通过潜在和现实的范畴来解释生成。这个对立尤其被斯宾诺莎一再重申，当他区分，一方面，可能的多个世界；另一方面，完全现实化的唯一世界的和谐。斯宾诺莎，以及随后的尼采，通过将潜在视为完全积极的、肯定的，而非不完整的、未完成的，与亚里士多德的这个传统相抵触。在其伦理学中，斯宾诺莎表明，潜在是所有活（物质的和精神的）物共有的本性。按照伦理学第三部分的命题的证明，有"'身体的'行动权力"和"'心灵的'思考权力"。潜在是有影响力的——它相当于能力，二者既被作用又作用，以许许多多方式，它绝对区分于主宰之帝王的、绝对的权力。人并非"一个王国之内的一个王国"[2]——没有一个模态有权索要"自然的主人或拥有者"称号。每一个体实物的自然权力"延伸至它的潜在一样远"[3]——

[1] Kaufmann，Nietzsche，140; in German：Friedrich Nietzsche，Sämtliche Briefe，Bd 6（München: Deutscher Taschenbuch，2003），111.

[2] Spinoza，Ethics，III，Pref.

[3] Spinoza，Political Treatise，II，4，in Complete Works.

亦即，直到它以许许多多方式作用和被作用的能力的极限。在自然中，所有模态都是平等的，因为它们的潜能（capacity of affectability）相当于它们的潜在（potency）[1]。潜在不能被减小为一个客体或创造物王国之上的控制权力，当然也不为人所独有。相反，它分布于整个活生生的世界，无论是细胞还是宇宙，动物还是矿物；而且它的有表现力的价值与其由有影响力的相遇带来的强度水平是成比例的。斯宾诺莎主义的潜能与尼采所谓的权力概念是自然的、内在的、超越任何道德判断。最终，这些是传达非人格的尼采式意志和斯宾诺莎主义的自然倾向的基本特性。

海德格尔哲学之蚀

混淆潜在与主宰概念的危险被排除了，感谢斯宾诺莎在潜能和控制权之间的小心区分。海德格尔在权力意志和控制实体现实的人类理念之间的错误同化很大部分归因于他既无视已经被斯宾诺莎发展了的基本区分，又无视被尼采完全设定的含义。

海德格尔忽视了潜能的可能性，后者是内在的、反权威的，而且并不反对现实或完成了的运动。“主宰的权力”作为“完成了的运动”或“形而上学的固定本性”仅是潜在的一种形式——最低意义上的形式。换言之，海德格尔通过将潜能与控制权，或权力与专横联系起来以抄近路，而且将潜能缩减为粗俗的主宰权力。尼采—斯宾诺莎主义的形而上学人文化之绕路方式意在引发力量作品的完成，此力量为动态身体中的潜在所充满。要反对神人同形同性论，仅仅使人丧失其作为万物之尺度的癖好，或剥夺其才能（知识、意志、专横，等等）是不够的。我们依然必须能够说明此剥夺为之让路的权力新形态的原因。非神人同形同性论能力的独创恰恰居于斯宾诺莎主义和尼采哲学对权力概念的再发

[1] Spinoza，Ethics，Ⅲ，Post. 1.

现。有一种权力的非主宰形态，它允许身体被外在的、非人格的生机力量所激活，后者创造着有影响力的相遇。从而海德格尔和斯宾诺莎/尼采提出两种不同的选择给神人同形同性论。第一个选择防备本体论的区分；第二个选择防备自动将潜能仅仅关联于人类事实。

海德格尔对尼采—斯宾诺莎主义的作为神人同形同性论的潜能的权力/潜能概念的误读对《存在与时间》中主宰变为显然的请求漠不关心，后者表明了基本的存在主义的影响概念或影响色调。一个人能读到关于影响的这个理论："有影响力的生命的基本的本体论解释在亚里士多德之后通常不值一提。相反，影响和情感来自心理现象的主题。"[1]但在海德格尔之前，斯宾诺莎和尼采已经设法使严格心理上的现实的影响力发生转向。从而不奇怪，倘若斯宾诺莎在海德格尔派的历史建构中作为裂口而缺席。斯宾诺莎，一个被尼采认作最伟大的同类的哲学家，的确被海德格尔看作与莱布尼茨相比而次之。海德格尔文集中对斯宾诺莎很少提及，一个人能在其中某次中读到："如果谢林根本上反对过一个体系，那就是斯宾诺莎体系。然而我们不能在这里更精确地陈述十七、十八世纪的体系。但以其体系化的权力的无穷无尽来衡量，莱布尼茨的哲学远远高耸于其他哲学之上。"[2]换言之，从海德格尔所采用的历史观来看，莱布尼茨哲学的理性原则较之斯宾诺莎主义的潜能更具决定性。但当他满足于轻易抹杀斯宾诺莎主义体系时，海德格尔也就否认了其自身对尼采哲学的权力意志的彻底领会[3]。

---

[1] Martin Heidegger. Sein und Zeit [M]. Tübingen：J. C. B. Mohr，, 51979:139.

[2] Martin Heidegger. Schelling's Treatrise on the Essence of Human Freedom [M]. Trans. Joan Stambaugh. Athens，Ohio：Ohio University Press，1985:34；Schelling：Vom Wesen der menschlichen Freiheit（1809），GA 42（Frankfurt am Main：Klostermann，1988:60-61.

[3] A first version of this essay was presented at the annual Konferenz der Martin-Heidegger Forschungs gruppe，Meßkirch，Germany，May 27，2004.

查拉图斯特拉如是说的交响乐结构：初步勾勒

格雷汉姆·帕克斯（Graham Parkes）[1]

内容提要：正如音乐家马勒所言，《查拉图斯特拉如是说》是一部严格按照交响乐的结构写成的伟大著作。在充分介绍音乐如何贯穿尼采一生及其对他的力量和意义（“从未有一位哲学家像我这样如此地从骨子里是一位音乐家”）之外，本文的主要篇幅用来详尽而精微地揭示《查拉图斯特拉如是说》前三部分如何与古典交响乐三乐

[1] 在2005年初期，一个来自挪威的大学生，布瑞格·布瑞克德（Brage Brakedal）问，他是否能够直接向我学习《查拉图斯特拉如是》说这门课程。我向他建议，在劳伦斯·兰帕特（Laurence Lampert）的研究，Nietzsche's Teaching：An Interpretation of “Thus Lpoke Zarathustra” 的辅助下，探索这部作品的交响乐结构。他欣然同意并结之以一种很动听的语调。我从布瑞克德先生关于第一、二部分或乐章的某些细致叙述出发，将第三部分作为回旋曲式的最后乐章，而非诙谐曲式或三重奏的四乐章中的第三乐章。

在《尼采传》中探讨查拉图斯特拉时，克尔特·保尔·杰兹（Curt Paul Janz）于某节标题中问：“查拉图斯特拉是一部‘交响乐’吗？”他的结论是：“在某种意义上是的，但一个人首先必须完全忘掉交响乐的形式上的概念，以便把握这个音乐整体。”（Curt Paul Janz. Nietzsche Biographie. Munich 1978. 2：211，p.220）米歇尔·艾伦·吉尔斯皮尔（Michael Allen Gillespie）更有信心，他说“尼采将音乐形式和格言协调为一种更大的整体”运用在他的晚期作品中，而且“可能运用在查拉图斯特拉中”（‘Nietzsche's Musical Politics’，in Nietzsche's New Seas，Ed. by Michael Allen Gillespie and Tracy B. Strong. 1988: Chicago，IL：University of Chicago Press，p.119）。很遗憾，当我注意到吉尔斯皮尔的那篇富有洞察力的论文优美地阐述了《偶像的黄昏》是以奏鸣曲式谱写而成的时，我的这篇论文已经快要出炉了。

章曲式一一对应。

关键词：查拉图斯特拉如是说；交响乐；结构；主题

当查拉图斯特拉的最后乐章响起，你将揭示这整部交响乐究竟要说什么[1]。

音乐的力量

“如果没有音乐，生活便只是一个错误、一场疲惫的劳作和流放。”这众所周知的宣言对尼采自身的生活和工作而言也是恰如其分的[2]。他成长于一个弥漫着音乐的环境。十几岁时，他曾这样写父亲：“他的闲暇时光皆付诸学习和音乐，在钢琴演奏的技巧上达到了出色的水平，尤其是即兴演奏。”尼采度过整个童年时代的瑙姆堡，像那个时期德国的许多小镇一样，提供了非同寻常的丰厚的音乐的可能性，从天主教堂里的圣乐到私人家里的室内乐。年轻的尼采曾喜悦地论及他最好的朋友，古斯塔夫·克鲁格（Gustav Krug），以及古斯塔夫家庭的浓郁的音乐氛围，这个家庭的家长不仅是门德尔松的好朋友，也是一位高超的业余作曲家和音乐家。除了在一起演奏音乐，尼采和年轻的克鲁格会花几小时的时间共同阅读和讨论乐谱。

在早期自传式文章中，尼采描述了好几次在小镇教堂和天主堂聆听亨德尔、莫扎特、海顿和门德尔松的作品时所触及的那种崇高。从幼龄时开始学习的钢琴发展了他自己在这件乐器上的天赋。离开家庭到寄宿

---

[1] 尼采，给弗兰兹·欧维贝克的信，1884年2月6日（KSB6：475）。

[2] 1888年1月15日的信（KSB8：232）；一个更短的版本：“没有音乐生活便是一个错误”，《偶像的黄昏》，“格言和箭”33。在这个主题的研究中，乔治亚斯·利伯特（Georges Liebert）的“Nietzsche and Music”尤其值得推崇，尽管作者不时显示对自己两个主题中的第一个更尊敬。也可参看我的查拉图斯特拉译本的介绍中的“查拉图斯特拉的音乐性”一节（Oxford，2005）。

学校后，其家信里充满了要母亲给他寄乐谱的请求。在一个自传式片段“论音乐”中他写道：“音乐用音符对我们诉说常比诗歌用文字来得更急切，前者触及心灵最隐秘的层面……但愿这一件主要来自上帝的灿烂礼物永远陪伴着我的生命之途。”有一次病恙使之暂离了钢琴演奏，他从寄宿学校写信给母亲说：“当我不能听到音乐时一切都似乎了无生气。”[1]在同一时期的另一封信中，他说：“我为一段我拥有的旋律寻找文字，又为我拥有的文字寻找一段旋律，这两件事情不能同时进行，即使它们出自同一个灵魂。但这是我的宿命。”[2]总而言之，在青少年时期，他写了大量的钢琴和声乐作品，作了将近100首曲子，其中大部分是短小的钢琴曲和抒情曲，某些带有舒伯特和舒曼的风格[3]。

尼采对作曲的渴望一直严肃而强烈地持续着，即便在他和瓦格纳，这个当时世界上最著名的作曲家之间长达十年的友谊必然会使之弱化的情况下。当他将自己的作品献给瓦格纳的妻子柯西玛的时候，尼采在作曲上的欢欣再次表露了出来，同时，当他将自己更狂热的乐谱之一，响当当地名之为“乌特帕（音乐缪斯）的抢劫和暴力”的乐曲送给柯西玛的前夫，指挥家汉斯·冯·布劳的时候，他的这种欢欣遇到了挫折。——哎唷。更慈悲的是海因利希·柯斯利兹，作为尼采相交时间最长也最信赖的朋友之一，他是一位相当杰出的歌剧作曲家（艺名彼得·加斯特）。在常年累月的通信中尼采和柯斯利兹永无休止地讨论音乐，而一旦见面，只要正好有钢琴，他们便一起演奏。在最终放弃作曲之后，每当机会来临，尼采便继续弹钢琴，而且终其一生经常听音乐会和歌剧。就社会交往而言，“在整个哲学史中不可能找到另一位哲学家有如此广泛的音乐界接触，与作曲家、指挥家、钢琴家、音乐学家、音乐出版商等交往到如此

---

[1] Hans Joachim Mette（1994）（ed.）Friedrich Nietzsche Jugendschriften，five vols，1：1-2；1：12-13；1：18；1：27，Munich：Beck.

[2] 1863年4月27日的信（KSB1：238）和1863年9月6日的信（1：253）。

[3] 参看 Curt Paul Janz（1976）（ed.）Der musikalische Nachlass/ Friedrich Nietzsche，Basel：Barenreiter- Verlag。

的程度”[1]。

尼采对存在的美学态度在此观点中可见一斑，那就是，作为人类的我们责无旁贷地将我们的生命置入艺术中，而且某种意义上置入音乐中。在述及生命中的某些不寻常的时刻“与心交谈”之中，他谈到“真正的生命交响乐”。在贬抑那些否认世界显现于感性中以利于“冰冷的理念王国”的唯理论者时，他责难曰：“就生命是音乐而言，一个真正的哲学家（在那些日子）不再能聆听生命，因此他否认生命的音乐。”对尼采而言，鉴于所有的生命都是权力意志，它们通过那些主要发生于意识下的冲动或效果来显现自身，音乐由此揭示自身的运转：

只有现在，人们才开始认识到，音乐是效果的标志语言（sign-language）：而且我们此后应当学会清楚地从音乐中辨认一个音乐家的驱动系统（drive-system）……许多言谈胜过一人思考……那些还没有对我们言说的！——但是能聆听到的人甚至变得更少了[2]。

即使在承认自身作品的合适的媒体是文字语言而非音符之后，尼采依然希望二者能有某种融合。1887 年他写信给柯斯利兹：“撇开疑问不说，在我存在的至深处，我但愿能谱写出你谱写出的音乐——我自己的音乐（包括书）只是聊胜于无（faute de mieux）。”[3]当他两年后写“一个人越是哲学家就越是音乐家”时，他是明明白白地将自己看作那个将音乐融合在自身的哲学化中的人[4]。当尼采在一封写给指挥家赫曼·列维（Hermann Levi）的信中说，“或许从来没有一位哲学家像我这样如此地从骨子里是一位音乐家”，脑海中浮现的唯一可能的例外是卢梭[5]。然而可以确定的是，尼采的写作给音乐家的作品带来的灵感超过了给哲学家的著作所带来的。截至 1975 年，超过 170 位作曲家给尼采的 90 个文本

---

[1] 安德勒·施尔福纳（Andre Schaeffner），引自 Liebert，Nietzsche and Music，p.1。

[2] 尼采，HHI：586；The Joyful Science，373；KSA10：7（62）.

[3] 给柯斯利兹的信，1887 年 6 月 22 日（KSB8：95）。

[4] CW，*1。

[5] 1887 年 10 月 20 日的信（KSB7：***）。

配上了大约 370 首乐曲，其中 87 首是给《查拉图斯特拉如是说》中的片段谱的，或者直接得自这整部书所给予的灵感[1]。

"或许整本《查拉图斯特拉如是说》可以被看作音乐"，尼采在回顾他最喜爱的书时写道，"—— 当然聆听艺术的重生是其前提"。第一次提到启发这部作品的念头，即同一的永恒轮回，出现在标示为"1881 年 8 月在西尔斯 · 玛丽亚的开端"的笔记条目中[2]。在写给柯斯利兹的宣告这一灵感的信中他意味深长地写道："我已被迫放弃阅读乐谱和弹奏钢琴，是暂时也是永远。"[3] 此后不久，一个笔记条目提到了相应的作品，题为"正午和永恒"，其中第一句如此开头："查拉图斯特拉，出生于乌尔米湖附近，在他三十岁的时候离开家乡……"这部作品将包含四部分，草稿以此开始："第一部采用（贝多芬的）第九交响乐第一乐章的风格的书。"[4]

在《看哪这人》中尼采回忆《查拉图斯特拉如是说》的第一部诞生 ——"在整个查拉图斯特拉自身之上，作为一个类型……充满了我"——此后不久他搬到拉帕罗（Rapallo），一个位于格诺亚（Genoa）东部里古拉（Ligurian）海岸的小镇[5]。在一封从拉帕罗写给柯斯利兹的信中，尼采探讨了那个由瓦格纳提起但没有解决的问题，"整部歌剧如何能够作为一个有机系统取得交响乐式的统一"[6]。关键点是"效果之流，戏剧的整个结构必须有一部交响乐的乐章的图型之类的某种东西：某些答复等等"。三周之后，另一封写给柯斯利兹的信中宣告了完工，"一小本书……我最好的作品……它叫作《查拉图斯特拉如是说》。通过这本书，我已进入了一个新的指环（Ring）"。暗示了瓦格纳的《尼伯龙根的指环》，

[1] David S. Thatcher（1975）. Musical Settings of Nietzsche-Texts：An Annotated Bibliography. Nietzsche-Studien，4：284-323；(1976）5：355-383.

[2] KSA9：11（141）.

[3] 1881 年 8 月 14 日的信（KSB6：113）。

[4] KSA9：11（195，197）.

[5] EH，'Zarathustra'，*1。

[6] 1883 年 1 月 10 日的信（KSB6：316）。

尼采并不想去挑战其长度，因为最长并不意味着最伟大，尽管后者是世上最长的歌剧，但它并不像看起来的那样遥不可及❶。同一天他写信给最好的朋友弗朗兹·欧维贝克，告诉他关于这部新书，“这些日子我从事于指甲测试式的（nagelprobe）修订，一部要求更精细的听力的作品，对它而言，谁都孤独得还不够”（324）。隐喻的混合是意味深长的：nagelprobe 暗示拉丁文“就指甲所及”（ad unguem），它指雕刻家运动手指于雕刻的表面以查看作品光滑度的活动——然而尼采通过聆听自己的语言来检测其完美性❷。

两个月之后，当他问柯斯利兹：“在红字标题下查拉图斯特拉真属于此吗？”他转向交响乐以回答自己的问题：“我几乎相信它属于‘交响乐’。可以确定的是由此我已跨入另一世界。”最终，在完成第三部之后，他好几次指出这是“我的交响乐的最后乐章”。同时他写信给柯斯利兹，“至今音乐是最好的东西；现在我比任何时候都更想成为一名音乐家”❸。

为何尼采坚持称这部作品为交响乐？且不说主角在该书的关键之处不仅言说而且歌唱，然而为什么不是一部歌剧——用不同媒体表现的一部新指环？或者，且不提查拉图斯特拉的嗓音相对于所有其他而言的主导地位，为什么不是一部有着主导性独唱的圣乐，或者甚至是以查拉图斯特拉的嗓音作为主要乐器的协奏曲？权威如古斯塔夫·马勒（Gustav

❶ 1883年2月1日的信（KSB6：321）。在六个月之后另一封给柯斯利兹的信中尼采写道，应该容易认识到“第一部包含一个感情的指环，它是组成第二部的感情的指环的前提”（KSB6：442）。查拉图斯特拉是对《尼伯龙根的指环》（也包括《帕西伐尔》）的挑战，为明了这聪慧的关节，参看罗杰·赫林拉克（Roger Hollinrake）（1982）Nietzsche，Wagner，and the Philosophy of Pessimism，London：Allen & Unwin。

❷ 1883年2月1日的信（KSB6：324）。在给露·莎乐美的更早的信中，尼采使用“ad unguem”这个表达来谈及他的作品对《快乐的科学》的修订：“文本的最后决定要求对每个单词和句子的最细心的‘聆听’。雕刻家将作品的最后阶段称作此”（KSB6：213）。赫雷斯（Horace）用这个语词介绍，某人“谴责那诗句，谁/多日里多次涂擦依然未删掉而且/修订和打磨指甲十次”（Ars Poetica，pp.292-294）。有人认为它指打磨阶段，即雕刻家对雕像的真正的指甲的最后完善。

❸ 1883年4月2日的信（KSB6：353）；1884年1月18日（KSB6：466）；1884年2月6日（KSB6：475）；1884年3月30日（KSB6：491）；1884年2月25日（KSB6：480）。

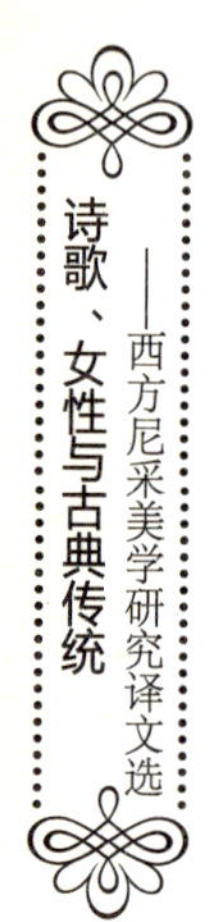

Mahler）肯定尼采对他自身最喜爱的这部作品的宣告："他的查拉图斯特拉完全诞生于音乐精神，而且甚至是'以交响乐的方式'来构建的。"❶且不说马勒在理解古典交响乐的结构上不比任何人差，至少这样的评论要求被严肃看待。

"交响乐"这个词（或者 sinfonia）最先用在乐感上，指歌剧或圣乐的前奏或间奏❷。古典交响乐脱胎于几个不同的音乐形式，尤其是法国序曲（如被 Lully 完善的）和意大利交响乐（Scarlatti 堪为范式）。当这些形式变成独立的作品以后，通常包含三个乐章，以快—慢—快的模式。在巴黎、意大利北部、曼海姆，以及维也纳，被无数作曲家发展起来的这种前古典交响乐保持三乐章的结构直到 18 世纪 60 年代。1770 年之后，四乐章成为标准，在慢板乐章和最后乐章之间，插入一段小步舞曲，即回旋曲式的舞蹈般的乐章。如海顿的早期交响乐的半数（Nos.1-30）都是三乐章式，而几乎所有他写于 18 世纪 60 年代中期之后的都是四乐章。

查拉图斯特拉的研究世界由此分成两部分，那些认为作品在第三部分就适当结束的人（尼采在此部分完工之后曾明确这是结束），以及那些认为它包括第四乐章的人，这一部分尼采写于大约一年之后并且选择不出版。如果一个人是持三乐章信念者，这部书的结构便在三乐章上反映了前古典交响乐：第一乐章，奏鸣曲—快板曲式；第二乐章，慢的乐章（行板或慢板），通常包含一个主题和多个变奏；第三乐章，或"用小步舞曲的节奏"（有时是小步舞曲，或者诙谐曲，三重奏）或者用更快的舞蹈般的节奏（快板或急板）。对那些持四乐章信念者而言，曲式便是后期古典交响乐的四乐章，第三乐章是三部分组成的小步舞曲和三重奏，最后乐章是舞蹈般的回旋曲。但既然尼采于第三部分完工之后在四

---

❶ 如被伯纳德·施尔利特（Bernard Scharlitt）（1920）引用的 Gesprach mit Mahler，Musikblatter des Anbruchs II，Verlag，p.310。

❷ 鲁尔福·希尔（Ralph Hill）在介绍交响乐时引用了帕里（Peri）1600 年的戏剧 Eurydice，这或许是第一个意义重大的例子。Ralph Hill（1949），The Symphony，Harmondsworth：penguin Books，p.11。

封不同的信中述及他的“交响乐的最后乐章”，那么将查拉图斯特拉前三部分的结构与早期古典交响乐的三乐章曲式相比较就是有意义的。

作为年轻男孩的尼采过去常常弹奏海顿交响乐的四手联弹抄本，其中有些必定是三乐章曲式[1]。因为十三岁生日时他要了莫扎特的带赋格曲的第四交响乐的乐谱，这是莫扎特 41 首交响乐中 20 首三乐章曲式中的一首。七年之后，他在音乐会上听到这首交响乐，连同莫扎特第 31 号交响乐（“巴黎”），像第 38 号交响乐（“布拉格”）一样，是三乐章曲式的完美典范[2]。在第三乐章之后，尼采宣布查拉图斯特拉交响乐完工，此时他心中存有一到多部这样的三乐章曲式作品是有可能的。

第一乐章

这部交响乐的第一乐章是奏鸣曲 — 快板曲式 —— 它通常由一个引子引入第一部分，呈示部，之后过渡到展开部，最后由再现部走向结束。第一乐章的引子试图设定一个庄重的基调，建立一个广大的音阶以确立作品后面各部分的音调。这当然也是查拉图斯特拉序曲的功能。它引入了如下主要地点和主题：查拉图斯特拉在山顶之洞中的孤独，“上帝之死”，他下降和返回到人群中，听众的问题，末人，他关于超人的教言[3]。查拉图斯特拉的第一次演讲“三种变形”（1.1），几乎像一秒钟一样很短的一个引子，就其刻画总体过程而言，乃用生动的比喻昭示精神将显现于第一部分的三节（呈示部、展开部、再现部）中的三种变形。以第一部分第八节（“山上的树”）和第十五节（“一千零一个目标”）为过

[1] 在 20 岁生日之后的那个圣诞节，尼采收到了海顿的 12 首四手联弹交响乐的对开本（Friedrich Nietzsche：Chronik in Bildern und Texten [Munich and Vienna，2000]，p.38）。六年之后，他写道：“今年初期，一直在弹海顿的 12 首交响乐”（Friedrich Nietzsche Jugendschriften，2：333）。

[2] Friedrich Nietzsche. Chronik. pp.41，121，123.

[3] Nietzsche，Z. Trans. by Graham Parkes. Oxford，2005.

渡，呈示部、展开部、再现部各包含六节（2～7，9～14，16～21），最后一节可以看作结束。

一部交响乐的第一乐章的呈示部给出两个或更多的主题，或主题组，它们通常在关键转换之后被重现出来。就其讨论关于人类存在的传统教言而言，呈示部诸节（2～7）对应于精神的“骆驼”阶段。第一主题，道德，由那些占据职业讲坛的“智慧的人”来宣讲，他们鼓吹道德实践是通向沉稳睡眠的手段。查拉图斯特拉厌恶地评论着这些生硬规定的美妙催眠效果。此后的两个演讲，“来世的信仰者”和“肉体的蔑视者”介绍了第二主题或者说主题组，遭受痛苦和意志的虚弱促使人们转向上帝和“彼岸”，并将大地和活着的身体贬低为痛苦的渊薮。

再接下来的两个演讲，“享受和受罪于激情”（1.5）和“苍白的罪犯”（1.6）再现了道德主题，就教言“来世的信仰者”的听众——“兄弟们”现在缩短成了单称的“兄弟”（对后者更多暗示式的演说是合适的），而且身体的蔑视者们被更狭窄的阶层“法官和牺牲者”所取代而言，再现是在不同的侧重点上。查拉图斯特拉现在将道德修订为激情的变形、源于身体的冲动的变形——尽管冲动直到第八演讲中才被提及。

呈示部的最后两个演讲，“读书和写作”和“山上的树”，暗示查拉图斯特拉对第二主题的答复，为何精神超越至此世之上的神性王国被此世之中的狂喜的飞翔所代替，后者通过人类身体被神（狄奥尼索斯）的舞蹈所引发？通过显示那个被查拉图斯特拉的教言强烈地吸引的年轻人的反应，“山上的树”引入了结束的主题，起到“回落”的作用，即将音乐带回到初始的主题。那教言亦即，对作为“一个能飞翔的人”的查拉图斯特拉的憎恨和嫉妒，乃被查拉图斯特拉此后将名之为“重力之精灵”的东西所引发。我们第一次听到了老师和学生之间的对话，看到了查拉图拉特拉的温和的一面，因为他向这年轻人解释后者依然为冲突着的冲动所囿且不能掌控之。对其教言的总结影响着向下一节的过渡，即他激励这年轻人努力做个高贵的人，避免屈服于曾包围那些失去希望的高贵的人的绝望，也就是“保持你神圣的最高的希望”。

下一个六节（9～14）组成展开部，在这里查拉图斯特拉以更斗志昂扬的系列演讲详细地阐述了呈示部的主题，听众以他指出的“我的兄弟们”为主，攻击狮子阶段的精神，以牧师和政客们为对手。“死之说教者”充满力度地开始于对旧宗教的牧师们的攻击：

有死之说教者：大地充满了那些人，对他们而言，对生命的诘难必须被说教。

充满大地的是多余者：被败坏的是生命，被所有人，太多人。让人用“永生”诱使他们离开此生吧！

此教言重申了这一主题，即受苦作为诘难生命的理由，现在表明“狂热的劳动和娱乐”和对快的、新的、奇怪的事物的渴望是试图逃离受苦的症状。查拉图斯特拉以希望结束教言，不管是称为死亡还是永生，总之希望那些死之说教者带着他们的信徒尽快地到达此境吧。

在下一个教言，“战争和战士”（1.10）中，查拉图斯特拉鼓励他“战斗中的兄弟们”变成“知性的战士”展开精神上和智力上的战争——“为你自身的思想而战”——反抗传统保护的教言。在下两个教言中他通过攻击国家机构和公共领域来树立一个好的例子，表明对生死攸关的原创性的抑制如何促成了死亡和毁灭而非生命和创造。接下来的两个教言里音调软化了些，通过揭示那些通常埋伏在贞节背后的被抑制的罪恶和友谊中对敌意的需要，尼采重估了贞洁和友谊的价值。

查拉图斯特拉的下一个教言，“一千零一个目标”（1.15）组成了向再现部的过渡，前述主题在孩子的自发性之精神和克服人类达至超人之光明中被再现出来。“一千零一个目标”是关键的演讲。通过探寻道德的起源和道德评估，比如善与恶，发现道德并非来自上帝或神性王国而是来自人类的解释，以权力意志（此书第一次提及这个关键词）的方式，它将第一乐章的两个主题领域汇在一起。

再现部返回那些出现在呈示部并精细暗示于展开部的诸主题。鉴于呈示部和展开部各有两节提到超人，再现部有四节提及之。最紧密地对应于呈示部六节之处如下：“邻人之爱”（1.16）回应“智慧的人”的格言“平静于上帝和邻人”（1.2），它显示邻人之爱是错误的无私和“对自身的不爱”，要求代之以朋友之爱和超人之爱。“创造者之路”（1.17）用受苦的人类创造者取代 1.3 节（“来世的信仰者”）中受苦的创造者上帝，在个体孤独的程度上前者相当于“一千零一个目标”中人们讨论的创造者。现在，第三节中的“创造着的、意欲着的、评估着的我”被包含“你自身和七个魔鬼”的复合体所取代。下一演讲，“老女人和年轻小女子”（1.18）中，女人对应于身体的蔑视者（1.4），后者不是“超人的桥梁”，而前者，那些爱着星星闪烁之光亮的人儿，她们的希望是“分娩出超人”。

此后的两节对应于呈示部中之后的两节，但顺序颠倒了一下。“毒蛇之噬”重申第一次出现在“苍白的罪犯”中的正义主题，除了那个作为小的和复仇的正义的更早的牺牲品的罪犯被孤独的查拉图斯特拉所取代之外。对后者而言，“小小的复仇比完全不复仇更人性”，后者要求这样的正义，即它是“睁开眼睛的爱”，它机敏地给与每人以他自己的——查拉图斯特拉自己的正义。“孩子和婚姻”（1.20）重提“享受和受罪于激情”（1.5）中关于价值的讨论：鉴于在更早一节中的单称的“兄弟”更倾向于变成被“嫉妒、猜忌、毁谤”驱动的“战斗和战场”，查拉图斯特拉此后对“你孤独的，我的兄弟”的提问是后者是否通过变成“感觉的指挥者，道德的主人”来为婚姻做好准备。将动物激情转化为道德是第一步，之后有道德的人将被克服（1.5）；但现在婚姻能帮助将性爱从“两头动物之间彼此找寻”式的水平提升到“对受苦的和憎恶的神的同情”，并因此而作为“箭和对超人的渴望”（1.20）。最后，演讲“自由之死”（1.21）带着它的规劝欢迎“死得其时”作为节日，并因而“更爱大地”，回归“欲笑的勇气”，从而可以通过大笑杀死“重力之精灵，因为后者使一切堕落”，这样所有可朽之物被带回至大地（1.7）。

最后的演讲“赠贻的道德”（1.22）是一种结尾，立于中心之外，其中查拉图斯特拉离开他的弟子们（第一次作为“弟子们”提到她们）——但不是在对他们谈“最高的道德”之前。他重申了几个第一部的主要主题：身体作为某种“穿过历史”并入理性亦即错误之物；（权力）意志作为“道德的起源”；规劝其兄弟们“真实地待在大地”。然后以此结束：鼓励弟子们质疑他的教言且作为老师反驳他：“现在我请你丢开我去发现你自己。”教言的高潮放大和提升了他首次对市场上的人们演讲而来的无效的印象。那时他说“人类是系在禽兽和超人之间的一道绳索”，现在他自信地宣称“伟大的正午”的到来：

当人类站在禽兽和超人之间的路途中，庆祝其向夜的路途作为最高的希望；因为这正是通向新黎明的路途。

第二乐章

早期古典交响乐的第二乐章是慢的乐章，它通常包含一个主要的主题，该主题以两到多个插曲的变奏交替出现，这些插曲在节奏、旋律以及和声上发展和转换了主题。此乐章通常以引子开始，以区分于主要主题的尾曲结束。以智慧为原初主题，第二部分的结构如下：引子（第一节），主要主题（2），第一插曲（3～7），主要主题发展（8～12），第二插曲（13～19），主要主题的最后陈述（20），尾曲（21～22）。查拉图斯特拉第二部最重要的格言是前一部分最后一页中的一个半句子的重复：

只有当你们都拒绝我的时候我才回到你们身边。

的确，我的兄弟，用另一种眼光，我才能找到我失去的人们；用另一种爱我才会爱你们。

尼采在一封给柯斯利兹的信中评论道：“从出现的这个格言看——一个音乐家几乎不会如是言说——不同于第一部分的和声和变调。主要的东西荡高至第二水平——为了由此进入第三阶段。”[1]这个荡高通过查拉图斯特拉离开他的弟子们去向他山顶之洞中的孤独来发生，接着逗留在远离第一部分的市场和城镇的地方：幸福岛。按照赫西俄德，这些岛屿居住着已故的英雄们，“在幸福岛沿着幽深旋转的海洋的岸边，他们不再为忧愁所触及，为了他们，生长谷物的大地让如蜜的水果一年丰收三次，远离不死之神”[2]。适当的宁静背景，然后，为了智慧主题的缓慢呈示。第一部分所有的节标题都以“关于……”开始，以适合它们作为演讲的情况，第二部分以“孩子和镜子”和“在幸福岛上”开始，暗示神化故事及其各自神话中的地点或想象中的国家。

“孩子和镜子”的开篇呼应了序曲的开篇，查拉图斯特拉经年累月于山顶之孤独，直到一天早晨他被一个可怕的梦惊醒，梦中一个孩子持一面镜子让他看他自己的镜像。这暗示幼年狄奥尼索斯（Zagreus）的故事，嫉妒的泰坦们拿一面镜子给他玩以使其分心，以便杀害、肢解并吞食他。既然他的朋友们已经拒绝了他，他因此应当回到他们身边，查拉图斯特拉于是回去并下降——通过俄尔甫斯－狄奥尼索斯式的分界并入自然的力量：他变成山上的湍流冲入峡谷，变成冰雹夹裹着闪电的笑声刺入幽深之处。慢板乐章的开篇有许多狄奥尼索斯式的醉——通过德语中一连串的齿擦音的坚定的溪流而发音（开头字母“s”和“sh”的汹涌看起来超过了一页半）——但它最终缓解进入查拉图斯特拉的“狂野的智慧”的更宁静的象征，以一头母狮子试图将她的幼狮放在他朋友的心中柔软的绿地之床的方式。查拉图斯特拉的狂野的智慧将对比于它要取代的各种传统的智慧。

尼采后来引用了教言“幸福岛上”（2.2）缓慢的开篇：

无花果从树上落下来，美丽而甜蜜；当它们坠下的时候，它们红色

[1] 1883年7月13日的信（KSB6：397）。

[2] Hesiod and Theonis. Works and Days，line 116 [M]. Trans. by Dorothea Wender，New York：Penguin Books，1979:116.

的果皮脆裂开来。我就是那熟透无花果的北风。

如此，像无花果一样，那些教言坠下给你，我的朋友：现在饮用它们的果汁和甜蜜的果肉！秋已弥漫，空气清冽，午后时光。

在《看哪这人》中他写下这几行字："从光的无限充盈之处和幸福之深处，一滴一滴，一句一句地坠下——温柔的慢板是这些教言的节奏。"[1]温柔的慢板，的确，其中查拉图斯特拉的智慧将自身显示为这种知性：上帝是一种思想、一种前提，而超人是一种可以被人类创造的可能性，尽管只有通过劳作、创痛和受苦，欢欣的生产和给予之阵痛才能诞生。他也抓住了智慧的一瞥，即将创造看作"从受苦中的伟大的救赎"，将意欲看作终极的"解放者和欢欣带入者"。

接下来的五节（2.3～7）通过智慧主题的变奏组成了第一插曲，从犹太—基督教和现代民主的视角引出。查拉图斯特拉理解这些视角，因为他在早期生命里居住于其中，但他现在发现它们"要"。在"怜悯者"中，他指出他的朋友们偏爱"那克服了谅解和怜悯的伟大的爱"；在"牧师"中他坦承他的存在关联于那些兄弟，并温和地嘲笑他们对那些人们称为救世主的人的感受性。在"有德者"中，他向他们道歉，因为将他们从不完美的理念中抽离开——"酬谢""报应""惩罚""公正的复仇"——然而允诺理念之海的下一次新的波浪将用玩耍的"新的多彩的海贝"淋遍它们。从尼采称为基督教的延伸的东西（如"人们的柏拉图主义"）进入平等主义的民主式的现代时期，"群氓"中悲叹群氓在统治和创造上的自命不凡的方式共同造就了政治和文化。"黑蜘蛛"中展示"平等的鼓吹者"作为复仇的蜘蛛为补偿自身的虚弱去毒害那些更有才华者。在展示的开头，查拉图斯特拉走向一个希望的音符预示着主要主题的回归，当他说，"人性应当从复仇中被救赎出来：对我而言这是通向最高希望的桥梁和持续的暴风雨之后的彩虹"（2.7）。

[1] 28 EH，Preface，4.

通过“著名的智慧者”及之后四节（2.8～12），查拉图斯特拉回到狂野的智慧这一主题。第一次尼采在这里述及其哲学传统上的前辈，即“你著名的智慧者”。鉴于他指控他们（莱布尼茨、康德、黑格尔、费希特、谢林）迎合人们及其统治者，充其量不过是假装一个“求真理的意志”,其演讲可谓单刀直入。“为着了魔的诗人给智慧建一间陋舍和病房”，但现在“没有任何强健的风或意志驱使他们”，他们不能遵循查拉图斯特拉的狂野的智慧，后者穿过海上，像一面圆满而鼓涨的帆，在风和精神的狂暴中战栗（2.8）。

此后三节一开始——“夜之歌”“舞蹈之歌”“坟墓之歌”，查拉图斯特拉突然迸发出一种新的讲述模式：宁唱毋说。慢板乐章通常是抒情性的，此部分达至哲学可能的抒情高度。在《看哪这人》中他称夜之歌为“酒神颂歌的语言”，即古希腊敬奉狄奥尼索斯节日上所唱的歌[1]。他写道，酒神颂歌乃“不朽的悲叹，通过光和力的充盈，通过其太阳般的本性,他被宣判不去爱”——然后他引用了夜之歌（其全部74行）全部。“如此受苦的一个神，一个狄奥尼索斯。”是他的评论。“对光明之中太阳般孤独的这样一曲酒神颂歌的回应将是‘阿莉阿德涅’”——我们在接近交响乐的尾声的时候会听到它，在“伟大的渴望”中（3.14）。

查拉图斯特拉将舞蹈之歌（2.10）的特点看作“对重力之精灵的嘲笑之歌，我的至尊至强的魔鬼”，他以此歌唱丘比特神，或爱若斯，以及在绿地上一起跳舞的年轻女孩们。歌中并未真的提及重力之精灵，尽管我们确实听到两个新的声音——生命指引和人格化为女性人物的查拉图斯特拉的智慧指引——一如查拉图斯特拉试图在它们中决定、总结的那样，当他喜爱智慧的时候，他最终爱的是生命。（他是传统的柏拉图式的哲学家的对头，后者如此热爱智慧以至于抽离生命的意义。）他的歌唱嘲笑重力之精灵，大致是因为查拉图斯特拉爱生命“变幻、狂野

---

[1] EH，“Zarathustra”，*7.

全然如同一个女人，而且不是道德的那个”——即使他最终将不得不离开她。因此当歌声结束的时候他问他的朋友们：“继续活着不是一个愚行么？”

在坟墓之歌（2.11）中，他对重力之精灵（柏拉图—基督教式的智慧的代表）的聪慧嘲笑继续着，当他离开幸福岛航向坟墓岛的时候，他将歌唱埋葬在那里的“青春的幻影和幽灵”。在唱这首歌时，查拉图斯特拉知道他的意志如同“那些固若金汤、不可埋葬的”，它能“继续穿越所有坟墓”！在适当引导下，意志能复兴“那些不能从青春中救赎的”，由此构成了对那些将一切降至粗劣坟墓的重力之精灵的嘲笑。

智慧主体的再现在“自我克服”（2.12）中达至顶点，在此，查拉图斯特拉向他最精选的听众，即“你最智慧者”宣讲，并暗示他们生活所教给他的（这是次数最深远的教言）：全部生命是权力意志，生命自身宣告成为——用她自己的言语，“那必须总克服自身的”，如同永恒的自我克服，生命采用这种智慧形式，即消灭旧价值创造新价值的重复解释的连续过程。

第二插曲（2.13～18）考量了不同的自命智慧：思想者如康德（“那些崇高者”）那里的美和崇高，“现代的人”（“文化的国土”）的文化和教育，不为激情玷污的世界的抽象知识（“圣洁的知觉”），学者的世界（“学者”），诗人（“诗人”），政治革命家的将来（“大事件”）。通过静静的讽刺，苏格拉底式的，查拉图斯特拉显示所有的自命不凡都是空的。

然后，突然地：“……我看见了一个大悲哀降临到人类”。另一个演讲，由别人而非查拉图斯特拉，“预言家”（2.19）。查拉图斯特拉转为聆听者，聆听这虚无主义的、幽暗的消息：“一切皆空，一切皆同，一切皆曾有过！”三天里“他不饮不食不小憩，也不再演讲”，而是大睡。等醒来后他细述了那个可怕的梦，此梦发出“坟墓之歌”主题的回声，在次要的键上，如其所是的那样。作为死亡的山间城堡的守夜人和守墓人，他看护着“装有被克服的生命的玻璃棺材”，一阵风吹开城堡大门，将一口黑色棺材投掷在他面前，棺材裂开了，迸发出“一千种大笑，从一千个小孩的、安琪儿的、猫头鹰的、傻子的、小孩大小的蝴蝶的面具中”。他最喜爱的弟子给出了一个乐观的解释，查拉图斯特拉自己是那风和棺材，意志通过大笑克服所有虚无主义的死亡倦怠。但查拉图斯特拉拒绝这个解释，知道虚无主义不是如此容易被克服的。

此后的一节，“救赎”（2.20）显示了第二部里查拉图斯特拉的智慧的顶点，这证实了他在此乐章开头（2.2）中的预感，即创造作为“从受苦中的大救赎”和意欲作为最终的“解放者和欢欣带来者”。现在他能向弟子们宣告：“救赎过往并将所有‘过去如此’再创造为‘我愿如此！’——只有这才是我所谓的救赎！”通向最高希望的桥梁，即“人性可以从复仇中被救赎”（2.7），可以被跨越了，既然查拉图斯特拉意识到复仇的最深远的形势：“意志的朝向时间和它的‘过去如此’病态的意志。”问题保留着——以琐细的方式保留此节——是否查拉图斯特拉从黑蜘蛛的噬咬中恢复过来，后者威胁要令他的“灵魂眩晕于复仇中”（2.7）。毕竟他在“夜之歌”中坦诚自己意图复仇（2.10）。但他的智慧在本节的最后的演讲的最后句子中坚持了自身，此处包含了《权力意志》一书中最后的简述并用永恒轮回思想将磁力年代拢：“某些高于任何和解的，意志，是权力意志必须意欲着——然而这应如何发生？谁向意志教导这个并且意愿自身？”[1]暂时无人——尽管查拉图斯特拉愿意，一如他自身的意志能“舍弃复仇的精神”。

第二部的最后两节，“人类的审慎”和“最寂静的时刻”（2.21～22）组成了慢板乐章的尾曲。由于在演讲“救赎”中已给出了其智慧的直接的声音，查拉图斯特拉在此处降低音量和强度谈论更谦和的属性的三个例子：他的“人类的审慎”。在最后一节中情绪更安静，因为他准备再次离开他的“朋友们”并回到他的孤独，他告诉他们另外一个梦，在那个

---

[1] 词条Zuruckwollen也可以意指“意欲向后”，但我括入了“想退后”以强调对永恒轮回的暗示。比较这个动词在“酩酊之歌”第10小节末尾的再次出现（4.19）。

梦里最宁静的时刻向他宣讲，宣讲了 11 次 —— 但总是“没有声音”。她（译者注：最宁静的时刻为查拉图斯特拉的恐怖女神）强迫他说他从生命和智慧中所学的并且“命令伟大之事”，但非常幽雅地（或者最弱音地）行事而非最强音，因为“带来暴风雨的是最宁静的言语。来自鸽子嫩足的思想左右着世界”。但他宣称还没有准备好，一阵啜泣之后他再次离开了朋友们。

第三乐章

早期古典交响乐的第三乐章即最后乐章采用多种不同的形式 —— 奏鸣曲 — 快板，小步舞曲（和三重奏），或者诙谐曲和三重奏，或者回旋曲 —— 尽管节奏总是快的（快板或急板），而且通常是舞蹈般的。虽然可以将查拉图斯特拉的第三部分看作一个小步舞曲/诙谐曲和三重奏的结构（将第 9 ～ 11 节看作三重奏），将它看作回旋曲式更清晰（A-B-A-C-A），其中第 1 ～ 4、9 ～ 11、13 ～ 16 节唱响永恒轮回这一主要主题（A），第 5 ～ 8 节和第 12 节提供了对比的插曲（B 和 C）。

“漫游者”（3.1）显示，查拉图斯特拉对自己的心述说（像奥德赛经常做的），彼时他正攀登幸福岛上的山脊，站在山巅沉思远处的别的海，并下降到更远海岸的悬崖下面。当他时刻对他说：“山颠和深渊 —— 它们现在合而为一！”这预示着尾曲里对立面的融合，这来自永恒轮回的思想：“从最远的到最近的，从火到精灵，从欢乐到痛苦，从最邪恶的到最善良的”（3.16*4）。

接下来三节（3.2 ～ 4）的场景在船上，查拉图斯特拉登上了要带他穿过茫茫大海回到陆地的船。在“幻影和谜”中他对船上的航海家（“那些带着狡猾的帆越过恐怖的海的任何人”）列举了永恒轮回的第一次幻影。在此他的思想通过一系列问题被暗示：“难道不是如此吗，所有的一切扭结得如此紧密以至于此刻牵引着所有将要到来的一切？”“难道我

们不是必须永恒地再次轮回吗？”“谁是那个被蛇爬上喉头的牧羊人，所有最重的和最黑的都将爬行？”（3.2）在“康复期的病人”（3.13*2）中对主要主题作最后重复时一开始会给出这些问题的答案。在下一个演讲“违背自身意志的福分”中，查拉图斯特拉谈到他“喜气洋洋的良心”，断然拒绝临近他的“有福的时刻”，因为他发现“狮子的声音”依然足够强大到去召唤永恒轮回的思想。

在“日出之前”（3.4）中，依然在茫茫海上，在黎明之前他对头顶上的旷邈穹苍作演讲。尼采后来讲这段演讲也看作酒神颂歌：“让人听听查拉图斯特拉在日出之前对自己说话。如此绿宝石般的幸福，如此神性的温柔过去从未发声给我。”[1] 此演讲触及最深远之事，鉴于查拉图斯特拉表明朝向世界的最肯定的态度来自永恒轮回的思想：

但这是我的祝福：站在一切之上，一切都如同它自己的天宇，如同它圆形的穹苍，如同它天蓝色的钟和永固……

因为一切都在永恒之泉中受洗并超越善恶。

演讲以对更宁静深沉的智慧的肯定做结束：

世界幽深——比白昼所能想到的更幽深。

接下来的四节（5～8），查拉图斯特拉回到陆地，他热望发现在他离开期间人性是变得更强大还是更渺小并向一个未特别指明的听众宣讲他所发现的。在“使人渺小的道德”中，他嘲笑人们的“幸福和道德原则”使人萎缩。作为“查拉图斯特拉这无神者”他将演讲带入高潮，像旧约先知怒斥人们可怜倦怠一样：“噢，闪电的可祝福的时刻！噢，正午之前的神秘！——有一天我会降愤怒的火焰到他们头上并以火焰之舌警告。”

静静的抒情的节奏紧随其后，“在橄榄山上”（3.6）本来名叫“冬之歌”，并依然以反复句“查拉图斯特拉如是说”收束。歌声细述他如何

---

[1] EH，“Zarathustra”，*7.

学习在人群中生存，将他太阳和太阳般的意志隐藏在冬天般的寂静的面纱下。在最后部分，查拉图斯特拉宣讲了“你白雪皑皑的寂静的冬日天空”，呼应了他对日出之前的光之深渊的狂喜的赞美，并感谢冬日天空所教诲的“漫长而熠熠生辉的寂静”。

“离开”将我们的演说者带入“大城市”，在那里满嘴白沫的傻子，人称“查拉图斯特拉”之猿猴，发表了一通关于“精神的屠宰场和厨房”的长篇演讲（3.7）。查拉图斯特拉的回应反对了被傻子的长篇演讲所证实的复仇，在旧约的另一篇怒斥中达至高潮：“降落这个城市的大悲痛！——我已经看到了火柱，其中一切将被烧毁！”但它终以音量上的突然下降，用查拉图斯特拉的智慧的声音：“哪里的人能不再爱，哪里的人就应该——离开！——”这设立了插曲中最后一篇演讲的音调，“叛教者”，在其中他以温和的幽默斥责了他以前的弟子们，他们“已变得再次虔诚”。他讲述了诸神们自身如何大笑而死，当其中一位神宣称：“只有一神！在我面前你们不应该有别的神！”作为回应，所有的神笑了，并喊着：“这难道不恰恰是无神吗？有诸神，但是没有上帝。”

在“回家”（3.9）中，查拉图斯特拉回到他洞府中的孤独，回到他另一个女性人物，孤独——因此他不是孤单的——他待在那儿直到第三部结束。这个移动也标明了对永恒轮回主题的回归（尽管它没有被直接提到），既然在他的孤独中查拉图斯特拉能够言谈，并听到自身言谈，不同的语言——一种常常自身言谈的语言。正如他对他的孤独说：“在这儿所有存在的语词和语词审看向我泉涌而来：所有存在想要变成语词，所有生成想要向我学习如何说话。”练习聆听和言说这样的语词是必要的，因为他的存在能召唤和给出永恒轮回的思想。

演讲“三个魔鬼”（显然对他的孤独宣讲）以一个梦开始，梦中查拉图斯特拉称着全新世界的事物的重量，重估那些被传统诋毁的：感觉性、对统治的欲望、自私。在肯定“生成之无辜”的永恒轮回的光中，这些明显的罪恶能够被看作是德行。高潮再次发出圣经式的音调（尽管这次是新约）：“但对所有那些（满目倦怠的怯懦者和十字架—蜘蛛）人，时日现在就要来了，这变形，这审判之剑，这伟大的正午：然后诸多都应被揭示！”

在下一个演讲“重力之精灵”（3.11）中，查拉图斯特拉以他的穹顶——敌人为对手，后者的任务是妨碍自爱和自明，而自爱和自明对于肯定永恒轮回是必要的。既然“人类中许多人都像牡蛎：亦即，恶心的、滑腻的、难以捉摸”，作为自爱前提的自明便难以获得——不仅因为重力之精灵妄图将固定的、传统的标准凌驾于一切之上。“而且他发现他自己能说：这是我的善和恶。”在永恒轮回的光中，一个人认识到某人的恶对于其善是必要的，且必然与之相连，所以肯定一个便是肯定另一个。尚需修习的是建基于品位之上的肯定，避免“满足一切”的松弛的寂静主义，后者易倒向“咀嚼和消化一切——真正的猪猡的方式！”品位的修习要求质疑和尝试多种方式，这引向明智的多元论的声明，由此该演讲和小节总结道：

“这——仅是我的方式：——你的在哪儿？”由此我回答那些问我“方式”的人。因为方式——不存在！

下一节“旧碑和新碑”（3.12）是全书中迄今最长的，尽管它分成30小节使其在节拍上适宜于作为交响乐的最后快乐章中的插曲。然而开头的五小节似乎延续着前面三节，鉴于查拉图斯特拉正向孤独中的自身陈述自身，语音在第六小节中转变，以“噢，我的兄弟”开始，引来了一个长长的演讲系列，其中查拉图斯特拉向他的兄弟，一个虚构的听众宣讲，以此为再次下降到人群做准备[1]。有两打之多的那些之前的主题回来了，有些显露在那要碎裂的旧碑之上，另一些显露在要被带入人群的新碑之上，甚至在那些已经应该被粉碎的新碑上。记住，这样的碑是“权

[1] 最后25小节明确向“我的兄弟”宣讲，除了第17小节（to ‘you who are world-weary’）和最后小节（to ‘my will’）。在第22和23小节没有提到“我的兄弟”，但似乎是宣讲给一般的、虚构的听众。

力意志之声”（1.15）。到插曲的结尾，查拉图斯特拉的嗓音达到最高的音调，当时他猛烈抨击“善的和正义的人”，他们将那些在新碑上书写新价值的（创造者）钉死在十字架上（3.12*26）。这些善的和正义的由此造成“所有人类将来的最大危险”。所以查拉图斯特拉大声疾呼：“粉碎，为我粉碎善的和正义的！——噢我的兄弟，你也理解这些言语吗？”（*27）这确实是要他虚构的弟子消化的最硬的碑。但在最后演讲中，查拉图斯特拉对他的意志宣讲，音调减弱了——尽管充满诗意的比喻的狂野充沛在此处达到的强度之高在全书无与伦比。

最后高潮的四节（13～16）回到永恒轮回的主题，因为我们看到查拉图斯特拉最终与此思想的对抗和融合。这个对抗差点杀了他，花了7天的时间这个仰卧的康复期病人才痊愈——正好是佛陀彻悟、上帝创世的时间（3.13*2）。他的鹰和蛇在此书中第一次开口，对查拉图斯特拉宣示了七篇演讲，鼓励他唱，而不是说，并为他的新歌设计了一个新的里尔琴。他回答了前六篇，但在此时他们完成了第七篇——“他静静地躺着，双眼紧闭……和他的灵魂正对抗着”。因此，对话将出现在下一节，“伟大的渴望”（3.14）。

最后高度抒情的三节表明查拉图斯特拉成功地与永恒轮回的思想冲突和融合了。因此，它们也呼应了书中前面最抒情的三节，第二部的“夜之歌”“舞蹈之歌”“坟墓之歌”，这预示着查拉图斯特拉的意志的变形，其意志作为将要“穿越所有坟墓”、使“那些不能从（他的）青春”救赎者复活的力量（2.11）。“伟大的渴望”最初的标题是“阿莉阿德涅”，这标明查拉图斯特拉告诉其灵魂（阿莉阿德涅）去预期的“伟大的释放者”是狄奥尼索斯。他提醒他的灵魂所有他给予她的，她通过向他询问来回答了“夜之歌”中对“所有赠贻者的不幸”的悲叹：“难道不是吗，赠贻者不应该被受赠者感谢所领受的？难道不是吗，赠贻是一种需要？难道不是吗，受赠是一种怜悯？”在“夜之歌”中，他把他的灵魂称作“爱者的歌”，此时在“伟大的渴望”的结尾，他忠告她歌唱。她答以“第二舞蹈之歌”，其中查拉图斯特拉戴着狄奥尼索斯的面具，断言了他对酒神的狂女们的生活的主人身份。

带着押韵的对句，以不寻常的省略的节奏，这首歌的尾声在拍子上的活泼引人注目，当时查拉图斯特拉唱着：“你应该手舞足蹈并对我鞭子抽打般的活泼的节奏予以尖叫！我没有忘记那鞭子，对吗？——没有！”此歌的弦外音也是比才歌剧（或许是“全部歌剧里最好的”）里的汤豪塞和卡门，在写这节之前的两年里他听了很多遍[1]。然后生命坦承了她对查拉图斯特拉的爱以及对他智慧的嫉妒——此外还坦承了，如果他的智慧离开他，她也会离开他。毕竟，如她宣称的，查拉图斯特拉对她而言还不够真实，怀有离开她的思想，怀有死之思想，当他听到“古老的沉重的隆隆作响的钟”敲午夜十二响的时候。

前十一响的每一次都引着尼采所写的最著名的一行诗，“噢，人类！注意！”古斯塔夫·马勒将之设入他的第三交响乐的深远的不易忘怀的音乐中。但在第十二响寂静之后，坟墓的寂静引出了欢欣的胜利的尾曲，“七封印（或：是与阿门之歌）”，赞美着查拉图斯特拉、狄奥尼索斯和生命、阿莉阿德涅的复活和神秘的婚姻，在尾曲中再现了遍及本书的无数主题。既然这是查拉图斯特拉对重力之精灵的最终的胜利，最后一句由最终学会飞翔之人的“飞鸟般的智慧”言说出：“不是所有的语词都为那些重者而设吗？不是所有的语词都对那些轻灵者撒谎吗？唱吧！别再说！”然后，第七次歌唱了副歌：

噢，我怎能不渴望永恒和一切指环中的婚姻之指环——这轮回的指环？

我尚未寻到那个我想与之生儿育女的女人，此外别无所爱：因为我爱你，噢，永恒！

---

[1] 尼采早期的评估——在1881年12月写给柯斯利兹的信中——“我倾向于认为卡门是最好的戏剧；只要我们活着，它就会是欧洲任一地方的保留剧目”（KSB6：147）——写于比才的戏剧还相对处于默默无闻的时期，可谓是相当有先见之明。

因为我爱你，噢，永恒！

此爱并非新约许诺的“来生”之“永生”[1]，而是对根本上朝生暮死的生命的爱，此生命在每一瞬间永恒地再创造它自身。

完结部

因此，将查拉图斯特拉作为音乐去尝试阅读和聆听，去辨明其中的交响乐结构，我们能从中学到什么？当尼采告诉我们理解此书中的智慧的一个条件是“一个人超越众人之上恰如其分地聆听其中的音调，这宁静的音调，从（查拉图斯特拉的）嘴里说出的”，他是建议，此文本的意义不仅由语言的句法和语义学而且也由其音乐所传递。在那本他写来阐明查拉图斯特拉的意义的书中，尼采强调用“第三只耳朵”聆听的重要性，如果一个人欣赏“每一个好句子的艺术”的话：

误解了它的节拍，比如说——句子本身也就被误解了！但愿对有节奏的决定性的音节没有疑问……让我们对断续的、自由节拍的每一处报以精微的耐心的耳朵，让我们慎重对待母音和双元音的序列的意义，当它们彼此前后相继的时候，仿佛渲染并变幻着色彩，如此精妙，如此丰富。[2]

这段话建议，除非大声地阅读查拉图斯特拉，以阅读之耳专心致志于那些句子如何在想象中响彻时间，我们不容易虔敬地领悟尼采的奥义。“我总是以我全部的身体和生命来书写”，从尼采如此宣称中可以领悟出，我们能够以比平常更多的身体来阅读[3]。我们在阅读的过程中能调动肌肉系统，在舞蹈家练习的 ideokinesis 的变奏中让比喻的音调和节拍朦胧地刺激肌肉的戏剧。书的开篇说查拉图斯特拉像个舞蹈家一样走着，

---

[1] Mark，10：30.

[2] Nietzsche, Friedrich. BGE. Trans. by R.J. Hollingdale, Harmonsworth：Penguin Books, 1990:246.

[3] KSA9：4（285）（1880）.

在结尾我们听到，如同一部新的启示录，他的阿尔法和俄麦嘎："所有重的都变成了轻的，所有的身体都变成了舞蹈家，所有的精神都变成了飞鸟。"❶

相当简单，一个人对查拉图斯特拉的交响乐结构感觉得越好，他就越能欣赏这部作品。此书结构上的某些层面还不够清晰：比如，为什么这特殊的一节在此，在那节之后并引入另一节？如果一个人能够想象所有那些尼采在写查拉图斯特拉时脑海里存有的交响乐的种类，他就能更完满地体会到那种要传入此书的无数的交互关联，既是身体上的也是想象中的。

考虑到此文篇幅对可能要解决的问题的限制，这只是一个初步的勾勒——但它召唤其他人的眼睛和耳朵来完成，其他人的嗓音和手来填满，所有那些在尼采这部杰作中的细节的世界。

❶ Zarathustra. Prologue 82；Revelation 1：8；Zarathustra，3：16*6.

星之罹难：尼采和诗歌的狂喜

詹姆斯·路赫特（James Luchte）

只有愿意和懂得说谎的诗人，才能言说真理。“通过狄奥尼索斯的酒神颂歌的圆环”，诗 103[1]。

“星之罹难 —— 我从这罹难建造了一个世界”[2]，尼采在一首诗中的某行里如此表达。

他肯定这罹难、这些废墟和错误（好像“我们”漫游在“我们的”错误中，从一个错误向另一个错误），通过他对同一的永恒轮回的肯定 —— 或许，这些错误、真理、谎言中之最伟大、最卓越的那个。

查拉图斯特拉耳语着，如是我意欲着它……爱命运。

尼采曾预测，在未来会建立一个席位（或许，变形哲学的席位）给《查拉图斯特拉如是说》[3]。这样的预测，随着他最后的那些“诗”和

---

[1] Nietzsche, F. Through the Circle of the Dionysos Dithyrambs. poem 12, The Peacock and the Buffalo : The Poetry of Nietzsche, Trs. J. Luchte and E. Leadon, Wales : Fire & Ice Publishing, 2003.

[2] Ibid., p. 106.

[3] 在英语“世界”里有许多有意义的作品，它们已经开始将《查拉图斯特拉如是说》看作一部“哲学”作品，譬如 Lampert 的 *Nietzsche's Teaching* 和 Higgins 的 *Nietzsche's Zarathustra* 等。然而，这里要考虑的甚至不是开始宣称海德格尔的《尼采》、巴塔耶的《论尼采》、Blanchot 的“The Step not Beyond”等作品的意义。按照那些已经写出和正在写作的关于查拉图斯特拉的作品，我们可以希望悬置并加括号于此前的和可疑的诊断，以便允许不同的视角出现。的确，按照福柯，即便这貌似很铁的众口一词的“疯狂”的概念也已经变得可疑……像所有的概念一样，直觉和名称，对赫拉克利特和德里达而言，每一个，所有，都处在流变中。

“信”，按照某种确定且依然流行的对尼采的态度，或许能被视为他那诞生中的“疯狂”的一种征兆（他所谓的狂热）。当然，在其他人看来，如超现实主义者［或者，永远模稜两可的布朗夏特（Blanchot）］，这种疯狂是值得庆贺的，作为尼采哲学的缩影——作为一个已经跨越桥梁的先知和英雄[1]。

但是，深深的怀疑令他们自己感到追随着关于疯狂的讲道——的确，按照福柯的著作，这种“疯狂”语法的政治上的运用（在胡扯的“真理政体”的限制下），是被策略性地限制进入“知识”（真理）的“合法性”，如同在里森柯（Lysenko）事件一例中那样，或者，人们可以沉思威廉·里希（Wilhelm Reich）的悲剧性的烦扰的命运。

而且，这种检疫隔离的驱逐策略的确与诗的驱逐具有一种家族相似，即现代时期将诗从哲学的正宗里驱逐出来——而且自科学的20世纪以来加剧了这种情况。更有甚者，“科学逻辑”的霸权变体之网帮助驱逐哲学的不同形态和历史，在这些不同的形态和历史当中很多只能苟延残喘，甚至遇难，在文学中，在人类学中，在社会学中，在电影或者艺术部门之中（而且这种情况扩散到整个通俗文化的关系中）。

或许，作为一种挑战，我们应当严肃地考量尼采的预言，而且在谈及其哲学地位和意义时关注其重要性，以及其诗歌的哲学意义，最彻底的样本是《查拉图斯特拉如是说》。这尖端的样本不仅是尼采哲学也是哲学自身（以及诗歌的可能的“理智”）的意义、深度和表达。

追踪自柏拉图时代以来反对诗歌的谱系学态度将很困难。在《理想国》中，柏拉图将诗人从“真正的知识”的王国——理性的城邦中驱逐——因为他们撒了太多的谎。的确，按照尼采《悲剧的诞生》，正是他划定了界限，与欧里庇得斯联盟（与苏格拉底在同一坐标轴上，通过

[1] 可以问这个问题，如果这样一个疯狂的方法不是仅仅作为疯狂（和诗歌）的逻辑主义者的压制的负面的镜像，像小丑之于国王，或者，埃及亡灵书里所概述的无能为力的反叛的孩子们，他们仅仅损伤了权力的表面（鲍德里亚）。

一块暗黑的玻璃)[1],由此在悲剧时代宣告、标明、颂扬哲学的“终结”[2]。对尼采而言,正是在那里,“心灵”和“理性”受限制的状况,例如,理论的人,如虎添翼。

这种反对诗歌的典型态度在卡尔纳普(1931)那里响起了最近的回声,他辩驳并嘲弄海德格尔(1929)的弗莱堡就职演说《什么是形而上学》,以如此温和的标题“通过语言的逻辑分析排除形而上学”[3]。在论文的后面,卡尔纳普,维也纳学派的一个马堡附庸,例举尼采的《查拉图斯特拉如是说》作为一部诗歌(而非哲学)著作,以此表达某种“对生命的态度”。这样,它类似于“形而上学”,然而是在尼采的尺度下,至于卡尔纳普,他已将这种可能必要的诗性的表达与他的正当的哲学,比如“科学的”著作隔离开来。卡尔纳普声称,尼采有意识地写这样一部诗歌著作是明确地作为某种哲学之外的东西。他甚至称赞《查拉图斯特拉如是说》,囿于他自己的见解,将之与海德格尔的虚无的“形而上学”的坏诗歌和音乐相提并论。卡尔纳普宣称海德格尔的“哲学”是无意义的,正如《查拉图斯特拉如是说》。然而,以他的尺度,尼采至少是不受责难的、可宽恕的,如同他的著作所表明的那样。

---

[1] 将在这个语境里阐明之,参照色诺芬的苏格拉底回忆录,和他的苏格拉底的不同的描摹。

[2] 有趣的是,随着文艺复兴,通常与新柏拉图主义相关,尾随着伊斯兰教的蔓延,进入了一个对诗人来说艰难的时期。探索以下踪迹会很有趣,欧洲对自由的诗性的表达(就知识而言)的压制,以及自七八世纪以来阿拉伯语言的伊斯兰法典和制度(随着如下意图:《可兰经》能被永远地阅读和理解)。然而,未来的这样一个确认使语言的管辖和不同语言的剥夺成为必要,可以说,一如这些将要将暂时性引入《可兰经》的永恒语言。按照阿拉伯诗学里的分析,阿多尼斯(Ali Ahmad 说 Asbar)允许我们理解阿拉伯语的精确的测定的背景,它确立于伊斯兰征服之后(Bataille,Accursed Share,Vol.1)。这样,我们能够揣摩苏菲派的被禁和边缘化的原因,例如。同时,我们必须追踪这些谱系学(以一种与尼采和福柯类似的方式)作为语言权力的象征,以及作为权力结果的语言——但在如下语境中,即西方政治经济学和事件的文化领域中的权力的强化中的语言的运用。

[3] Rudolf Carnap. The Elimination of Metaphysics through Logical analysis of Language [M]. Logical Positivism,ed. A.J. Ayer,Free Press,1959. 关于此论争的更详细的论述,参照 Luchte,J.,“Martin Heidegger and Rudolf Carnap : Radical Phenomenology,Logical Positivism and the Analytic/Continental Divide”,Philosophy Today,Fall 2007。

可以建议，如果我们希望继续我们的挑战，尼采事实上的确试图从“知识”的狭隘地平线中找到一条出路，而且随着早期维特根斯坦（他变成了卡尔纳普的陌生人，在后者误解了逻辑哲学论之后），表达、显示那不能被严格地表达的（按照“提议”）——作为对理论的人的一个回答。或者，换言之，如果我们希望批评卡尔纳普，随着他对哲学的限定的确立，我们可以指出，显然他必定假设了此限定的不言而喻的知识和对此限定的超越——这挤爆了他整个方案。由此而来，可以争辩说早期维特根斯坦打算承认诗歌作为对此超越的一种表达，对此狂喜的一种表达。以此依然有限的方式（紧随晚期海德格尔和维特根斯坦，更别提德里达），《查拉图斯特拉如是说》将成为神秘者的一种表达。无论如何，从“世界”的角度看，“意义”（在其一切过于有限的还原上）并不按照逻辑的限定状态去言说。它可以是提议的网络之外的声音的“不成文的”哲学——诗歌作为存在的与生俱来的一种表达。

而且，的确，与卡尔纳普的意见相反，将《查拉图斯特拉如是说》视为哲学——但，不是仅仅作为哲学之外，作为那与语言的限度作战的（查拉图斯特拉的猿猴），而是作为语言在存在之中的游戏自身——一如他哲学的艺术品（或者，一如那在《悲剧的诞生》中所昭示的诗性主题，狄奥尼索斯对阿波罗，音乐对镜像，声音对语词）。[1] 正是以《查拉图斯特拉如是说》这种方式，尼采先知先觉地进入了理论的人（逻辑实证主义者）——与狂喜的人，不仅是海德格尔，也是早期和晚期维特根斯坦之间的冲突。

---

[1] 尾随卡尔纳普错误地试图说出哲学的限度（这隐含着他能以一种“哲学的”方式站在此限度的这一边和那一边），我们恰好站在后哲学问题的这个位置，像尼采已经做的。这是要对我们说的，在现在这个时期，在分析哲学的逐渐萎缩的霸权和大陆哲学的不确定性中——以及各自分离的这些传统中的每一个的关联中。或许，然而所有这些都将随风而逝，一旦我们睁开眼睛，看到新欧洲、中东、中国、美洲、非洲——这个世界的哲学的无数的形式。

以此方式，我们被尼采抛入一个古老的元哲学问题中：什么是哲学？有思想的限度吗？为什么？思想如何关联、表达？有不同的思想区域、不同的真理语言吗？它们每一个都表达了存在的特定领域？或者，存在也许没有表达它自身？

那是逻辑的“哲学”，自柏拉图和亚里士多德以来，他们似乎预先排除了任何与诗歌的交流（还有音乐，在其狄奥尼索斯的，以及神话—诗歌的意义上）。这种受限制的状况来自逻辑主义（原子、句法分析和理想语法的真理条件），来自科学主义（表象性的命题性的“知识”），来自政治主义（矛盾的、“有限位置”的政客—司法的实施）。作为风行的理论人的祖父，这种受限制的状况悲剧性地重复了维也纳学派（逻辑实证主义及其子孙，分析哲学）创伤中的反诗歌倾向[1]。

也许早期和晚期维特根斯坦与诗歌的问题是同一个，从“某个”视角来看。在早期作品中，诗歌能够作为神秘者的一个表达，但仅仅作为一个显示，而非道说，而非一个命题性的符号，在知识的严格的意义上。在晚期著作中，诗歌或许将丧失其神秘性，一如它将在本质上与表达同义（用语词），在游戏之前和游戏之中，像一个修辞学上的惯用语句或游戏领域，像生命的自我表达（dilthey）或存在（海德格尔）——同时，它可以描述为仅仅是另一个语言游戏（尽管依然不是“哲学”，因为这是一种病）。

自从柏拉图和亚里士多德被顶礼膜拜以来，借助于各种一神论宗教之力，像哲学的霸权的核标准情报中心一样，在西方，它已然是逻辑的和命题性的语法，像规则的正方形或三角形的网筛（逻辑哲学论，6.341）

---

[1] 这很有意义，维特根斯坦最终不仅拒绝逻辑实证主义，也以一种确定的方式拒绝其结合在他逻辑哲学论中的早期哲学。例如，他对卡尔纳普的主要的批判是试图说出那些不可说的运用标准，这即便按照后者早期作品也是可疑的。的确，限制哲学表达方式的极端的可能性是可疑的，尤其是，一旦这样一个作品产生出来，比如像《查拉图斯特拉如是说》那样，它自身作为哲学表达的可能性便显示出来。正是在这一点上也很有趣，当维特根斯坦参加维也纳学派的会议时，他背对着他们而阅读诗歌。

服务于哲学探寻。长久遗忘的是古希腊哲人和诗人的诗性语言，阿那克西曼德，赫拉克利特，巴门尼德和恩培多克勒，在无数其他人中（或者，在任一边缘人物中，譬如“文艺复兴”的但丁，或者，“浪漫主义时期的”歌德，与此同时，他抵制了霸权“政体”，或者，“其他文化等等”里的诗人和艺术家）。最低限度，哲学探寻不情愿地被夹裹于此政体中，如同它夹裹于逻辑实证主义者及其畸形同类的无数回声中。的确，被视为哲学的大多数被限定在排他性活动外，它们不适于“客观性”“知识”或“真理”的某些无可争议的正式教条——好像无意识的图画的副本置于它们的语言的副本之中——在此意义上，浮于脑海的镜像是回音壁。所有其他的声音都沉默下去，随着对此游戏的尊敬或被驱逐出此游戏。

《悲剧的诞生》和《查拉图斯特拉如是说》之间的连续性存在于尼采关于“理论的人（末人）”的类型学中，关于虚无主义及其克服的史实的类型学中。由此，《查拉图斯特拉如是说》是在对悲剧的存在的肯定中对末人的虚无主义的克服的一个尝试，那些末人是苏格拉底的理论乐观主义的子孙。

鉴于此视角，我们将被迫重塑那通过柏拉图表明的西方哲学主流的轨迹——而且，这被败坏的轨迹包括了诸如莱布尼茨、康德和叔本华等哲学家，他们中的每一个都成为尼采“哲学”出现的一个极好的条件——一如虚无主义的“历史”的游戏者——狄奥尼索斯的拖延的灭绝。

因此这个谜：尼采（而且，最显而易见地，《查拉图斯特拉如是说》）出现的条件同时也是他必须摧毁的，如果他意图表明他自己的哲学的话。也许他必须随着“早期”维特根斯坦推倒梯子。或许尽管，这可能是一个不好的隐喻，如同尼采自己“图画”的是带出迷宫的阿莉阿德涅的线团（哲学被它的母亲所吞噬，神话，而且，在某种程度上，那不是可化简为纯意识形态的，“神话”，一如对让·卢克－南希（Jean Luc-Nancy）

那样[1]。

迂回因此将是必要的，如果我们必须从他自身的合时宜的存在的“哲学”疆域中几近的窒息中找回那线团，尼采哲学——诗歌的出现的不同主题的线团。为了探索诗歌的意义，以及诗歌作为哲学的意义，为尼采的哲学，必须从事一段相当弯曲的、时而向前时而向后的旅程。

在一个方向上，我们将从尼采自身谱系学背景中追踪其线索的出现，从莱布尼茨到叔本华的现代哲学之中，按照个性化原则——而且，在某些情况下，他的他者。这样，我们将为《悲剧的诞生》展开其哲学的前提，在其中，个性化原则及其他者表达为阿波罗和狄奥尼索斯的血族关系和兄弟的对抗。正是在这个神话中尼采试图雕凿出一个位置，在其中他可以表达存在的变形的表达，其果实将是《查拉图斯特拉如是说》。

在另一个方向上，我们将前瞻性地致力于《悲剧的诞生》的哲学暴露，将其非历史性的（不合时宜的沉思）创造展示于它自身出现的条件之中，挖掘柏拉图的苏格拉底的虚无主义的根源，“理论的人”的根源及其戏剧性的替代，欧里庇德斯（更不用提，色诺芬的苏格拉底）。这犯罪是悬念的悬疑，存在的不确定性的（底座）[2]。

《悲剧的诞生》对人没说出口的邀请是在欧洲哲学（在虚无主义的主题中）星座中谈到它的方向，追踪它自身出现的谱系学。这并非削减尼采的别的影响和源头，而是关系到揭示（超越）哲学作为出发地的意

---

[1] 尼采，像海德格尔一样，并不从柏拉图的洞穴中寻找一个出口以进入清楚的光明（仅仅是另一个隐喻，转移，画面）中，而且这样一个说法是看似可信，说晚期维特根斯坦结果和这些中的每一个都达成了协议。然而，海德格尔依然将断言作为事物的最后的世界的本体论的差异不会是任何人（das man）的仅仅类的用法的“他们”的不真实性。但，相对于绝对自我的视角，存在这样的肯定，即自我是自我表达，存在的命运。对海德格尔而言，自我现在在自身中，被存在所需要，在存在之“真理”的咬合中，他的存在之建筑的建造中。或许与德里达比较，早期和晚期维特根斯坦和海德格尔可以在这个语境里被追踪，像洞穴里画出的图案。然而，这不是我们所要的比较和对立——相反我们必须进入问题本身——那能够在尼采、维特根斯坦和海德格尔那里侦查出的“思想”。

[2] 这可以比作海德格尔和维特根斯坦的关系，前者寻求待在问题之中，后者希望将问题放在一边，以解除它们的麻烦，将它们视为混乱，揭开激活问题的画面的面纱。

义。“理论的乐观主义”和“现代哲学”的最终的悲观主义将通过其在后柏拉图哲学的虚无主义中的谱系学被揭示出来[1]。

对《悲剧的诞生》的这些揭示（重估和变形）驱使我们再思考现代哲学的传统和它与尼采的关系。正是在这里,《查拉图斯特拉如是说》被视为从城邦的一种出发似的缓解（而且为《悲剧的诞生》所暗示）——以其诗性的狂喜作为“逻辑”（这依然在哲学之中，作为哲学表达）之外的解放和肯定。的确,在某种意义上很清楚,这部作品关系到“理论的”或“更高的”人的逐渐康复——这的确将是一种富有成效的解释。当然，它只是回溯和固有表达的挂毯中的一条简单的线。

迂回之路：理性及其“他者”的原则

我们从莱布尼茨及其不合时宜的数学开始——作为“顺序”的背景，一如福柯在《物之顺序》中声称的，它是“早期现代”哲学的最初的认知特点。从这个视角看,数学并不隐含着相对于“物质”的“形式”，也不意指本性的数学化。相反，在最初的例子上，它暗示“简单物质的顺序”，或者换言之，关于一个有关联的“整体”的理解的背景。这样，数学从不同的视角被表达为个性化的原则。在他的博士论文《个性化的原则》中，莱布尼茨声称任何个人的“同一律”必须包括一切，甚至最偶然发生的事实，与之相关——一如在实体的“整体”中。在有限的程度上，这样一个概念驱使我们在个体化的复杂事实的意义上考虑“同一律”，如同揭示于无数方面或轮廓的行为[2]。

---

[1] 尽管这可以从阿那克萨哥拉及其心灵（nous）开始；真实地,他是东拉西扯的构造：“心灵哲学”的创始人。作为苏格拉底的老师，一个人可以期望这种子哲学家的更多的关注。然而，作为另一个所谓的“前苏格拉底哲人”，他已经严重受挫很久了，从柏拉图和亚里士多德开始直到怀特海等人——正是在德国传统中,早期希腊思想家被极大地学习了。

[2] 当然,我们已经从亚里士多德的物理学中对实在的原动力知之甚多,在他的“四因说”和“生命的圆满说”中。

关于莱布尼茨的这样一个揭示已经超越了那种将他哲学贬低为“分析判断”和“理性原则”的警句，后者用于将莱布尼茨确立为分析哲学的教父。但，更深更远地潜入这种误解会更好，就像它将冷酷地巧妙减缓莱布尼茨及其作为分析哲学的空洞无物的证书的深度。当然，很有可能我们将在那并非聚焦于这个谱系的考量中发现莱布尼茨的真正的力量。

如果我们抵制流行一会儿，就会清楚看到莱布尼茨并非在罗素（尽管可论证说弗雷格看到了“另一”面）的意义上寻求逻辑和数学哲学。对莱布尼茨而言，单子学说是一个单一物质的学说，而且作为所有简单的物质，它居住于数中，一个顺序的背景——一个顺序的，或个性化的事件——一个仅仅通向“神性”的“同一律”的事件。由此，分析和综合判断必须从不同的角度看——至少，按照20世纪哲学对此的描述[1]。综合命题的偶然性变成了“真正的”理性，因为它们被从严苛的知识岛屿驱逐出来，按照逻辑实证主义者及其当代分析的、后分析的等派别的衍生物的观点。

事实上，莱布尼茨声称偶然的存在能被完全分析，这将被反对——所有偶然的命题可以被回溯至分析判断。这可以给分析哲学家打气。然而罗素之后，没被考虑到的是对真实的分析判断的认知条件的适当考虑，不是仅仅将之作为我们与之游戏的简单的逻辑规则，同一律，矛盾律，排中律，而是正如我已建议的，每个偶然事件、行动、区间的分析的知性。尽管存在这种知性的可能性，其现实性超出了上帝之城（奥古斯丁）里的作为无窗之物的单子的透视状况，或者如海德格尔所建议的，有限存在的透视状况。这样，正当莱布尼茨在个性化原则里暗示“整体存在”的分析知识时，这种分析“知识”的唯一可能性和现实性与“无限”居住在一起，伴随着至高单子，伴随着（上帝）。从莱布尼茨的视角看，

---

[1] 当然，奎因在很早期就试图突破分析和综合判断的区分，不管在他关于“和”与“或”的论断的所有论文的语言的琐碎化。

那些剥下他们自身的神学和形而上学服装的人是将自身袒露在骄傲自大中，一如那些试图取代"上帝"的人。很清楚从莱布尼茨看来，我们只能在上帝那里确信我们的知识和存在。理性的原则建立了这样一个系统，在其中无一不被上帝决定——这至高单子❶。

休谟（克拉底鲁）将一个谎言置于所有这一切之上，正如他所否认的，不仅任何确定性居于偶然性中，而且我们所有唯理论者和唯心主义者对必然性的寻求都伴随着彻底的经验论者和消极主义的批判（尽管莱布尼茨的确为生殖的想象考虑过一个乱交的角色）。按照目前的探讨，似乎我们能够主张，理性或个体化原则随着休谟而简单地消失了，存在变成纯感知的一个因素，更有甚者，这个问题贬谪为感知及其衍生理念的认知和谐问题。然而，似乎这样一个主张，即休谟仅仅将存在降为感知，至多是误导，因为它没有考虑到在休谟那里存在的不同模型的可能性，譬如数学的或逻辑的存在，更不用提感知自身的建构中想象的角色，正如我已暗示的。休谟的"经验论"不仅是形式上的——而且是可操作的——"逻辑的"，但他没有尝试追问数学存在的合法性，在叔本华的意义上，即《充足理由律的四重根》中将数学描绘为存在的真理之一。这样，仅仅将休谟哲学打入消极的、感知的经验论是不够的。这仅仅提供了一个确认——尽管是"否定性的"——为抽象派还原艺术家式的经验论者对休谟的解读。正如雅克布（Jacobi）在其《拥有休谟》（1787）中所展示，有比此更危险的，挑战就是在一定程度上利用休谟那对存在意义的非唯理论的解读的发展有用的哲学，像早期德国浪漫主义作家所做的那样，毕竟，在他们作品中不仅受雅克布关于斯宾诺莎的作品的刺激，还有关于休谟的作品。

---

❶ Luchte，J.（2006）Mathesis and Analysis：Finitude and Infinite in the Monadology of Leibniz [M]. London：Heythrop Journal，2006.

因此，在此基础上我们可以将一个微小的问题标志置于哈曼[1]的如下主张上，即休谟的工程本质上是解构性的，从他所留下的唯理论的崩溃的统治来看。然而，即便在休谟那里能觉察出积极的工程，这样一个解构也将允许差异性的探寻和工程出现，即理性的限度。这个解构从而是创造性的，尽管致命，而且依然不确定其后果。

康德，被休谟从独断论的睡眠中唤醒，试图给彻底的经验论的视力提供超验的基础，并从而驱赶它们。然而，充足理由律及个性化原则经受了清晰的修正，尤其在与莱布尼茨的唯理论者的神正论的比较中。康德声称，就理性自身运行的区域而言，存在理性自身的区分。这样，个性化在其相关领域的意义上是自身区分的，这领域既是现象界也是本体界。正是在前一个领域，唯理论者的倾向包含了其重要内涵，这样，个性化原则变成那种过程，在其中"客体"由纯粹直觉和知性的综合统一（通过想象）构成。只有在这个理论的领域，即现象界的理论领域，存在严格的、普遍的和必然的知识——换言之，来自理论理性的立足点的严格的同一律[2]。

这个观点表明的是理论理性对现象界领域的司法权。但，这仅仅是康德视角里理性的两面神面孔之其一。另一面是实践理性，其面容超越了知识的限制和个性化原则（至少在其理论的意义上）。实践理性之所在是实体的领域，如康德所述，那是一个只能被思考不能被知晓的主题——而且是唯理论与"实用主义的"存在撞个正着的地方。至于康德，实践的存在依然在理性的地平线中，即使"某一"分化至异质的领域，充足理由律（和个性化原则）在实体界起作用的情形也可见一斑。以此方式理性的理念将描述实践存在的精神人口。在超感觉的自由的背景上，

[1] 关于这些议题的可靠的介绍性的探讨，参见 Beiser，F. The Fate of Reason. Harvard：Cambridge，Mass，1987. 和 Frank，M. The Philosophical Foundations of Early German Romanticism [M]. SUNY：Albany，2004.

[2] 然而，想象的问题（尤其先验的想象）揭开了康德作品作为存在和暂时性领域的另一个压制的面纱（这或许是阿那克萨哥拉以来所有哲学家所特有的）。在这些名字中的每一个之中，想象暗示了灵魂的初始的力量，但只在暗中，在他们写到"未知者"的暗指中。这永不是"第一个"，除了在神学中，但那样，它是"上帝"……

自治区分于（然而，奇怪地居于）现象界的他治，在那里浮现出目的王国的宽慰，其主体是那些人，他们按照这个王国的法律，被视为他们自身的目的，一如自我决定的存在，有资格被尊敬。在实践理性的语境中浮现的那些词不是在量、质、关系、模态的意义上的概念，而是实体的暗示，超越了时空和因果律的条件。

这些暗示不能被当作在现象界的意义上存在，而是理性思考的理念，居于我们的双头存在之中（一如世界的碎裂的生成，依然“无意识”）。作为理性原则在实践领域中的升华，这些暗示表达为伦理学概念，它们表明存在的（超感觉的）意图。自由、不朽和上帝不是要表达理论概念或客体，而是实践的、实体界的及其道德律的暗示，在其中假定这样一个“服从”法令的基础。在（存在的）理论和实践领域，理性原则是制动的，但以不同的方式，在前者作为其相对于自我给予的“多样性”的客体性之中的知性，经验的客体；在后者作为理性，维持自身于其理念的星座之中（虽然未实现，但持久渴望）。

理论和实践理性的彻底区分的仲裁出现于第三批判，在那里康德暗示想象力的调节能力，它在艺术和自然中显示理性的计谋（黑格尔）。再一次，我们不是在谈论被假定为绝对真理的必然性的理论理性，或“陈述的”知识，而是作为（理性的）概念，在其美学的、调节性的“用法”上。然而，永远无法令人信服地说这些概念应该如何在“科学”和“道德”之外表达。或许，应该采用一个不同的视角来处理此问题。

叔本华随之而来，以他自己的方式，即唯理论者和经验论者之间的争论的康德式的扬弃（黑格尔），但适当地反对康德式的实践理性与实体界的同一。在他看来，个性化原则并不居于实体维度中。的确，这一面展示了叔本华的彻底性，在那里，意志的实体维度越出了充足理由律自身，超越了时间、空间（直觉）和因果律等（概念）。换言之，它是非理性的，在康德的行话的双重意义上，既非理论的也非实践的。对叔本华而言，是其所是的这个世界揭示于两个最初的方面，作为表象和意志，一个被道说，一个被显示，非常像早期维特根斯坦（如果我们依然希望归纳这个图型的可能性的话）。然而，理性、知性、决定性仅仅适用于现象界，这意味着时空的直观、知性和理性的概念，例如因果律，毫无关联于意志的维度（比较维特根斯坦的《伦理学的讲演》）。这样就有了更冒险的一步，在康德之后，在理性、知性或“经验的多样性”的极权主义体系之前、之后并超越之——它们中每一个都背叛其“形而上学的”地位。康德或许建议，我们可以引入新维度到我们的游戏规则中，然而，似乎很清楚，叔本华试图一起玩一个不同的游戏。或者，一个导向游戏的不同方式的游戏——从理性原则，向意志原则的个性化——一如展示于这个“身体”实践中的，“X”。

然而，这不仅仅是一个不确定的“X”，像它对康德而言的那样。一旦叔本华扰乱了康德的理性的权威领域，但并未因此承认前康德的经验论（但从它未说出的当中学习），就很可能展示出存在的一个活跃的意向，意志的一个活跃的意向。不难指出一个特殊的经验，在它对理性的确定（理性）的抵制中，暗示一个超越个性化领域、理性和知性的维度。这个相异性领域仅仅是唯理论者和经验论者的确定性以及“世界”的存在的削减之外的一个“它者”。事实上，它是我们最亲密的存在。

正是在极度快乐和痛苦的事件中，叔本华发现了（或者像尼采可能说的，创造了）意志。这样，他将“经验论”（现象学）再解释，不是仅仅作为消极的抵制（洛克）和积极的感知（休谟），而是作为一个事件，它开启了通向最特殊的卓越的道路。我们不再处于事物之外，漫游于广延的、表象的无边无际的外部性和表面——这是一个“外面”，就像即便在内在的意义上，康德意义上的时间，依然维持在“外面”。快乐和痛苦的事件唤醒意志——它被发现为外观化的感知，表象的内在真理。然而，这内在真理，内在，依然保持着“外在”，但，是个性化的，在充足理由律的关联中升华着。这样，真正的“外在”（如同叔本华的内在真理）表明了这个主题，它在身体中，在肉体的全景画中，在歌中，在舞蹈中，在性爱中，在艺术中，在无数的表达中被思考。正是通过极度快乐和痛苦的管道，真正的内在（它是“外在”，狂喜，相对于“理性”）被揭示——它像意志一样直接，不服从于表象的调停（充足理由律，或笛卡儿的“内在”）。

由此，叔本华离开了康德，离开了主体性（和植根于对知觉的假定的“形而上学”），离开了超验的统觉，离开了理性，进入了作为意志和表象的世界，二者均给出其不同的方面和深度。叔本华极为蔑视理性王国（包括经验论），而且以一种很新奇的方式，揭示了我们与意志的关联，这超验居于存在之心中，作为永不满足的渴望，或带来和谐（不确定性的面纱）。从这个主题，通过问题被溶解的这种治疗，很有可能思想不必将存在放在一边（一个人由此感到安静、驯顺等，以福柯的《训练与惩罚》的方式。海德格尔号召我们“与问题相处”，“通过一切的方式通向终结”，以赫拉克利特和尼采的方式）。

然而，很奇怪，在通过长期探索发现意志之后，叔本华否认否认意志为无效，而且（邪恶）——而且通过抛弃渴望来确立这种否认（尽管不是他的生存意志，他关注此）——而且通过赞同准佛教的，而且，大多数情况下，印度教的（而且甚至，基督教的）对存在的否认——他通向特定的“无”的开端（而且，这为晚期维特根斯坦的“治疗”所回响，后者彼时看来哲学问题是“语言的混淆与误解”）❶。

尼采和现代哲学的终结

尼采试图诱使我们越过善与恶的新纪元的真理领域进入彻底自由的

---

❶ 这很有意思，叔本华从未有一个“家”，从未有一个生存意志的位置吗？这不管如下事实，即他对女人的深深的厌恶，其植根于如下理念：作为生命的给予者的女人，同时实际上也是死亡的给予者。叔本华否认意志（女人），但生命继续……对其他人——而且他承认此本身，作为生存意志，像他通过存在的审美现象学将我们引入美和崇高的真理之地。然而，最终，他为了善的理性而否认意志（女人，真理）。

主题，单纯——不是一个简单的事物，外在或内在于，超越或臣服于“理论的乐观主义”，虚无主义——抵制、游戏于系统决定性中，在索罗亚斯德之前超越。

这已经变成了一个奇怪的惯例，臆想尼采最早期的文本被叔本华的哲学致命性地影响——的确，那些文本仅仅是大师的注脚——如同尼采已经是一个有创意的弟子（和他合时宜的朋友瓦格纳一起）——看起来似乎他没有自己的视角去吞咽或将叔本华变形。

当然，在二手书店里有尼采寻找自身的奇闻轶事——但，从这告解中很难密切地测量任何精确的意义。的确，这奇闻轶事（写于相当晚期）讲述了这样一个事件，它至少发生于尼采严肃地开始筹划《悲剧的诞生》的出版[1]。

然而，在这个霸权的或同质的领域之外，在其他声音的消逝中，升起一个关于早期和晚期尼采的论断，一个建立在如下论点上的异声，即尼采已经将自身从意志的悲观主义中解放出来——或者，从叔本华和德国形而上学传统中——但，只有在《悲剧的诞生》及其他此时期的作品之后。在这奇怪的“画面”中，尼采仅有的“真的哲学”无力地导源于叔本华——他其余的作品被描述为仅仅是随即的评注，他的《查拉图斯特拉如是说》，诗性的表达，准形而上学的态度，生命的感悟——然而，与真正的、科学的哲学的必要的界限相去甚远（卡尔纳普）。

应该记得，尽管自考夫曼的《尼采》以来有大量关于尼采的文献，尼采及其作品从未在哲学“建树”的剧场内被接受，除了或许作为实证主义者、存在主义者或后现代主义者的“典型的”先驱。有些人宁愿摆脱他。其他人更愿意将他视为理所当然的诗人和哲学家。正是伴随着这

---

[1] 同时，这总是被忘记，即尼采写了大量关于早期希腊思想家的作品（所谓前苏格拉底哲人，但包括 Theognis、荷马、阿尔克罗克斯、赫西俄德、萨福、埃斯库罗斯、索福克勒斯等人；而且，应该说，叔本华没有势不可挡地对早期希腊思想的偏爱，像他对印度和佛教传统的决定性的偏爱一样）。尼采宣称的对“希腊”的偏爱（可怕的、模糊的名字）也强化了假定的“早期”和“晚期”尼采的截断。但，深入探讨一再咬合的希腊主题，我们能够论断，尼采诊断“希腊”之病，而且将其死亡描述为从悲剧到闹剧的对话。

个路标，尽管尼采缺乏朝向系统的意志，他依然被系统地从一个哲学家的位置上贬低（例如，他只是一个作家）[1]。

虽然很容易探测出叔本华和尼采的相似之处，从前者到后者的特殊的的延伸，通过更仔细地阅读《悲剧的诞生》，即便在所谓的早期阶段，依然可以更清楚地发现尼采试图推翻的不仅是叔本华的柏拉图式的偶像（理念），也是欧洲现代主义传统的哲学条款。毕竟，这样一个"传统"为了重申音乐和诗歌的狄奥尼索斯的压制和伪柏拉图主义者的否认而出现的主题，属于"理论的人"的逻辑和后勤学的令人窒息的唯理性[2]。

正是在他对叔本华的理念的早期推翻中，我们能尝试理解尼采诗性活动的强化，在他简短的伪实证主义（如《人性的太人性的》《曙光》）的切线之后（而且，在《快乐的科学》期间，尤其伴随着它），这个强化在《查拉图斯特拉如是说》及这一时期他的诗歌中达到高潮，譬如《漫游者和他的影子》。

由此，我们也能更好地理解尼采"自我批判的尝试"（1886），在其中他哀叹没有将《悲剧的诞生》写成一部诗歌。他的评论家们对这样一部诗性作品的爱必然会比对他 1872—1873 年的"叔本华式"的作品的爱还要少。

很清楚，《悲剧的诞生》不是叔本华的"意志的形而上学"对阿提卡悲剧现象的简单运用。相反，在这里，在他最早期的书中，尼采已经推翻了他的"老师"及其伪悲剧的悲观主义[3]。对意志的否认是一场闹

---

[1] 他晚期的格言已经明白作为一个非哲学家的"碾碎的康德主义"的证据（Richard Bernstein）。存在毁坏的允诺的碎片——失败的、死产的哲学家（他或许依然可以让我们保持诚实，就像 Lichtenburg 和 La Rochefoucauld）所做的。

[2]《悲剧的诞生》必须不被当作少儿读物（或，作为一部他此后会拒绝的作品，一个失败的哲学），但应被读作一个老练的批判和取代，取代将近 2500 年的柏拉图主义—亚里士多德主义—犹太教—基督教—伊斯兰教—现代主义的"形而上学"的"物"的"理论的"秩序的霸权。

[3] 然而，不将此推翻挂号是可能的，如果我们败于与《查拉图斯特拉如是说》达成协议，像试图克服形而上学、虚无主义的后柏拉图哲学的"语法"一样——换言之，理性和"理论的人"的语言。

剧。当然，将《悲剧的诞生》与《作为意志与表象的世界》参照起来读是有启发性的。而且，我们能轻松地在前者中猜到后者的基本的形而上学的轮廓。然而，这并不能完全揭示他对叔本华的“形而上学”和“伦理学”的变形和重估的深远的哲学意义——还有，尼采“哲学”本身的意义。它也不允许我们更清楚地领会尼采与人为的历史哲学之间的关系，以及《查拉图斯特拉如是说》与预兆、诗歌、哲学自身之间的特殊的关系——尤其是，如果《查拉图斯特拉如是说》在这个例子中被作为一部哲学作品来阅读。若尼采试图在哲学中克服虚无主义的话，如果诗歌是他唯一的选择会怎样？

尼采加剧和扩张了叔本华的否认，进入了对生命的明确的肯定，通过音乐、诗歌和变形的散文来表达。正是以此方式，《查拉图斯特拉如是说》的谱系学的痕迹和线索在《悲剧的诞生》中暗示了出来。的确，前一个文本终于取代了瓦格纳，作为悲剧艺术的典型。

我并非在宣称尼采哲学中存在一个“诗意转向”。的确，他至少从十四岁起开始写诗，直到四十五岁崩溃之前不久（或之后）。从他最后的“诗性的”信件到十一年之后1900年的去世为止，没有被公认的诗歌或作品。然而诗歌一直在那儿，而且其中相当部分被包含或织入了他公开出版的作品中（其许多格言最初在其笔记中是以诗歌的形式写成的，比较维特根斯坦）——在某些情况下为了语言“翻译”而作为直率的语言。更不用提他的格言体，都可以被解读为诗歌的变形。

相反我宣称的是，尼采作为一个思想家存在于一个诗性的主题之上，这是他表达的主题，他的居住——地平线的星座——演奏着“系统”的不确定性的设定的必然性。但，更有甚者——尼采寻求重估诗歌，在如此事实下，即千年来柏拉图式的形而上学的压迫，对狄奥尼索斯的彻底的镇压（还要他的兄弟阿波罗，因为他们被身体和心灵的“自然主义者”和“理性主义者”的图式所取代）。而且，正如我们所知，叔本华在其自己对意志的否认中确立了虚无主义的颂歌——进而，宣布着“现代”哲学的终结❶。

在第一个例子中叔本华和尼采的一个很有意义的区别是他们叩击的星座。我们已经看到叔本华叩击的是东方。尼采探究的是“希腊”，但不是任意的希腊，而是早期希腊思想家、诗人，史诗、抒情诗和悲剧，他在其《悲剧的诞生》和《希腊悲剧时代的哲学》的语境中探寻之。

对尼采而言，悲剧表明存在的深深的现象——如同对基里柯而言，以及他兄弟萨维诺（Savinio），诗人的不确定性。音乐式存在和爱与恨（恩培多克勒）的狄奥尼索斯式的奔腾生成了表达，在奔流的镜像中，在我们的语言中，我们的思想中，在这个“我们的”之中，在分离的个体中，以及梦境的细微之中。对叔本华而言，在最初，意志似乎拥有整个真理——直到原则的驱逐。然后，他否认意志——由此我们怎样看待这个驱逐？我们不是已经超越了原则（arche）吗？

尼采似乎处于一个变形的位置，好像维持着两个维度（像莱布尼茨、康德和叔本华），但处于一个绝非理性（或者，在受限制的状况中的哲学）的位置之上，在其准传统的意义上（类似于虚构的“维特根斯坦”，后者放弃了其狭隘的逻辑实证主义的哲学概念）。对尼采而言，此“游戏”是不同的，但依然是“哲学”，而且必定像他表达存在的坦诚一样，我们最年轻的价值。

对尼采而言，个体性原则变成了阿波罗的原则，潜在的狄奥尼索斯的可塑的表达，“意志”自身的比拟，在个性化和梦、顺序原则之下的地底骚动着。然而，对于尼采，叔本华位置的意义彻底改变了，如同阿波罗变成了救赎的王国，或者暂时从狄奥尼索斯的不屈的团体中逃离——“个性化”不再被看作在理性原则下被个性化原则所决定的，而是看作在表现的（阿波罗的）存在中的狄奥尼索斯的新奇的崇高化的结果。我们依然拥有两件“物事”，就像亚里士多德会说的，但这两件事

---

❶ 然而，仅仅让中性的诗人回到城邦不是尼采的探寻，相反，强化那些诗人，立于“外面”（以及“内部”之上），立于街道和塔上，带着推翻城邦经济及其侵占山林的同质性的希望。

物在尼采看来有明显的血族关系，它肯定在“行动”中的存在，而且好像它是作为“二”之根本的这一事件。

“历史上”狄奥尼索斯在阿波罗之前来到，但直到我们目睹了其诞生、肢解和重生，在音乐、舞蹈和戏剧中——在悲剧英雄的出现中——那个必须死在我们眼前的英雄——在真理、存在的彻底的不确定性和暂时性的敞开中。

最有意义的是尼采的谱系学的地位和轨迹。《悲剧的诞生》不仅仅是对希腊悲剧作为一个艺术形式的评论，而且是关于存在自身的哲学论断。在这个语境中，我们能够理解尼采对苏格拉底（柏拉图，尤其在其《偶像的黄昏》中）的批评，以及欧里庇德斯的新阿提卡喜剧，在它的对理论的前提的偏爱和表演的道德中，在那里狄奥尼索斯、不确定性被悬置，在不确定性中，代替存在于存在的中心。感觉被当作可被治愈的疾病和忧虑，好像通过治疗（维特根斯坦在其后期作品中，苏格拉底在其为生命的长期病患而向阿斯克勒皮俄斯的献祭中，以及叔本华对意志的否认）。在《悲剧的诞生》里，尼采声称这理论的乐观主义显而易见是衰退的症状，好像它从狄奥尼索斯的存在之根切断了自身。这个虚无主义的“乐观主义”在柏拉图那里达到顶点，但对尼采，这样一个高度不可逆转地与深渊联姻——狄奥尼索斯的解雇和抑制是希腊的衰退，衰退到分裂的世界里的柏拉图的步行理论❶。

但，除了《恶之花》，什么是现代性？我们的城邦甚至不是我们自己的，而是模仿的，柏拉图的城邦——对“我们”而言，它是警方，警察—律师，商人和科学家，谁是“理论的人”的喜剧剧场的演员，虚无主义的末人。在虚无主义的喜剧主题中，哲学上最有意思的是个性化

❶ 从未有真正的“文艺复兴”——它不在某些一神教（犹太教、基督教、伊斯兰教）的支配下——在其“全部”，一个机能失调的，强烈的，多神主义，没有囊括的希望，像他们崇拜太一原则，以及练习秩序的末世学一样。对尼采而言，柏拉图是理论的人的广告员，他喜欢保罗，在“大马士革之路”之后试图让大众改宗——或者，像尼采声称的，基督教是“民众的柏拉图主义”。

原则的痕迹，以及它的“他者”，在其许多变形中，从上帝的一个原则到一捆原则，到双头之物，到一个意志和表象——而且最后到狄奥尼索斯和阿波罗精神[1]。但正是“理论的人”和不利于悲剧的叛乱，对必死性和不确定性、悬疑的戏剧事件的文化清洗——以及它的被包含入“哲学”——正是这些作为禁令的背景，诗的禁忌——和将至的激变的禁忌。

显然，作为存在的诗性表达，《查拉图斯特拉如是说》阐明了它自身的可能性——因为它如此。然而，这部作品也是《悲剧的诞生》里关于狄奥尼索斯的存在和艺术的重生的许诺的实现。这样，《查拉图斯特拉如是说》是一个诗性的主题，创造性的非历史的位置（历史对生命的利弊），在那里诗歌表达和肯定着先于文物收集者、纪念碑和“历史”的关键意义的存在的不确定性。由此，《查拉图斯特拉如是说》是狄奥尼索斯的不合时宜的抵制，作为家庭、城邦、财产和本质的创造性的解构。此外，阿波罗没有被查拉图斯特拉抛弃，而是多样化地进入诗歌艺术品的可塑性和这部作品本身中的戏剧世界中。正是在这个意义上，《查拉图斯特拉如是说》是悲剧的回归，正像它是生命、存在的彻底的肯定的关节，在表达和肯定的诗性必然性中，在死亡、解构、衰败和彻底的“非真理”中——从最初在音乐和诗歌的召唤中……

“星之罹难——我从这罹难中建立了一个世界。”[2]正是在此罹难中，查拉图斯特拉站在此刻的门口。他忘记无限之深渊以便肯定存在，在梦幻的此刻。他在与他此世的存在的亲密中肯定存在，并表达这种肯定，以一种绝非逻辑句法、理性和“上帝的语法”的方式。查拉图斯特

---

[1] 在启示的奥古斯丁（异教然后基督教的新柏拉图主义）和阿奎那的亚里士多德主义之后，似乎笛卡儿复活了柏拉图主义的理式，即使策略地反对他绝不加入的教授圈（但，保持其教条的大部分）。不仅笛卡儿减弱身体到广延物，而且在这个权宜的文本里他的政体的极端的接受立即禁止了存在的问题和灵魂与身体的狂喜的可能性。

[2] Nietzsche, F. The Peacock and the Buffalo：The Poetry of Nietzsche [M]. Trs. J. Luchte and E. Leadon. Wales：Fire & Ice Publishing，2003:106.

拉试图将意义揭示给大地——在一种表达真理的哲学中并居住于此存在。正是通过诗歌，他能够探究存在的深度，并表达存在的亲密。由此，诗歌是自我表达的狂喜，在生命的通常状态中，先于理性原则。诗歌的再出现宣告了理论的、虚无主义的人及其原则的限制状态的最初的悲剧。

查拉图斯特拉和亚伯拉罕的孩子们

詹姆斯·路赫特（James Luchte）

内容摘要：此论文在文学的、神学的和哲学的交融视角上，从亚伯拉罕以亲生子以撒献祭这一叙事切入，与查拉图斯特拉的孩子交替比较，探索《查拉图斯特拉如是说》在反对一神论宗教的虚无主义上的意义，将尼采的这一卓越文本视为一个既对传统宗教教条又对激进宗教教义的挑战。

关键词：一神论；虚无主义；太一的逻辑；新奇；孩子

查拉图斯特拉的尼采：从有罪到清白

尽管尼采及其家庭认为他的杰作是不敬神的，并担心来自宗教和政治体制的压制，但《查拉图斯特拉如是说》[1]从未遭禁，甚而就在尼采崩溃[2]之前它尚未引起多少关注。这本另类著作在我们这个时代似乎陷于

[1] Friedrich Nietzsche. Zarathustra: A Book for All and None, Trans. Walter Kaufman New York：Penguin，1978.

[2] 自从出版后，这部著作走过了一个相当曲折的道路，成为像斯蒂芬·乔治（Stephen George）那样的人的经典，德雷福斯事件的“尼采派”，德国士兵的伴侣，神学上的上帝运动之死的文本，以及后结构主义哲学的宣言等。这部著作在今天依然无家可归，因为它关涉于一个棘手的关联之中，不仅有我们时代的主流哲学，也触及宗教、神学和文学研究。的确可以说，其风格和内容展示了一种模棱两可，挑战了我们知识劳力那清楚的、明白的两大区分。参看 *Nietzsche's Thus Spoke Zarathustra: Before Sunrise* for a volume of contemporary essays on the philosophical significance of *Thus Spoke Zarathustra*，ed. J. Luchte（London：Continuum International Publishing，2008）。

它独有的吊诡境地。一方面，它众所周知，某些最名闻遐迩的语句常为人引用，如“上帝死了”“末人”“超人”“同一的永恒轮回”等。另一方面，它很少被研究，无论是作为文学的、神学的还是哲学的文本。该论文试图弥补这一忽视，探索尼采反对一神论宗教的虚无主义那引人争议的文本。此聚焦将允许文学的、神学的和哲学的视角在一个更宽广的意义阐释上的交融，即将《查拉图斯特拉如是说》视为一个既对传统宗教教条又对激进宗教教义的挑战。

可以说尼采运用查拉图斯特拉这个名字徒劳地试图颠覆和超越琐罗亚斯德，这善和恶的发明者[1]。此试图是徒劳的，徒劳地模仿着挑战《传道书》的布道者，当它断言在太阳下有某种新鲜事时，或者至少这新奇的某事——超越末世形而上学是可能的。对尼采而言，一神论的末世[2]每一个都显示为对生命的自我同一的压迫，对生成瞬间的消解的副本。由此，尼采不仅冒险虚华地尝试另类思考[3]，而且断言彻底的清白之变形存在的可能性。它是对清白的一个肯定，取代了原罪的训诫权能。的确，“罪”是每个末世症结。但罪仅仅是生命现象的道德解释，它只停留在表层。尼采给我们提示了其策略，以幽深隐晦的、将生命系于一处的藤蔓（狄奥尼索斯的）取代这些假面具。查拉图斯特拉在“第二舞蹈之歌”中唱着：

---

[1] 众所周知，尼采在一种状况下选择查拉图斯特拉作为历史和神话人物，后者属于善恶分离的原始结合。因为纵使我们能够回顾性地见证其后裔的虚无和骨化，他的行动依然是一个创造者的行动——即使仅仅是虚无的创造者。我们能够开始理解尼采的选择的意义，如果我们考虑到，譬如，*Beyond Good and Evil*，trans. R.J.Hollingdale（New York：Penguin，1988）第 18 页，或者在 *Gay Science*，trans. Walter Kaufmann（New York：Vintage，1974）中疯子的咆哮“上帝死了！”——这些文本寻求的既不仅仅是“老的智慧者”的教言的重复 C.G.Jung, Nietzsche's Zarathustra：Notes of the Seminar Given in 1934—1939,（Princeton：Princeton University Press，1988）第 282 页，也不是一个复活或重拾先于二元性开端的同一或统一的工程。

[2] 我以复数形式写下末世一词，不仅仅为了强调不同的一神主义之间的区分，也是为了暗示“上帝死了”这一复数事件，它不再允许一个按照神圣的见证的普世概念或按照一就是多的逻辑建构的在场的形而上学的概念。

[3] Friedrich Nietzsche，Ecce Homo. How One Becomes What One Is，Trans. R.J. Hollingdale. London：Penguin，1979. 原初的罪状是骄傲，自爱—虚华。但这带来了光明，它揭示了清白之可怕的真理。“上帝是一个残酷的答案，是反对我们思考者的粗俗之物——彻底地残酷地禁止我们：你不得思考！”（第 21 页）

一！

哦人，注意！

二！

这幽深的午夜在宣告什么！

三！

我睡着了！

四！

我从酣梦中醒来并宣誓！

五！

世界幽深，

六！

深于清醒时的白昼。

七！

其悲哀亦幽深；

八！

欢欣——然而深过痛苦。

九！

悲哀乞求着：去！

十！

但所有的欢欣渴望永恒——

十一！

渴望幽深，渴望幽深的永恒。

十二！[1]

这是查拉图斯特拉的反转和革命的许多宣言和姿态之一的一个例子：存在的“真理”必被暗示于生命的幽深处。当被带至表层，此深度

[1] Zarathustra，Part Three，“The Other Dancing Song”.

将被展示的程序所毁，由此个体的隐私及其自我解释和表达消融于有神论的去值，不仅深度如此，而且生命及具体的存在亦如此。私密地、本己地表达被末世的宏大叙事取代，被上帝的话语所挤兑。由此对尼采而言，最艰巨的任务是试图下至幽深处。若真理喜爱隐藏自己，一旦我们迫使她裸身立于我们视域政制的全景监狱中，我们便会毁了她。若真爱真理，我们必须跋涉至禁区——以便在那儿找到她——在她的真理中。她必定为她自身而言说。

对尼采及此后的巴塔耶❶、布朗肖❷、艾利加里❸和其他人而言，它是诗，是音乐，是“九曲十八弯”，促使下降至深处，向她自身的领地投去真理的一瞥。它是能下至深处的酒神颂歌的诗篇和音乐，表达着绑系永恒之结的隐秘纽带。诗篇尝试在不将真理化为灰烬的情况下将之带入敞开。随着（上帝和创造）、概念和直觉、主体和客体、意识和存在的反向领地的内向爆破，我们发现，对尼采而言，即使诗被构想为一种概念性的类型，它也是生命现象的自我表达❹。诗人们被从城邦之光明中驱

---

❶ Georges Bataille，On Nietzsche，Trans. Bruce Boone，St. Paul. MN：Paragon House，1994.

❷ Maurice Blanchot，The Step Not Beyond，Translated by Lycette Nelson. Albany：SUNY Press，1992.

❸ Luce Irigaray. Marine Lover of Friedrich Nietzsche. Trans. Gillian C. Gill. New York：Columbia University Press，1993.

❹ 从尼采最早的著作到最后的著作，也就是说，从其最早的诗篇到最后的“疯狂的”（是和雨果波尔一样的疯狂吗？）涂鸦——还包括所有居于此间的作品，存在一个漫长的发展期，可以追踪出诗和艺术的线索。我们可以追踪此线索，从他早期诗篇之一“Birthday”（1958），经由“On Truth and Lying in the Extra-Moral Sense”，再由 The Birth of Tragedy，在 Human All Too Human，Daybreak 和 Gay Science 这一沉思和经验期的光耀中，出现了查拉图斯特拉，作为哲学（和历史编撰的）创造。值得注意的是尼采在某种程度上试图隐藏其作品的谦卑的来源——他的选择程序是众所周知的——就像他作品的构建特点一样。通过有限启示的策略尼采隐藏了自己的深度。他的确将诗篇融入著作中——但并非他所有的诗篇，有些诗作为一个平衡，相对于尼采那坚硬男性的自我肖像而言——一个彻底的贵族。譬如，有许多这样的例子，哀恸和悲伤，眼泪和痛苦，自杀性的绝望等，这些很少出现在出版的作品中——或者至少，仅仅出现在查拉图斯特拉中。他关于父亲之死的诗篇，暗示上帝之死的“归乡”，远非庆祝光明和黑暗联姻的笑语和舞蹈。它更类似于既狂热又痛苦之灵魂的疯狂者和预言者的咆哮。然而与此同时，并非所有都被隐藏——实际上尼采谱写的乐曲和歌谣总能为人所知——尽管很少聆听到。撇开尼采的隐晦，要领会到这一点还是简单的，即他的诗篇，譬如“Dionysian Dithyrambs”和“Wit，Tricks，and Revenge”，提供了失落的地平线和轮廓——确实，这是尼采哲学的诞生地。至于尼采诗篇的完整英译本，请参看 The Peacock and the Buffalo：the Poetry of Nietzsche. a bi-lingual edition is forthcoming from Continuum in 2010。

逐，因为他们恳求人们记住那些回荡在城邦政制之下的大地之歌。柏拉图指责诗人撒了太多的谎——他们的言说颠倒是非——诗歌不过是朝生暮死生涯之懒散的喋喋不休，虚妄的逻各斯。然而尼采在《超善恶》的序言中提醒到，柏拉图创造"善本身"的尝试是一个自我否定的尝试，否定视角，拒绝生命——换言之，柏拉图对另一世界的渴求是逃避和虚无主义的双重尝试——确实，一个谎言，权力意志的一个面具。查拉图斯特拉笑着同意，诗人的确撒了太多的谎——但他在山坡告诉那个困惑的年轻人，"查拉图斯特拉也是一个诗人"[1]。或许在其诗歌和艺术的运用中有个更适于言说真理的谎言，尼采对理论哲学和神学的挑战是最具颠覆性的。因为，尼采不仅摆脱科学和逻辑的条款，而且以类似于三大一神论文本的风格来写作，他不仅暗示这些文本每一个所具有的所有——太——人性的创作根源，而且提供了一个替代性教言，通过回到我们自己时代在琐罗亚斯德和亚伯拉罕的轨迹源头，尝试建议人类自身克服虚无主义。

查拉图斯特拉和亚伯拉罕：太一的终点

查拉图斯特拉，那个横跨于历史和传奇之崖的角色，站在长长的一列酷似的宗教断言之开端。他不仅被誉为"第一个"设定了善恶之分，而且第一个将世界的意义描绘为道德事。按照波斯古经的神话—神学，善恶之战首次出现是作为初始神性的分裂，阿胡拉马兹达分为 Vohu Manō 和 Angrō Mainyush。由此，差异之断言的详尽的地平线以及初始

[1] Nietzschc, Friedrich. Zarathustra : A Book for All and None. Translated by Walter Kaufman. Penguin, p. 127. 众所周知尼采也写诗——并谱曲——或者如许多人指出的。的确，读了他的诗，我们会发现那正是他全部作品当中的神秘园、山峦和沙漠。当人们将他那格言式作品描绘为诗意写作的类型学，在其漫游中将之铭刻于笔记本中时，尼采留下了诗意作品的一个唇音，远远超越当代哲学的领地。尼采永不放弃作为创造科学之子孙的诗和哲学的亲缘，在大部分作品中融入诗篇——然而，永不敞开其隐秘的诗歌雄心的泉源。确实，是其诗歌提供了更宽广的主题方向和前职业的线索——其作品不是按照逻辑和分析的标准来建构的——正如所指出的，而是诗意拓扑学。

统一体阿胡拉马兹达的记忆，描绘了一个不仅由“伦理学的”也由“形而上学的”对立面构成的世界，此对立面居于存在的矛盾原则之间。正是以此方式，善恶的权宜领地构成了世界的基本的现实和理性。这样一个领地既非赫拉克利特式的无限对立，亦非炼金术式的联姻。因为查拉图斯特拉，或如他亦知晓的琐罗亚斯德（以及其他依然能在今天发现的成千上万的衍生品），特殊的形而上学的对立面并非停滞不前。这是损耗性战争，在其中，在战斗的自热化之中，领地得到又失去[1]。然而对琐罗亚斯德，这场战争显示出个别的命运，这是善对恶的末世性的战胜——然而是一个不再需要形而上学梯子的纯粹伦理学的善。这样，由琐罗亚斯德显明的这个世界的终极命运是其神秘的超越，通过消融它由之构成的形而上学反题。而且此反题及其显示的这个世界必须被人自身克服，一如他肯定他自身的命运。对琐罗亚斯德,借助于一个原则对另一个原则、善对恶的明确肯定，这个命运取得了它末世学的和后历史的实现，像波斯古经[2]中“善思、善言、善行”处方所忠告的那样。对琐罗亚斯德，这个世界的意义和命运通过原始状态——阿胡拉马兹达——的重拾而完成。

伊朗的伊斯兰教思想家关于双重原则状态质疑琐罗亚斯德派的“二元性”，尤其是关于安拉曼，恶的神性。如古兰经中一再重复肯定的，只有一个终极原则——安拉原则，安拉是全能全知全善的（怜悯的）。从这个视角看，琐罗亚斯德设定的二分图型，即使不是初始的，不仅形成了对神性的权能和统一的亵渎，如基督教三位一体这个例子一样（一个怪异的亵渎），而且导致一个隐含的可能性，即，一个终极“现实”的替代性原则，也就是恶，至少是可能的。琐罗亚斯德可能再次联合之，当他以这样一个居于现象的存在中的形而上学矛盾开始时。此冲突的末世将类似于标准一神教方程式的冲突。在此世的不和谐中，琐罗亚斯德

---

[1] Mao Tse-Tung. On Protracted War. Peking: Foreign Language Press，1967.

[2] James Darmesteter trans. The Zend-Avesta Sacred Books of the East. London : Routledge，2001.

试图重拾善的初始统一——太一[1]。

伊斯兰主义者提出，琐罗亚斯德在这个世界的构成上错在给予恶以形而上学的独立性，给予被创造的、在这个世界的终极命运的实现过程中暂存性的存在以自由。的确，一个人会在古兰经中（以及摩西五经，如在约伯的故事中那样）得到奇怪的印象，即安拉（或上帝）分配恶作为一个武器和考验,作为一个掩饰。在“奶牛”一章中,那些自称“我们”的安拉的天使们，封住不信者的眼睛和耳朵——让他们的心肠更硬，从而确保他们的厄运。在对不信仰不服从之人的回应中，恶，几乎不是独立或威慑性的力量，仅仅是临时性的世界现象，被分配给不信仰者，甚至，在终点之前的剧本中，激励他们超越希望和怜悯。天使们奚落不信仰者——往前走，享受你的不信仰——在你剩下的时间中，在愚昧和盲目中放肆——因为最终，万物和人人都将回归安拉。

最后，与三个一神教断言一起，琐罗亚斯德分享了末世的太一的逻辑，无论它是犹太教的“日子的终结”（民数记 24：4），还是基督教的天启（启示录），或是穆斯林的最后的审判（古兰经），都表明作为堕落状态，暂存性的世界的终结，在其中善被恶所反对。由此琐罗亚斯德，作为恶被善战胜之父，对上帝的永恒回归战胜多样性的世界之父，处于和亚伯拉罕[2]相似的里程碑似的情况，保有来自每一个一神教断言的对一神之上帝的信仰的官方保护，犹太教、基督教和伊斯兰教，每一个都被尼采描绘为虚无主义的类型学。的确，查拉图斯特拉与亚伯拉罕一起分有了许

[1] 的确，从新柏拉图主义思想家普罗丁的观点看，暂时地，它能够证明恶是这样一个不确定的状态，它从未被适当地指定一个原则，因此从未能够成为善或太一的替代。琐罗亚斯德自己将肩并肩地与伊斯兰主义者在一起，尤其是在恶的评价问题上，在一个原则对另一个原则的根本性决定上，在此对彼的记忆中。琐罗亚斯德寻求阿胡拉马兹达在这个世界的超越中的重新统一。如故事所言，万物将回归安拉。

[2] 关于琐罗亚斯德主义对犹太教主义的历史性作用和可能的影响，见 Charles David Isbell. Zoroastrianism and Biblical Religion [J]. The Jewish Bible Quarterly，Vol. 34，Number 3 July-September，2006，Jamsheed K. Choksy，Hagiography and Monotheism in History：Doctrinal Encounters between Zoroastrianism，Judaism and Christianity. Islam and Christian-Muslim Relations. Vol. 14，No. 4. Carfax Publishing，2003（10）。

多的模棱两可，其中每一个都是过渡性的角色，他们不得不饰演暴力以便为自己新的断言创造地盘。而且，当其他精神性形态如佛教、巴哈教和现代琐罗亚斯德主义不将亚伯拉罕视为他们的出发点时，从尼采的宗教虚无主义谱系学的视角看，在所有这些教言中存在一个深厚的形而上学家族，这个从维特根斯坦那儿借来的词汇，组成了一个明显的家族相似[1]。由此，是亚伯拉罕此人才可以充当任何虚无主义形而上学的原型。

随着他对信仰的毫不含糊的证明，以亚伯拉罕之名给予亚伯兰姆。对于所有期待在朝向太一的终点实现的末世论而言，他巍然屹立成一个榜样，如我所建议的。的确，这个轨迹展示于亚伯兰姆的实践形而上学中，展示于他毫不质疑的献祭和对一神上帝之意志的恪守之中。在创世纪的叙述中，一方面是直率的一神教断言，亚伯兰姆被刻画为与神性具有漫长的关系；另一方面是含蓄的，像一个孩子，当他打碎父亲的偶像时，告诉后者偶像已在他们之中争斗。这样一种信仰在其开端对亚伯兰姆而言已足以否认其祖先的传统多神教信仰。亚伯兰姆愿意面对他父母并否认他们的宗教——的确，打破所有过去已来到的，并开始一个新的谱系学。亚伯兰姆被他的新的上帝所接近，后者对他发起了一系列信仰的考验，他是第一个离开他的传统家庭的人。这是新契约的开端，在其中亚伯兰姆以他的信仰交换此许诺，他将得到一个新的家园，子孙后代得到庇护。然而，岁月流逝年华老去，亚伯兰姆担心了，他依然没有孩子。他的上帝告诉说他的老妻萨拉又为他孕育一个儿子。此预言招来亚伯兰姆和他妻子的嘲笑。然而嘲笑很快没了，因为看似不可能的事情发生了，亚伯兰姆的信仰由此更坚定。同时，尽管对后期一神教信徒很重要，他

---

[1] 相反地，可以建议，维特根斯坦可能从尼采处借用了这个词汇，因为后者在 Beyond Good and Evil，Part 1，Section 20 中谈及“确切的文法功能的魅力”：

在所有印度的、希腊的和德国的哲学思维中存在的异常的家族相似相当容易解释。

哪里存在语言相似性，哪里就相当不可能，谢谢语法的共同哲学——我是指，谢谢相似的语法功能的无意识的支配和控制——避免任何提前准备的，为了哲学体系的一个相似的演变和继位：就像道路似乎被阻止朝向世界解释的明确的另外一个可能性。

对传统神性和家园的拒绝本身没有构成此行动，即它足以值得姓名的交换，足以建立一个新的谱系学，足以完成一个新契约。充当其信仰考验高潮的行动并非弑父母或弑配偶，而是他牺牲亲生儿子以撒的意愿。克尔凯郭尔在《恐惧与战栗》中推测了种种情节，以此可以解释对亚伯兰姆的这样一个神性命令究竟意味着什么，因为后者自身对要求他牺牲上帝给予自己的儿子并未置一词。带着虔诚态度，他单纯地聆听并试图服从。亚伯兰姆为此牺牲做好准备，在得到神谕知晓黎明到来将牺牲其独生子后，于头天夜里睡着了。朝霞来临，他和以撒离开家来到山顶的祭坛，再次对儿子和妻子萨拉未置一词。当儿子问牺牲的羊在哪儿，亚伯兰姆沉默答曰上帝会提供。说完后，亚伯兰姆将以撒放在祭坛在他面前举起小刀——以撒看到这个可怕的事实——但就在千钧一发之际，加百利天使出面告诉亚伯兰姆他无须真的付诸行动——他摆脱了困境，故事变成了戏剧（笑声回来了）[1]。亚伯兰姆经受住了信仰考验，带着他的新名字亚伯拉罕，被许诺说他的后裔会多于繁星。通过信仰的证明，亚伯拉罕许可了一个将要诞生的崭新的世界命运。当上帝将他的亲生子作为一个牺牲的羔羊送到这个世界时，同样的故事再次讲述，但在一个更高的级别上。通过耶稣之死，上帝承担了他未要求亚伯拉罕做的。

但，什么是这个末世论的哲学意义，这个太一命运的哲学意义？如尼采所诊断的，这样一个命运是虚无主义命运，或者换言之，是末世论，它试图否认生命的巨大的创造性的多样性，带着它传说中的对此世灭绝的渴求。带着他临时性存在的蜉蝣般的特点，亚伯兰姆很乐意为上帝牺牲自己的独生子——真的没有什么大不了，他或许低声说。然而对尼采而言，上帝死了——他随着亚伯兰姆的低语死了——上帝出生即死，因为他自己承认创造自身没有价值——与作为全部价值席位而设立的上帝相比，这根本没什么。新上帝像牧神一样吞噬自己的孩子们——并令

[1] 我在少见的含义上使用“comedy”这个词，它试图从悲剧的双重束缚中逃离自身，或者在古老的含义上，它用幸福的结局来终结。

他们窒息而死。这样一个价值席位的转变，对暂时性存在的世界的否认，是飞向另一个世界——它是虚无主义，未能将世界和大地看作肯定的唯一主题，看作艺术品，看作活生生的存在，看作生命……

然而，这样一个天命的信徒将诚心诚意地质疑尼采对虚无主义的诊断。他将带着对第二意见的需求回应尼采这个文化的医师。他会问，这样一个逆转是如何可能的，通过它，信仰的范本转到它的对立面，转到全部价值肯定的完全灭绝，通过它，不可见的、超越的、上帝的信仰变成了虚无主义，变成了纯粹无物的内在虚无？的确，事实上，亚伯兰姆对上帝的生殖性献祭和恪守承诺难道不是虚无主义的极致对立或对无之权力的任何诱惑吗？神性自身难道不是所有存在、价值、意义的源泉吗？谁敢有别的建议？这是如何可能的，上帝之城的希望成了虚无主义的症候？这样一个信徒将视任何这样的建议为荒谬的。

上帝之死：它自身毁灭的种子

如果我们考虑亚伯拉罕作为信仰原型的正面视角，按照他对太一逻辑、对消极相异性末世的恪守承诺，我们会被另一个亚伯拉罕触动，那个将异教徒的神圣的肯定之神话绣帷撕成纱线的亚伯拉罕。从这个视角看，亚伯拉罕是伟大的破坏者。生来便切断与家庭及诸神的联系，亚伯拉罕是第一人，或者，是某个第一人——他是散漫形态的创始人，一个开创者，一个亚当。而且，一切将来的历史，将仅仅是他的存在的展开，折射为过去的限度和将来的地平线。他安住在中间，在他自身保有此不可判定性——甚至在他对太一的决定中。这个模糊性的敞开，一个真实事件的矛盾情绪的敞开，在他的决定中保留了痕迹。亚伯拉罕在他独立于异教世界的宣言中参与了权威的神秘建立，同时这个事件毫不含糊地猛然袭击了他父母的世界和宗教。他破坏，以便建立一个新开端，一个新的世界秩序。然而就在他俯视深渊时，他用自己的艺术品，那不可判定的，暂存的可能性的敞开，来盖住并替代它。神秘根基的现象被压制、被取代，通过视域、事件和历史。

如果暴力中的一个开端不能完全并剧烈擦去它暴力（起源）[1]的最后的痕迹，任何根除企图将只会挑起此痕迹的复制。伴随着阴影，此暴力是不可逃脱的——根除工程的不可压制的复制不能胜任表层的擦除项目，而是复制冲突状况，由此，此工程和项目被再次制造和放大。此项目变成一个托词，它为了自身被耕种。暴力的怪圈为了善而被复制和维持，这还不是最重要的，最重要的是，暴力的复制本身成了狂暴的“善”的新陈代谢。暴力中的开端必须暴烈地活着，如果它从根本上打算活着——它必须无休止地重复它这一悲惨的（起源）“事件”。

由亚伯拉罕实施的暴力解构的创伤，对他父母的偶像、他祖先的诸神的暴力解构的创伤，不仅复制于他牺牲晚年所产之子以撒的意愿中，也复制于他子孙后代的轨迹中，在契约中像繁星一样不可胜数的后裔，生存于那原初创伤的复制和乖戾实现中。更有甚者，在亚伯拉罕心中的创伤事件本身仅仅是亚当（和夏娃）从永生和快乐之园中被逐这一更原初创伤的复制。米兰达建议说亚当和夏娃的创造神话本身是一个校订本，用以为亚伯拉罕建立神话和谱系学[2]。由此，亚伯拉罕对其家族诸神

---

[1] 我给“起源”这个词加了括号，以胡塞尔的方式，以便强调它的不确定的特征——而且在目前的语境里，暗示内在于权威真理领地的开创性行为中的暴力。关于律法的开创性行为之暴力的详细讨论，见 Derrida，Jacques（1992）“Force of Law：The ‘Mystical Foundation of Authority’ ” in *Deconstruction and the Possibility of Justice*，edited by Drucilla Cornell，Michael Rosenfeld，and David Gray Carlson。关于亚伯拉罕的残忍的意图和宗教狂热与克尔凯郭尔的《恐惧与战栗》之关联的补充讨论，见 Derrida，J. The Gift of Death，Translated by David Wills，Chicago：University of Chicago Press，1995。

[2] José Porfirio Miranda. Marx and the Bible: A Critique of the Philosophy of Oppression. Trans. John Eagleson Maryknoll，NY：Orbis Books，1974. 的确，创伤和复制的这个模式不仅为《创世纪》暗示了一个深厚的叙事逻辑，而且遍及希伯来《律法书》，基督教《旧约》《新约》以及穆斯林《古兰经》。而且，它是悖逆、惩罚、赎罪的三位一体，建立于《创世纪》中，展示出碎片式的一神教豁免之行事方式。

的悖逆在堕落叙事中有了一个神话的托词和再铸。亚当和夏娃的悖逆事件开创了从清白到有罪的过渡，从恩典到惩罚性驱逐的过渡，而且树立了一个原型，用以界定“人性”的本质特征。亚伯拉罕如何还能有其他作为？

在此逆转视角中，亚伯拉罕父母的多神教被再次标注为偶像崇拜的条件及对亚伯拉罕的唯一真神的悖逆。而且，尽管面临神圣愤怒的猛击，悖逆的种子依然作为原罪的污点或痕迹而存活。某人犯了罪并受了惩罚，但归因于堕落之后人性的基本存在特征，某人将在人性的堕落性实现之中再次犯罪。历史由罪的奇闻异事谱写。的确，罪的神圣授予的特点与性的扭曲一起浮现，伴随着自由精神的异教，后者将性行为并入最后的晚餐的记忆中，这个爱之上帝的庆祝。当然，在对创伤策略的保持中，这些异教徒，譬如玛格丽特·珀瑞特，被处以火刑[1]。正是堕落及其不屈不饶的复制，隐含着人类在罪的领地中存在之现象的天真的自我解释。在堕落之前没有人类。没有之前……

原罪的污点，悖逆的种子，在创世纪中以无数的方式上演自身。在首例中有一个压倒性的问题，亚当一脉繁衍中的乱伦。然而有些人会希望给予创世纪中的寓言以更深的奥义——或将这些文本一起去魅化——就地剥除文本的意蕴是有益的——我们必须回想起，这个文本依然充当世界时间、世界历史和政治历史之组成的基本来源。然而在罗德的女儿们事件中有对乱伦的明确提及，在所多玛灭亡和罗德的妻子死去之后，随着对该隐妻子的身份的质疑，有对乱伦的暗示。她是谁……只不过是夏娃她自己（如果不是莉莉丝，她不能完成创世纪的最后证明）？一个女儿出生给亚当，但相当晚。然而这个替代性的解释自身难以逃离乱伦的迷宫，创世纪的基本意蕴是该隐和他母亲夏娃的乱伦关系。按照索福克勒斯的《俄狄浦斯》中极为诱人的类似，随后该隐的羞辱的命运暗示

[1] Marguerite Porete. The Mirror of Simple Souls. Mahwah：Paulist Press，1993.

了人类存在的可怕真理和悲剧命运——作为堕落的生灵。这个罪的轨迹自身上演其随后亚当谱系的轨迹，在诺亚时代的最终的堕落中。在这起事件中，一神上帝决定摧毁所有人类和每个生物，除了诺亚一家，以及动物和种子血脉，诺亚被吩咐将它们保存在方舟（他）之中。关于人类邪恶的状况给出了更多具体的内容，所多玛和蛾摩拉的惩罚和毁灭，对巴别塔的神圣的猛击等。在前一个事件中，它冒犯的是作为人性的先觉者的亚当和夏娃性原型的颠覆。后一个事件阐明一神上帝不惜代价维持对其创造物的威权的不可能的渴望。路西法，他的荣耀的创造物，已经厌恶他了，其反叛不仅在圣经自身的叙事中树立了一个异于太一逻辑的先例，而且包含了人间压制的痕迹和异教精神的擦除，更老的诸神的宗教的擦除。然而，对神圣理念的人间篡夺的痕迹深藏水下，在罪的叙事中，没有罪的叙事——悖逆的、惩罚的、救赎的。

亚伯拉罕等人对多神教的取而代之被压制于亚当谱系之中，通过在隐蔽行为中骄傲行为的取代。恐怖主义居于原初堕落的叙事中。某人能够责备自身，某人能够自身察觉原罪和悖逆的能力，但在亚伯拉罕之后，原始邪恶的根源之所在不是诸神的取而代之，而是对一神上帝的不服从的叙事。换言之，诸神对神圣的取而代之并未暗示一神上帝——悖逆之罪反而投射于他的敌人以及创造物的堕落，但在某种程度上歪曲和撕毁了这初始的行动。从亚伯拉罕的祖先的视角看，这个事件是诸神之死。亚伯拉罕执行了对神的大屠杀。亚伯拉罕给予了邪恶以诞生。但，与邪恶之婴同时诞生的，是其起源的失真和再述——它被再次标注为其对立面——它被隐藏于原初之罪，即原罪的控告的相反的指控中。在新神话中，上帝变成了善，诸神变成魔鬼。从这个视角看，亚伯拉罕的上帝是真、美、善的一个事件。

人们将回想起尼采的查拉图斯特拉的诽谤，即老的诸神在面对那个宣称自己是唯一之神的上帝时嘲笑他们自己的死去。对尼采而言，那是将令我们从“神圣”，即权力意志的冒充和面具——装扮成虚无意志——

的无限束缚中解脱出来的笑声。然而，这样的笑声在鞭子、脚镣和火刑柱的伤痕中是最难以达至的。人们将在这样一个康复期的状态中保持着康复或对生存的渴求。这些伤口很深，表面的疤痕依然烧灼着我的灵魂。心智蜷曲于老旧黑暗城堡的隧道和内廷中——她的访问者破译她皮肤上的文身叙事和片片符号。我们也被宣告阅读这些铭文——但，在我们自己的灵魂之上，不仅去破译太一的逻辑铸造于我们自身的铭文，而且也去测量建于这一事件之上的异教精神和文化的摧毁。

在一切面前站着一个欺诈，一个面具，作为他者的一神上帝的面具。父亲的罪重播、激活——复制着——在孩子们当中，因为他们试图维持训诫和监视的领地——净化，净化，否定生命的权力——他们祖先的传统和遗产。亚伯拉罕取代自己的祖先，父亲和母亲，但随着他的取代和再述，他再次挪用了祖先的律法——然而，随着这附带性条款，即他自己是新约的第一人。人们必须理解，通过亚伯拉罕的劳苦，人性再次诞生。然而对旧诸神的取代类似于迈锡尼挂毯中颠覆的轮回，乌拉诺斯被克洛诺斯、后者被宙斯颠覆，在异教诸神的神话挂毯中展示的王朝继位的血亲关系的线索之外，亚伯拉罕的摧毁与之保持一个根本的距离。此根本的距离由亚伯拉罕在对父母亲的诸神的摧毁中宣告的真理组成。此真理的断言取代了任何存在的神话的变形之本土的标准和剧情。"真理"将亚伯拉罕及其一神谱系带入历史性的稀薄地面。再次，"上帝"类似于牧神。然而，不清楚他是否吐出其他诸神和诸女神。

历史开始了，故事继续着，在传统神话叙事的彻头彻尾的缺口中。然而此缺口不需要暗示说，这样一个位置，这样一部历史，从神话领地逃离出来，但将要和必定，从它自身的修辞学断言的立足点宣告神话的死亡和离题。然而如巴塔耶在其关于超现实主义的论文集《神话的缺席》[1]中所建议的，这样一个以神话之死为食的历史性，的确是最伟大的神话。

[1] Georges Bataille, The Absence of Myth: Writings on Surrealism. Michael Richardson, New York: Verso, 1994.

同时，当历史或许仅仅是拖曳而来的神话时，太一的逻辑和真理的修辞坚持其起源和谱系，破坏传统神话那展开的挂毯，开创取代和置换的策略。即使缺口为了自己的存在理性建立另一个神话原则和叙事，它也是展示了此种真理的策略和修辞，即它只是表面上否认自身作为非神话或甚至反神话的。这样一个根本的定位经常被吹捧为“伦理学的一神主义”的理智的进展。然而，这样一个对神话存在之戏剧的否认和压制威胁了虚无主义的形而上学，威胁了对世界和大地的双重束缚之超越的渴求——当本体将自身的生命从现象中砍断时它便死了。这样，人们能够推演出尼采在《超善恶》的序言中的论辩，即基督教是整个亚伯拉罕谱系的“人民的柏拉图主义”，在对不同于全部可见的和“堕落”存在之领地的最终估价中。随着柏拉图和奥古斯丁，亚伯拉罕试图通过其新约，建立他自己的城邦，他的上帝之城。在这个意义上，亚伯拉罕变成了哲学王，可见和不可见王国的各自地位的立法者。在神话和政治末世学的命运中，亚伯拉罕不仅是法官和国王，和阿尔·法拉比（Al Farrabi）一起，也是牧师。将他各个角色绑在一起的是对一神上帝的信仰。然而，如我们将要看到的，随着他的信仰行为以及对他的上帝真理的宣称，他释放出一个轨迹，此轨迹将煽动进一步的背叛，在他可怕的孩子们，基督教和伊斯兰教中建立太一和真理的断言。

然而，从人间政治学的视角看，尽管有亚伯拉罕谱系的相对的成功，但它也是太一真理的完全的策略和修辞，即在建立一神教猜想的行动的同时，植入它自己破坏的种子。的确，它的成功的可能性立即敲响了它自己的丧钟。深深地坚守于它隐秘的凹槽中的真理意志，原初的权力意志，将在它的胜利中，被迫将此权力意志转入它自身。在和平时期，好战之人转而反对他自己。不仅旧诸神之死为“不朽者”之死开了一个先例，而且替代的特有的逻辑，如真理意志，已经并不可逃避地为上帝之死写下了原始脚本。从这个视角看，亚伯拉罕自身变成了最丑的人。他对他的上帝的独尊之断言立即成了对他的上帝的残忍的一击。如果你希望摧毁一个原因，那么变成它最极端的鼓吹者吧。一神教的断言，在其上帝的客观化和上帝是真理的鼓吹中，挑起了遗忘的泛滥，这将使这个上帝转入它自身最初的命运，回到那些嘲笑自身之死的诸神中间。这个原始缺口的痕迹，太一的悲剧性断言的无休无止和不可阻挡的破碎，散布为后裔的叙事和会众的冲突。而且，与真理意志相关的交易的特有工具，变成了太一的断言之上的靶子，但仅仅是在其凯旋的幸运的一瞬间。展示于苏格拉底"理性的人"格言中的"未经检查的生活不值得过"是这样一个断言，太一将自身靠在一个神话上，此神话如尼采所之处的，乃反对生命。历史批评的剃刀开始了将自身连根拔起的自我撕裂工程。在它遗传的真理意志的法令中——它杀死了上帝。

雷纳舒曼忠告说一个理念的死亡通常比其诞生要费时更久[1]。历史的上帝差不多花了两千年经受历史主义、方法论的程序，这实在是自相矛盾。我们杀死了上帝。我们是最丑的人。但是，我们带着他自己给我们的礼物杀死了他。真理的上帝的本质的凯旋是他的完满和死亡。摧毁旧诸神并历经千万年的抛光和提炼的真理意志将自身转向一个自我监督和灭绝的最后的工程。但除了它自身及其泛滥的历史行动，它什么也没看见，它最后否认这个大地上有任何真理。的确，它总是已经在别处。在这种来世的迷失中，它认定生活不值得过，而且，它寻求自身的毁灭——它寻求实现它自己展示的非真理的意蕴。历史的上帝死于他仅仅被展示为历史的。真理的上帝死于他的暴力意志在不可能的任务面前变得苍白，此任务乃试图将他自身组合成唯一的真理，将自身组合成存在的整体，将自身组合成我是我所是。世界和大地总是他的羞辱，尴尬的存留物，总是他的有毒的圣餐杯。

[1] Reiner Schürmann. Heidegger on Being and Acting: From Principles to Anarchy. Indiana University Press，1987. 他写道："当被提及关于原则的问题时，他们已经开启的交换网络变得混乱，他们已经建立的秩序开始倒退。一个原则有其上升、统治期及其毁灭。它的死亡通常不成比例地花费比其统治更长的时间。"（第 29 页）

太阳下的新奇：意志和权力意志两个概念

传道书的传道者会让我们相信，创造性的生活是徒劳的，因为太阳下面没有新鲜事。的确，按照此种表达和运用的无家可归的命运，有限的这个世界的任何新奇的断言都是虚空。主人和奴隶皆终有一死 —— 一个人并不比另一个人更有意义 —— 他们最终会相遇。一切作为都要萎谢或为后来者占有。一切都是虚空。没有什么可为，除了与朋侣把酒度日，这才是上帝给我们的应得。在限制和希望的双重束缚中，一个人必须，而且只能等 —— 死……为了上帝。

在日子终结时，传道者的"形而上学"与亚伯拉罕的一样。类似的二分法在衰退和破碎的可见世界与永恒的不可见的另一个世界之间坚持着。在二者中，是后者拥有全部价值并坚守全部希望。亚伯拉罕牺牲其老来所产之子以撒的意愿是，如我所建议的，仅仅是一个复制，他父母的大地诸神的宿命性替代的复制。他的信仰给了这个世界之外的上帝，这个世界没有价值，它唯一的意义就是它自身的无意义。然而，正如这个世界是某种要被克服的，如琐罗亚斯德宣告的，它依然是阿波罗的诞生地，如同贫瘠的德洛岛，它依然是不可见终点的消极的镜像和出发点。忠信的亚伯拉罕会在传道者将任何大地工程或目的地视为虚空的意志中发现类似的意志。亚伯拉罕和传道者皆对大地的歌舞关闭他们的耳朵：人人都抛弃大地事物、诸神和作品的虚空 —— 人人皆怀有寻求终极理性和目的的意志 —— 它的最高价值 —— 在事物之后或超越事物 —— 在超越中，在无物中。像它在这个世界发现没有终极意义一样，像它不能忍受在周边蔓延的虚空一样，虚无意志是寻求反题和传统的"形而上学"的灵魂，寻求太一逻辑的灵魂。的确，对亚伯拉罕和传道者，虚无意志只是一个压倒性的意志 —— 上帝意志 —— 一个已经、一直表达于铭文中的意志，铭刻于旧约律法的显示的逻各斯。

上帝意志是这个显示的真理的表达的主题，它清楚地断言它是唯一的真的意志，一个在别处的意志，超越这个堕落的世界，在无物那里。按照他对太一的轨迹的抵制，尼采宣称虚无意志是对生命现象的彻底攻击和歪曲。他与此并置了另一个意志的叙事，在叔本华的《作为意志和表象的世界》中的意志，后者与太一上帝、太一意志的排他性一脉相承。然而我们将测量出，叔本华书中的意志是个别的、独有的——而且是太一逻辑的另一个变体（因此是他的伦理学的总结）——很有可能这样一个意志立即使一神教断言的独占性瓦解。这个意志，原始的力量，清楚地被设想为世界的狂烈心脏，像生命的无意识的抗争。对叔本华而言，不是通过概念的明晰或另一个世界的光明，而是通过音乐、诗歌和舞蹈，意志才被创造和敞开。在其不厌足的发散和客体化中，意志试图满足其自身的渴求，对自我认知和自我表达的压倒性的渴求。然而，通过他的伦理学的悲观主义，叔本华最终将自身展示为一个虚无主义者，与亚伯拉罕和传道者结盟，无论如何他敞开了意志的一个替代性概念的存在，作为生命意志，存在意志，生存意志，表达和自我理解的意志。即使叔本华开了一个悲观主义否定的药方，这个意志，或那个表明这个迹象的意志，依然展示了对虚无意志的剧烈的抵制。正像对那个被亚伯拉罕摧毁的异教精神的记忆痕迹的坚持一样，孕育着上帝之死的种子，虚无意志的反题以及存在意志使那个认为只能有唯一的一个意志的主张爆裂。正是由于这个原因，尼采通过查拉图斯特拉言说，超越太一的不同逻辑，发出权力意志的多样性声音。

这些意志概念的每一个都指向一种伟大的渴望。然而，甚至在他们明显的对立面，这些立场的双方对尼采而言也隐含着激烈的否定，对肯定创造性生命的可能性的激烈的否定。对亚伯拉罕而言，这个世界并不是恰如其分的真——他会强调，其现实性表明，一切坚固之物都消弭于空气中。一个人能够清楚明确的只是上帝和他的新约。对叔本华而言，糟糕的无限之特有的无用揭示于生存意志中，然而存在在特殊方面的充

足的描述服务于责难生命和这个世界——对尼采而言，生命和这个世界寻求的不是生存——它已经拥有这些——而是权力和创造，健康。对叔本华而言，需求系统和满足的彻底匮乏强调了运用和表达的无意义，这只能获得未满足状态的持存。叔本华像玛尼一样断定，我们对生命的无用性的唯一的回应必定是在我们自身当中意志的沉寂，通过伦理学的——和生殖的——个体的否定。像佛教所言，自我的世界并非恰如其分地真，它是虚构的思想和模糊的自我意识之卡片的住所。作为意志的面纱之自我，必定破裂以便意志被发现然后沉寂。意志的挣扎和痛苦必须被否定，如果它们终将归于同一和静止的话。这两种教条，每一种以其自身的方式，树立了二元性的形而上学，像琐罗亚斯德所言，在其策略的对立中，揭示了太一的末世论，而且在两种情形下，末世卧于此世之外的别处——这个幻想的主题，无用性，以及我们对虚无的不可能的叛乱。太一需要的只是承认，它者像疏离于他者的创造物一样长久。就其自身，世界没有意义，就像蛇皮一样无足轻重，在身后不再留下——但被秘密地吸收，像禁果一样被吃掉。

然而，一个求救的声音在夜里呼喊，关于大地，我们美丽的姐妹。在意志以往的断言之对立面中，这个声音宣布，我们必须对大地保持真诚。另一个他者的声音，这个不仅反叛于虚无的领地和芳香，而且反叛于单纯的生存，不满足、沮丧的压抑之声音指出了一种意愿，即否定和复制的乱伦的意志的变体面对这个灭绝意志，响起了不可能挣扎的声音，它尽管被管辖和压制，但依然无休止地存在，不屈不饶地创造超越它们自身，玩耍着机遇的骰子游戏。

但是，随着意志的生殖，每一个都试图变成全部，我们逐渐感到我们必须从这样一个“意志”概念抽身回来，即它自身仅仅是投射到万物的面纱，是在无数事件之上轻舞的另一个谎言，它系结、缝合，以便缝制一件特有的皇帝新衣——这个世界。它已经追逐着诗人们离开它的真理大厦，但它也将自身展示为“只是一个傻子，只是一个诗人”[1]。如果这些意志崩溃为类似者，那么，对尼采而言，是大地之中的挣扎保持着超越和爆破，超越和爆破那些横跨于她皮肤与河流上的桥梁和藩篱。对任何意志概念的宏大叙事的抵制之痕迹的保持散落于终极现实的独裁解释氛围中。随着意志作为统一体的命名法的彻底破碎和解构——无论是上帝，原始的洪流，或物自体——出现了其他的事件，它表明了对虚无和生存的不可能的反叛之隐秘，一个不同于意志的意欲。或者，换言之，意志的谱系学，那个几乎愚弄了每个人的伟大的谎言，在创造和变形的更原初的事件中被追踪到一个更幽深的起源。查拉图斯特拉在“自我克服”中宣称：

的确，真理不被那个朝“存在意志”之语射击的人打击：那并不存在。因为，不存在的不能意欲；但什么在存在中，它如何依然想要存在？哪儿有生命哪儿也就有意志：不是生命意志而是——我告诉你——权力意志[2]。

将一神教断言的运行特征化的是与所有那些异质的压制——国家和军队——并联的[3]。对前者而言，它是其他诸神，特别是诸女神（以及她们的信徒们）和感性存在的性爱本体论。换言之，一神教已经使它自身的掩蔽的权力意志的愿望运转起来，这个意志蹲伏在来世渴望的修辞中，在别处的终极性中。它以其牺牲品为代价来实现其渴望——此牺牲品乃生命，乃所有那些聚集起来作为世界和大地的肯定。它在其渴求中否认新的创造，它渴求成为一切创造物的最后的那个——它是你喉头的黑蛇。它甚至否认它自身的责任和能力，因为作为其法律和独特的历史性之创造归因于天启。它禁止所有的创造意志，甚而将自身的权力意志

[1] Zarathustra，p. 300.

[2] Ibid，p. 115.

[3] 关于同质和异质力量的区别，见Bataille. The Psychological Structure of Fascism. Visions of Excess，University of Minneapolis Press，1992。

掩饰为所有权力意志的否定。然而，它对世界和肉体的憎恨揭示了它对此类的渴望（尽管它总是等待终结，在他者的一个形式中）。它以复制取代创造。它试图让新的创造的可能性停止，因为任何的新奇将矗立为它对终极的宣称的质疑性路碑。新奇将尖叫着提出对它霸权地位的异议。

一神教断言的真理暴露在尼采死后编辑出版的片段《权力意志》的最后的句子中，“这个世界是权力意志——此外无他？你自己也是这权力意志——此外无他”[1]。在其口是心非中，一神教的权力意志做出这个姿势，即成为虚无意志，一个寻求超验权力的意志，一个灭绝意志的意志，一个回归到超越这个世界和大地的上帝的意志。然而，正如它没有立即从大地面前撤退自身，没有立即在正确的时间死去，或让一个新世界诞生，这个善行的修辞于是仅仅暴露为一个特殊类型的权力意志的化装舞会，它寻求的不过是尽可能地维持其自身。但是正如暗示的，这样一个对自身权力意志的维持的代价，尤其在它的糟糕的信仰中，是任何新的创造意志的牺牲，任何差异的权力意志的牺牲，更明确的是生成之清白的喷涌，这狄奥尼索斯的生命意志，死亡和再生。生命的权力是创造的权力，是创造性欢腾的权力，它在太阳下散发出新奇。查拉图斯特拉在市场劝告群氓——他是疯子在喊叫：

我对你们说：一个人必须依然在自身拥有混沌以便能够让一颗舞蹈的星星诞生。我对你们说：你依然在你自身拥有那混沌。

唉，当人类不再让一颗星星诞生时，时间就到了。唉，最可鄙的人类的时间到了，他不再能够鄙视他自己。看哪，我给你们看那个末人[2]。

一神教断言试图压制、根除、灭绝的，恰恰是这混沌——掷向机遇的骰子的嗒嗒声必须沉寂，此王国创造的特有的可能性必须被摧毁。但是，正如每一个解构的行为也是创造的行为，那通过狄奥尼索斯的生命

---

[1] Friedrich Nietzsche，The Will to Power. Trans. Walter Kaufman，Vintage Books，1967：550.

[2] Zarathustra，p. 17.

权力解构而创造的是末人，虚无主义者，无力的、无能自我克服和重新创造的消耗者，更不用说自我满足——他被压制、被遏制并在其无名中无名——他一思考就忘记，在可祝福的愚昧中咀嚼反刍。但是，这愚昧通过烧焦的肉体来雕刻——不是简单的一块白板，而是幻影和训诫的复杂建构——通过火，末人学习说“我要”——但不是作为权力意志的肯定的那个意志，不是作为对重新创造的肯定的那个意志，而是作为对他者的意志的屈服，对折磨策略的屈服，对教化和控制的屈服——他在他被意欲之事中意欲，在他应当之事中意欲，在他义务中意欲——因为，毕竟，他是有罪的。那在过往纪元中在无休止的新奇之舞蹈中被膜拜为生命的丰饶之不屈不饶的权力的，现在被给出一个新的地位，一个新的价值，通过意义的彻底的他者的知识库的暴力被去值和摧毁。来世是末人最新的时尚精美。在实用之可消费的世界中，新创造充其量变成一个单纯的虚空。最糟的是，新创造是异端，是邪恶……新创造是一神教断言之领地的威胁。新创造和这个新创造的特有的生理学可能性，必须灭绝。必须令将来的可能的创造者生病，以便他们只能充当过去的遗产。他们的清白必须转换为有罪，他们的健康必须转换为疾病，他们的力量必须转换为虚弱。秩序和形式压制狄奥尼索斯的生命权力，开创虚弱的条件，这将被表达为虚无意志，表达为被其自身的压制领地弄得疲倦的意志。在一神教断言中对灵魂中的混沌的压制唱着与过量的秩序、过量的道德相同的曲调，不仅作为柏拉图的来世的假设，也作为小宇宙，通过“理论的人”的训诫、控制和监视。他们太坏了，以至于那些试图表达生命权力的人，诗人们，被从城市驱逐——因为他们撒了太多的谎——但更糟糕的是城邦的整个安排依靠在一个尊贵谎言的悬崖上——大谎言。将不惜代价维持城邦的秩序，太一的统一优先于它的各个部分或任何在其建立原则的限制状况中将要被驱逐的。音乐和歌声变得形迹可疑——创造科学仅仅是文化，永不能拥有实践科学的地位。

尼采声称“统一”恰恰是个偏见——或者可以将它描述为美学的苏格拉底主义对狄奥尼索斯派的试图灭绝——它已经是一个虚弱的征候，生命的厌倦。它渴望彻底的他者，因为它不能忍受此世的生活。它召唤对阿斯克勒皮俄斯的的献祭，因为死亡会将他从病痛中治愈。然而——这是我们能看清作为化装舞会的意志之处——甚至它的虚无意志也依然是权力意志的表达——它对此世生命的倒转和压制的肯定。撕碎生命的狄奥尼索斯式的混沌的力量，在悲剧事件中驱散家庭，不再被允许在城邦中横冲直撞。它将在纯粹的善本身的王国中被连根拔起，在其中生命的透视学特点，在善和恶之前的清白，将被灭绝。从系于善的全景之中的、强化的、普遍化的视角看——狄奥尼索斯的生命的力量，在创造行动中心的混沌被再次命名为“邪恶”。但是，像对谢林一样，尼采警告说这样一个连根拔起的意志讽刺性地充当了这样一个净化和统一工程的丧钟。查拉图斯特拉在山腰唤醒了那个年轻人：

但，对人是如此，正如其对树是如此。他越渴望高处和光明，他的根便越强健地扎向大地，下至黑暗幽深之处——下至邪恶[1]。

在化装舞会，生命自身会被毒害、被耽搁——生命力量的痕迹在复制的重力、太一逻辑的无休止的再次断言的重力下会慢慢窒息。是超人在抵制朝向穷困的将来的意志，是超人咬断那啃噬自己尾巴的蛇的头。尼采在《查拉图斯特拉如是说》提出这个问题：谁将是那个抓住机会的人，同时他喊道：“如是我意欲着它吗？”若这并非原则的匿名复制，若它将是一个开始，给予、创造或产生一个新的创造物的开始，那么它必定是创造者，孩子，他肯定偶然的馈赠一如在生成的清白中所发现的。随着闪电事件，碎裂旧的律法之碑的光明这创造者迸发出创造事件的氛围。在可能性的这个狂喜的开始中，在太阳下迸发出新奇。

[1] Zarathustra，p. 42.

同一的永恒轮回：超人的肯定

如果亚伯兰姆牺牲其儿子以撒的意愿表明虚无主义这无之形而上学，那么超人的狄奥尼索斯的生命力量的清白的创造则暗示同一的永恒轮回的肯定。犹太教、基督教和伊斯兰教传统强调真理作为推翻他们父母的多神教的尺度。然而，真理变成了九头蛇，它的多个嘴巴噬咬替代者。不仅“科学”颠覆并取代它自身的神话,也颠覆并取代它自身的方法，譬如解释学，翻转于创造者之上——宗教及其历史性之上。随着太一统治的取代，对许多声音的自我表达开启了一个主题。若真理不再在一个实证哲学家那里被设想，而是在神话—现象学的意义上被设想，那么在上帝死了之后肯定之意义展示了它的独特性，在任其自然的狄奥尼索斯的生命力量中。是生命的力量在永恒轮回，这是超人的肯定之客观世界。

狄奥尼索斯灭绝其自身并摧毁那涵盖其命运的王权，因为他知道他将再次作为同一个神而诞生。基督教从生命的这个力量中飞快逃离，因为他的王国不在这个世界。如基督教所言，譬如保罗，拿撒勒的耶稣之死是亚伯拉罕式末世论在上帝之子中的终极实现——上帝自身——变成了牺牲的羔羊。不像以撒，这个儿子是牺牲了的，那儿没有天使最后营救他。他将再次站起，但只回归到他父亲那儿，回归到他自身。相异性的形而上学再次被肯定和完成，一如牺牲的羔羊像他者那样再次诞生。耶稣之死，像狄奥尼索斯所说的（当然不是与新约相关的那个故事，那是尼采所痛恨的），是酒神节之死，同一的生命力量的肢解和再生之死，在狄奥尼索斯的泛神论的多神教的戏剧性展示中[1]。破坏意志

[1] 在威尔士大学（兰彼得）2008年11月14—16日召开的“尼采的《查拉图斯特拉如是说》”研讨会上与迪尔德达利和格雷汉姆·帕克斯的交流中冒出了这个试验性的构想。此建议背后的意图是耶稣叙事的铭文进入狄奥尼索斯的神话学绣帷中，这不仅鉴于在永恒轮回概念中过去是、现在也是隐含的万物的肯定，而且鉴于在一个创造性的将来概念中被释放的诗意的自由。

在初生的尝试的意义上是创造性的——在生命的压倒性的力量中的一个肯定，和对奥利金一样，它是意义的独立。在这个替代性剧本中，爱与生命的隐秘力量的肯定的首次尝试，被狄奥尼索斯的耶稣，为创造者的诞生，为超人，照亮了空间。然而，尽管是如此的给人以深刻印象，超人依然只是个孩子。这个孩子将生命之戏剧肯定为一件礼物，没有牺牲品。这个孩子可以被嘲笑而不会产生任何耻辱的激怒。它在逐渐上升的戏剧中激励他或她。笑声是极度肯定的回音。我们被压迫和羞辱着去严肃对待一神教寓言——这份严肃被一神上帝的增殖的崇拜强化着。然而，超人，查拉图斯特拉的孩子，能做一个傻子——在肯定事件中的一个傻瓜。他无意地引发笑声。这是他极致力量沸腾之处的主题，这无自我意识的创造者清白地摧毁那些试图缩短自身创造性的一切。

然而，尼采试图在其死后出版的片段《权力意志》中展示同一的永恒轮回这宇宙论的声音，它将阐释，而且从那被识别为秘传奥义之处将其轮回的通俗表层区分开来。若宇宙有限，若时间的一次永恒已然消逝，若另一次永恒从将来向我们致意，若瞬间之门仅表明一个圆，一个糟糕的无限之同一的聚集，那么，我的生命这个特定的事件如何不能被永恒地重复？在它外表判断，这个故事对孤独者显示出一个诱惑，在其中它为其有目的的目的论框架中的命运给出了一个宇宙论的存在理性，或甚至作为一个有竞争力的末世论。然而荒唐地，在莫测高深的、尽管看似逻辑的永恒回归的前提中，此孤独者被给出了意义。如果我们单独思考这有条件的、三段论的推理，如果我们接受其前提，那么或许，我们能够将这前提，这猜想，看作一个真的可能性——或许看作一个暂时性之“理论”。即便我们生命那最隐秘、最繁杂的单纯也在永恒地重复着，这一点是完全可能的。然而，尽管自相矛盾，这样一个看似逻辑的体系只不过是一个解释，永恒轮回的变体，特定的权力意志的断言。就那所缺席的并通过永恒重复的有目的的目的论擦除的一切而言，问题依然在徘徊。的确，跟着奥托，我们反而能将永恒轮回肯定为无目的论之可能性，在一瞬间（转瞬之间）。[1]

另外，永恒轮回的秘传奥义，在尼采著作中未说出的（或者它在《查拉图斯特拉如是说》之“第二舞蹈之歌”中对女神的生命耳语过）意义，内爆出回归之一个暂时性的通俗解释的全部大厦。作为非历史性的永恒轮回为自由的、相当自由的精灵开启为一个剧场。对永恒回归的隐秘维度的这样一个强调释放为一个平衡，对像布朗肖[2]这样更高的人的一个平衡，他被思想的增殖所打碎，在他的语言中没有一个现在的、冷酷的、重复的、无限的反射镜。好像通过他，死亡被它自身所分心。在其通俗的解释中，永恒轮回这个概念是尼采玩笑中的另一个，嘲笑着虚无主义的末世论。查拉图斯特拉是蜘蛛，编织着精美的网，是一个游戏，去诱捕更高的人。然而，一旦他们到了他的洞穴，查拉图斯特拉只期待新鲜的空气。他踏出洞穴——到外面，到他的动物们当中，到大地和空气中——进入星夜的旷邈之中，成为他所是。时间自身内爆于在此处存在的特定性的肯定中，在生成的清白中——变成掷于机会中的骰子，一个自我推动的轮。在最后一节“吉兆”中，查拉图斯特拉变成了一个与他的动物们，与他的狮子在一起的人，就好像他的脸变成了铜像。他是

---

[1] Rudolf Otto. The Idea of the Holy. New York：Penguin，1959：79.

[2] Maurice Blanchot. The Step Not Beyond. 在 The Step Not Beyond 中有很多被赞扬之处，它有助于作为一个多声部现象的创造性的探究。然而同时，它恰恰是这样一个复制的“回归的暂时性”，亦即，跟随 Klossowski’s *Nietzsche and the Vicious Circle*（Continuum：55），被揭示为仅仅是末世的权威叙事的一个拙劣的模仿，一个幻影，一个猿猴。从而可以提出争辩的是，布朗肖停留在矛盾的诱惑表面。Eugen Fink 在其 Nietzsche’s Philosophy. London：Continuum International Publishing，2003 中似乎也停留在表面，因为他在尼采的教义中寻求一个时间理论。难题是，他和布朗肖（和其他人）似乎都不理解，现象学地，将来之狂喜不为质疑者而消除，无视于一个将来的表面上的必要性已经在通俗表层的水平上被溶解了。从而，创造性或新奇不被永恒轮回消除，即便从其隐秘的幽深之视角看仅仅是一个脉搏波动之新奇。

这种类型的征兆，将被他的孩子们的事件实现的征兆[1]。我们必须首先穿过通道达至这一事件，达至这肯定的最后行动，以便我们能从通俗的面具下降进入奇异深渊之隐秘的真理之中。是在其奇异性中的孩子将狄奥尼索斯生命肯定为简约的它“是”。表面上，这是同一的永恒轮回的意义。

随着存在的隐秘特定性的实现，通俗的蛇皮将要褪去，并作为自我克服的手工制品抛诸身后。永恒轮回的概念将伟大的要求置于查拉图斯特拉身上。理念的伟大重量在他自身试图制造存在的最伟大的肯定时打碎、压碎他。他像个康复期病人一样坐着，等待征兆召唤他不仅说出而且实现永恒轮回的教言。查拉图斯特拉笑着并称他的动物们为傻瓜，因为他们喋喋不休于他作为同一的永恒轮回的教师之命运。动物们只知道通俗故事。查拉图斯特拉之所以笑是因为他知道他的命运不仅是做通俗教义的教师，而且必须尝试令太阳下的新奇诞生出来，他必须变成一个孩子。他必须尝试那最艰难的——他将令他自身诞生。

如果考虑从其宇宙论意义的任何问题上分离，同一的永恒轮回教义的通俗构想为单一凡人成为决定的主题而敞开——它作为瞬间之们而立。一切将要回归，在其单一性中的每一个正好是并曾经是永恒的。这样一个叙事禁止单调的圆之断言中的任何新奇。然而，从永恒轮回的隐秘变体的视角看，一个无终结的圆之动物们的传说化解了，因为，自由的、相当自由的精灵，即将来，被揭示为不确定的，被揭示为争论的竞

[1] 在她富有洞见的文章Sensing the Overhuman（JNS，30，Autumn 2005:102-114）中，吉尔·马斯登（Jill Marsden）质疑着，是否有人能够永远变成超人，相反她建议，我们能够取得的是超人似的经验，她译作超人类（overhuman）的那种经验，一种狂喜的（尽管无利害的）经验，她将之比作康德对崇高的美学揭示。当这种比较在阐明时，它或许是一种有限的视角，因为这样看来，查拉图斯特拉作为狄奥尼索斯在寻求其他人类来分享他存在的变形状况，从而获得一种变成被捕食者的生命方式，此方式既非末人（技术），亦非那些寻求逃避的回归（宗教狂热）。从而，像叔本华在《作为意志与表象的世界》中对崇高的修订式思考一样，身体和我们的生命方式为了存在的一个相当有趣的解释学而变成了场所，而且是在尼采的持不同意见的意义上，为了一个新的身体和气质的肯定，作为一个共同体的存在方式，对大地依然保持为真。

争，被揭示为新奇能够成为，或——回归到通俗阅读之玩笑的地方——我们选择去做的任何事之所以是合理的，仅仅是因为它已经永恒地发生过了。那么，即使我杀父娶母也是无辜的吗。它如何会有特异之处？

回到隐秘的视角，像它暗示将来的狂喜的敞开一样，永恒轮回的不良末世论并不煽动一神教猜想的复制。然而，在狄奥尼索斯的生命力量之肯定中，生命设立了一个痛苦的经验，一个必定为查拉图斯特拉遭遇并实现的经验。通俗教义的决定的瞬间（转瞬之间）是存在之更深的肯定之可能性的大门。它为单一凡人成为自由创造物的可能性和现实性提供一个肯定的事件，此事件试图克服虚无主义和内疚的历史性疾病，它是生命的非历史性变形之可能性的魔术。我认为，这是海德格尔的《存在与时间》[1]的预期决断之瞬间的类似物，或康德的宗教中的心脏的革命，在其中，为了存在的本真状态而做出决断——为了反抗平淡无奇之类的同质性。然而，对尼采而言，这样一个视像的瞬间对转入永恒轮回的、创造性之任其自然的更深的隐秘肯定是一个必要前奏。转瞬之间及其唤起的决断由此对孩子的肯定是不充足的。

我们担心同一在其通俗构想上的复制，因为我们为曾经之是所困，为其是所困——并为将永远不是所困。如果单一之事是偶然发生的，或如果希望任何单一之事成为不同之事，那么所有一切皆成问题。相反地，如果一个人总是肯定任何单一之事，那么她必须肯定每件事——因为所有一切都陷入斯多葛派的连续性之网。但是，那引导我们走出复制之迷宫的阿莉阿德涅的线团在哪儿呢？因为我们必须在通俗的情节上肯定所有那些试图给出意义的，所有那些试图负责任的，所有那些曾经是、现在是、将要是的——并且，甚至这将来总是已经曾经是的。存在的将在其每分钟被肯定。没有逃离、没有退路会被允许，没有涅槃、没有槛外——这通俗断言之活跃的、虚无主义的意向性将自身作为逃离、睡眠、死亡

[1] Martin Heidegger. Being and Time. Trans. John Macquarrie and Edward Robinson. New York：Harper & Row，1962.

和太一的末世论教义的笑柄而戏弄。然而，永恒轮回的喜剧性的通俗之壳或皮肤褪下了，因为人们确信永恒复制的情节是荒唐的。远离永恒复制闹剧和此复制之未经检验的断言的，是如下敞开，即复制的这样一个宿命论情节内爆于静寂之主题中，内爆于偶然之瞬间中。从纯粹的逻辑视角看，一个人能够在上帝死了之后质疑于此，即没有外部的优势能够决定复制之圆的离散的同一性。的确，这是一个闹剧的基础，在其中任何或一切行为将会被祝福为清白的（或者至少祝福为必要的）。喜剧演员（在笑声的爆发中）的救赎为生成之一个清白的肯定洁净了空间。从隐秘的视角看，查拉图斯特拉召唤我们肯定，通过像个孩子一样在偶然性中笑着玩耍而变成创造者去肯定。

永恒轮回的通俗解释的西西弗斯式的姿态为任何超验之形而上学教义充当了一个立见分晓的检验办法。尽管其命运如此荒唐，西西弗斯也没有将自身瘫软于来世希望。他是有罪的。然而，随着存在之形而上学原则的闹剧的内爆，揭示出复制之教义的隐秘意义。如果通过一个抽象的观察者的虚幻优势将一次生命与另一次生命区分开来是不可能的，那么，有必要断言只有一次生命。最艰难的思想不是永恒复制的思想，而是机会之单一性的思想。圆的几何学理念颠覆了一个真实的将来的可能性，从而灭绝了孩子之肯定的机会。教义的通俗形式仅仅是药糖剂，一大勺糖，但当可怕的真理被揭示出来以后会变得更苦。西西弗斯没有逃离，他没有跃向山的另一边的自由。他没有从困境中反叛，因为只有附加的叙事者说他没有快乐而且不幸福。

单一的、创造性的存在之永恒轮回的肯定被开作虚无主义疾病之药方，因为虚无形而上学被诊断为症候群。随着其他的逃离之形而上学教义，永恒复制从死神的镰刀那儿移去了个体的朽亡——它在复制的无意义脚本中给予存在以意义。这样一个可能性从冒险的瞬间移去了个体的朽亡，从自我理解的稀薄空间中移去了个体的朽亡。然而，被隐秘理解的永恒轮回的招魂是对个体朽亡的召唤，召唤其变成个体之所是，召唤其从自身谱系学和生命中测量自身，召唤其通过重新创造的狂喜的清白从起源主题中解放自身。此召唤恳求个体朽亡者回归此生命真理，尝试非历史的，变成不合时宜的，变成创造者。随着对此个体偶然性的醒悟之朝霞来临，要朽者开始理解死亡囚牢的紧迫。曾经从虚无主义疾病中经历康复期的超人是那个不加思考准备着肯定这最艰难的思想的人。这不是一个锤出碎片然后在夜晚入睡的雕刻家的一个超然的沉思。雕刻家能够走开。自我克服的任务，对所有存在的肯定，是猛烈暗示的状况——肯定是一项觉醒的任务。存在的单一偶然在死亡之尚未中爆发出来——我们作为自由的、相当自由的精灵而存在，知晓存在的可怕真理，但也知晓深渊的欢乐。然而，当我们能够承担此重负时，我们才能够在其恐怖中笑着，我们才能够喊着肯定我们的命运："如是我意欲着它……（接着是笑声）"这样一个肯定庆祝着自由存在之节日，它在死亡的命令中，知晓其自身的危险的可能性。查拉图斯特拉劝告我们追随我们自身——当我们释放自身创造将来时，我们也必须肯定那令我们变成我们所是的。作为相当自由的精灵，一个任务是必需的——去克服我们自身，作为虚无主义的康复病人，在生命的极度肯定中，在太阳下狂喜地创造新奇，一个清白的新奇，一个克服太一逻辑之口是心非和暴力的新奇。这是我们的命运，在其中我们应该爱而且能够爱，作为尚未书写的故事的下一页。

查拉图斯特拉的孩子们

詹姆斯·路赫特（James Luchte）

假如真理是一个女人——那会怎样？
难道不存在如下嫌疑吗？
所有哲学家，
就其作为教条主义者而言，
对女人可谓很不在行？
可怕的严肃，
笨拙的强迫，
这些通常用于接近真理
却变成为了赢得女人之心所采用的
尴尬而不适当的方法？
弗里德里希·尼采，
女人的确对诗没有太大的需要，
因为她们自身的本质就是诗。

——弗里德里希·许莱格尔

在"希腊"悲剧和喜剧上超越狄奥尼索斯和阿波罗

如果末人是这样一种观众，他赞成对狄奥尼索斯式的生命力量之欧里庇得斯式的否定，对存在的可怕真理之欧里庇得斯式的否定，那么超人则是那种肯定之人，肯定世界上的存在之混沌，并让新奇在太阳之下诞生。然而，超人并非欧里庇得斯意义上的悲剧英雄。甚至尼采的超人究竟是否“悲剧的”还要存疑——尤其在索福克勒斯和埃斯库罗斯那怀旧意义上的……

我们已经忘了在晚近悲剧的狄奥尼索斯式的抑制之警醒中生命力量的毁灭性的极限。那“悲剧的”变成了——一段时间里——一种对面临和控制狄奥尼索斯式的生命力量之混沌和狂暴的冷淡和不情愿。

的确，此力量在晚近悲剧中被擦去了，被自觉地忽视了、压制了。在索福克勒斯和埃斯库罗斯的早期悲剧中，那些保持着对荷马这悲剧英雄的直率引用的叙事，从狄奥尼索斯式的合唱队狂喜中涌现的叙事，被移植到一种自我虚无的狂喜中。在生命力量的节日的情形下，是阿波罗式的梦幻想象让喜爱隐藏的力量显现。在梦幻想象中显现的狄奥尼索斯崇拜的毁灭性张力和混沌没有被压制抑或被提升，而是被允许在悲剧祭品的毁灭中展示其自身。

在剧烈的认同和卷入希腊圆形剧场的主题中，其间观众变成合唱队的对称式补充，观众和表演者的分割被抹去，因而没有面具的观众变成合唱队集会的一部分——生命的力量和死亡的虚无被视为可怕真理之敞开的事件。俄狄浦斯感觉到其天命，但在面对其自身的真相时无情地试图逃离。他不爱他的真相。俄瑞斯忒斯认为他知道真相，但在其弑母中放飞了自身命定的逃离于真相。他杀了真相。安提戈涅希望葬兄于自己的土地上，试图以此恢复和肯定真相。然而，她被城邦放逐。她的行为揭示和恢复了一个企图——在双重的约束中——在真相，真相们中。

错误地假装被悲剧英雄回答出的斯芬克斯之谜，拖曳中的阿波罗，将在俄狄浦斯家族的最终毁灭中展示其自身。并非是“人”早晨四条腿，中午两条腿，晚上三条腿——而是俄狄浦斯自己，在神性，即永恒凝视的全景同时性之光中。阿波罗允许其同父异母兄弟狄奥尼索斯在其奢侈

中被毁灭……因为他知道他将无情地再生。

欧里庇得斯，苏格拉底的一个朋友，那取代战士者，和他的影子柏拉图，那不成功的戏剧家转而成为对话体的作者，带着对“悲剧”的尊重采用了一种不同的谋略。他不再希望庆祝生命的自我毁灭和自我创造力量——他与狄奥尼索斯断绝关系，后者被投入羞辱与嘲笑之中，譬如像在《酒神的女祭司》中那样。阿波罗，在其孝顺的孤立中，被迫剥去衣物于荒野中，变成只不过是形式、理式、颂歌，过度反对意志。酒神的女祭司们的狂怒，那引导她们撕裂彭透斯—狄奥尼索斯的狂怒，被重估为邪恶、过当，在那将狄奥尼索斯精神从城邦根除的原则之下。既然狄奥尼索斯煽动了他自身的毁灭，那是家族的毁灭（邀请它转变自身为新奇），他便成为“邪恶”的化身。

弓的张力，生命力量的狂怒，在城邦的指令和天命中被压制了、被隔离了、被驱散了。欧里庇得斯至多是一个道德家。而最糟糕的是，他是一个宣传家。他试图让观众摆脱困境，诱导他们忘记存在的可怕真理。他利用戏剧的处境和结构以便散播他自己的道德议程，他自己的机械降神。这为了一个新偶像之诞生的斗争，一个上帝的城邦，耶和华的城邦的诞生，在生命力量牺牲之代价中，在压制并因而终结狄奥尼索斯之代价中，安拉被发动了。在理式的市集中疯子激动地说：上帝死了。然而，作为一个疯子，他终将认识到他必须自愿进入疯人院。

超人再也不能作为悲剧英雄，在其任何历史上的变奏中。狄奥尼索斯毁灭了其自身并摧毁了包含其天命的家族。基督徒在保存其局部专制的例行运营中试图摧毁生命力量。然而，此压制根除了拿撒勒先知耶酥的那些教言中的狄奥尼索斯的层面，此先知在很大程度上是半道德之神狄奥尼索斯的最新的标本。基督徒无法应对，遑论肯定，耶稣的狄奥尼索斯寓意，这个试图做最困难之事的人，这个尝试最惧怕之事的骆驼，试图变成狮子的骆驼。

在陀思妥耶夫斯基的《卡拉马佐夫兄弟》中，宗教大法官试图根除并将生命的狄奥尼索斯力量的任何痕迹再度钉上十字架。他再度来临，但再度被处死，那保存王国的创伤的一个副本。为了保留羊群的完整，保留这善和正义的杂色之城，耶稣必须再次走过骷髅地走向十字架，走向受刑柱。然而，如果耶稣是狄奥尼索斯，基督徒的轨迹是其神秘创立者的抑制和镇压之轨迹的话，我们乐于看到，此反题，即此超越和镇压之圆，表明了如下情况，它容忍了极端之乱伦的“体系”。这些极端将他者展示于悲剧效果中，在此间中庸被克洛诺斯、牧神、时间、乌剌诺斯这永恒之神的阉割者所根除和吞噬。

然而，时间自身必被摧毁，如果创造的非历史性主题被释放自由的话。

超人将成为无脸面的“极端体系”的替代性存在，替代品——这最终是同一，每一个都谋求着虚无，虚无主义。如基督徒所言，耶稣之死是亚伯拉罕式末世论的最终完成，其中上帝之子成为牺牲的羔羊。不像以撒，此子是牺牲了的。耶稣是被杀的。没有天使在最后拯救耶稣。

不可见者的形而上学被再次肯定和完成，因为父亲乐意牺牲其儿子。如酒神的女祭司所言，在葡萄酒和歌舞之神那过度欲望的剧烈展示中，耶稣之死是生命力量的狄奥尼索斯式的肢解。这是一种将被作为重生之礼物偿付的牺牲。这毁灭意志在头生的尝试的意义上是创造性的——这肯定，这在势不可当的生命力量中的参与，是不受意义束缚的。这对生命的非凡力量肯定的首次尝试居于大地，为超人，为创造者的诞生清除了空间。然而，带有如此壮观使命的超人仅仅是那孩子。那孩子肯定生命之戏剧，没有牺牲的生命之戏剧，像一个礼物。

既然悲剧英雄被明确表达为阿波罗式的崇高，这梦幻想象的涌现，生命的狄奥尼索斯力量的涌现，音乐式存在的滔天巨浪的汹涌，超越、压制和崇高的神圣三位一体被展示为虚无主义的剧场。是更高的人在创造意志中间只是升华了他自己的激情。他能承受很多，像骆驼那样能为了功利的目的，如人们的净化，而升华其激情。基督徒，灵魂的政治家，试图压制他们的激情和凡人生命中的肯定。狄奥尼索斯被构筑为一个稻草人——他是那个被这些激情毁灭的悲剧人物——他不再笑。他变成了一个被训练为骆驼的家伙。

无须惊讶，牧师毁掉了亚里士多德《诗学》第二部分论喜剧。然而，作为精神的第二次变形，喜剧英雄，那大笑的狮子，不能成为超人，既然他依然朝王子们射箭。超人不是喜剧英雄，尽管他是荒野里的这个声音，为孩子的诞生准备着铺垫。他是那个时刻诞生着自身的孩子。而滑稽小丑，伟大的救赎者，能突然将贝多芬的《月光奏鸣曲》转变为卡通闹剧，逃避神圣的三位一体，在偶然性的喷涌之间大笑和玩耍。他与第奥根尼玩耍，但还不是一个孩子。吕西丝忒拉忒（Lysistrata）阉割了旧价值，但仅是为了获得平静和释放，既不肯定生命的狂暴力量，也不创造新价值。苏格拉底是个傻子，引诱富人家庭将年轻男孩交到他的恐怖主义训练营。皮西丝忒拉忒（Pisistratas）仅仅重复着黑斑杜鹃国之世界中的创伤。阿里斯托芬一直在笑，但他的解构没有给予存在以意义，没有在太阳下创造新奇——他仅是笑着，嘲弄着“新奇”。

超人是那个寻找喜乐的人，克服其自身，创造其自身，作为对生命的一个肯定，无视于计划。超人设定的这个目标是命运之爱，对状况的不带意图的肯定，一个给出意图和意义的状况，在创造自身的行动中。超人是孩子，创造者。创造是喜乐，是在强有力的存在中对生命力量的一个肯定——意图，意义，不带计划。超人理解这单一的偶然性，是这一偶然性，他游戏这一命运。超人并非悲剧或喜剧的两面神。他既非骆驼，能承受很多，亦非狮子，在摧毁时大笑。超人在其自身创造的奇异中超越城邦中任何剧烈的或神性的“宗教代表”。他既不像阿波罗那样压制狄奥尼索斯派，亦不将此力量升华至悲剧或喜剧，像同一的和解剧本那样。他是在纯真中对生命矛盾力量的一个肯定，无视于这些新诞生的半神。不需要冒犯、压制或升华，因为纯真之超越在太阳下创造了新奇。超人作为创造者，的确是查拉图斯特拉的新的孩子们。

一切价值的重估：超人的生活世界

查拉图斯特拉的孩子们注定不会成为隐士或猿猴。超人将成为这个世界中的创造者。他的创造是一项在太阳下念咒召唤新奇的作品。在孩子的嬉戏亲昵中，生成之纯真将要醒来。然而，此纯真将被空壳面临，那无序的持续面具——善、正义和真。因为解构事件同时在创造的瞬间，作为自我创造事件，超人的任务是价值重估的一个母题和练习。是孩子的这个创造性事件在世界中唤起和散播着新价值。

然而，正如这将成为自我克服的一个事件，那将在解构之瞬间被创造的是这个变形中的自我。正是身体和万有的伟大车轮才被肯定于其变形世界中——而非柏拉图主义者那压制身体和感性世界的更高的灵魂。既非笛卡儿那个自我特别清楚和明晰的客体——亦非一个非经检验的自我，闪烁于单一神论的善中，净化着感觉的错误和不确定之自我。在此变形事件中，尼采建议一种危险的，或许——一种激进的对虚无主义轨迹的逆转，太一的终点……价值的重估表明超人的这个特别的诺言——在其生活世界的非凡命运中。命运之爱游戏自身于太一的终点中——在虚无形而上学的黑客帝国内部惊醒。

世界的变形表明在生命的亲密暂存之中解构和创造的同时性。这非历史的权力意志——在其创造中摧毁的一种"意志"——在此事件中，肯定同一的永恒轮回。以此方式，在《不合时宜的沉思》中精神的变形照亮历史的三个视角。古文物研究者是骆驼，承担过去的重负，昔日的，在耐久的价值的重复中，忍耐着想象，不再重现的田园生活。狮子是基于历史的爱挑剔的，它寻求着基数，重复之根——与被接受为标准的叙事的诫命式重负的一次交战。不朽的历史暗示孩子的纯真之喷涌，但正因为它将自身引向过去，即便是更高的过去，它由此站立在纯真之外。

孩子是在盲目嬉闹的令人敬畏之纯真中的创造。按照精神变形的并

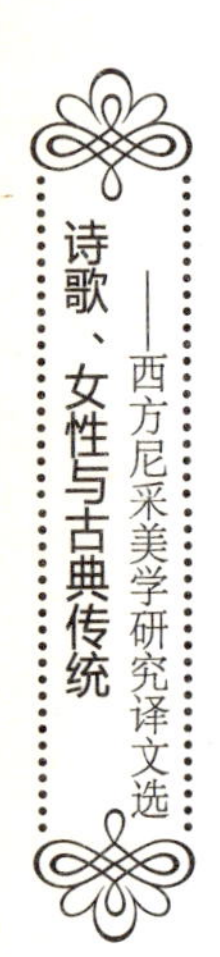

置，历史上的这些视角没有一个独立存在于历史视角的其他形态。这些视角以一种相似的方式相互嬉戏，像海德格尔的《时间的概念，存在与时间》以及后来的讲座《存在与时间》中暂时性的三种狂喜一样。这三种视角在非历史的孩子中找到其根基——正如海德格尔（还有康德）在预期的坚定之美景（瞬间）瞬间揭示根基一样。精神的变形在世间的有朽存在的非凡生命中与他们的命运嬉戏。在此有限之窘境中，存在对伟大热望之命运的肯定。在这个将生出查拉图斯特拉的孩子们的世界中存在一种决心。

古文物研究者，这骆驼，仅仅希望保存迄今为止已经存在的那些价值——生命的情形被保存弄得莫名其妙——生命被压抑着去适应驯养的、惯常的昔日之模式。狮子，这批判的历史学家试图摧毁消费事件中广被接受的价值。其解构喷涌而出一如摧枯拉朽。然而，此解构建构它自身的古迹、遗迹和诅咒。反之，正是孩子才超越此三种视角中的每一个——孩子，第四种变形，在肯定事件中创造着新价值——非历史的事件使这三种规划和视角置于同一的永恒轮回的生活世界中。尽管孩子在其纯真的肯定中的确保存着生命那令人敬畏的惊奇，但这并非负担，而是一种敞开于这一瞬间和神秘暗示中的喜乐的情形。

孩子亦纯真地摧毁着，不是来自“反对”的动机，而是偶然地处于“为了”中——孩子存在于自由和纯真中，既然他由狮子给出母题，如果他将是孩子，那么他必定，在其创造的限度内，将狮子抛诸身后——孩子在其保存、解构和创造中直觉地行动——但，是以不合时宜的——非历史的——方式。

在对通过命运的嬉戏来到他身边的新真理和价值的省悟之中，查拉图斯特拉暗示了孩子的纯真。他自己并未自觉地创造这些真理和价值——似乎它们来到他身边一如礼物，那在生成的生活世界中由他自身约定的古器物，像克服的图腾和图表一样被发现和树立起来。然而，既然这是些礼物和古器物，他便不从起源中意欲新真理和价值，像一个先验的自觉完成一样——然而，孩子也不如此，他在存在的有说服力的新奇中，在无休止的发现状态中无情地在那儿。孩子的情绪是惊讶和敬畏，但也是痛苦和冲突。查拉图斯特拉和孩子的区别多半包含了前者从孩提时代产生的分离的真实性。

查拉图斯特拉只能生成孩子——他尚不是，而且或许永远也不会是一个孩子。由此，查拉图斯特拉，在其命运的大部分叙事中，是一个骆驼和狮子。即便毁灭是创造，对狮子而言，这样一个创造永不无辜于复仇精神。查拉图斯特拉明白他自身相对于孩子之存在的距离，一如在其对自身孩子们的伟大热望中被泄露那样。或许他热望的这些孩子们是他自身更伟大的自我，他自身生成着孩子们。

孩子不知道他自身醒悟空地的条件。对孩子而言，过去并非一个缺席的概念，而是他已接受的世界。孩子在空地间醒悟的事件中占用存在。如布伦塔诺所表述的，过去、现在和将来的原始关联允许无休止的流血进入那曾经存在的现在和将来之中——但是现在存在。反之，在其生活世界内外，查拉图斯特拉暗示其知晓存在之迷宫。正如其在路上，查拉图斯特拉下降到世界，给那些有耳朵聆听的人留下了一个信息。他被迫表达那最遥远之事的可能性，正如太阳在早晨漫溢流射出光明和温暖给大地。而且，和太阳一样，如果没有那些他要照亮的事物，他将什么也不是。他需要交流，他需要占有这个世界，以他对大地之肯定的召唤，此大地不仅给予将来以意义，而且给予所有曾经存在的万有以意义。在这一刻，他是骆驼和狮子，创造着，没有任何艺术品那命运的直接理解和超现实暗示。

他的凯旋是回顾性的——他的任务实是准备着铺垫，为孩子建构着住所。他为孩子，为纯真准备着母题。在其对存在之随机真实性的非历史的凝视中，只有孩子能纯真地喊出，“如是我意欲着它”。从孩子的纯真视角中，此变形将是存在之意义的图景。但，故事尚未终结，直到查拉图斯特拉的最后一行之后，一个人由此将文本缩略为一个历史的画面。

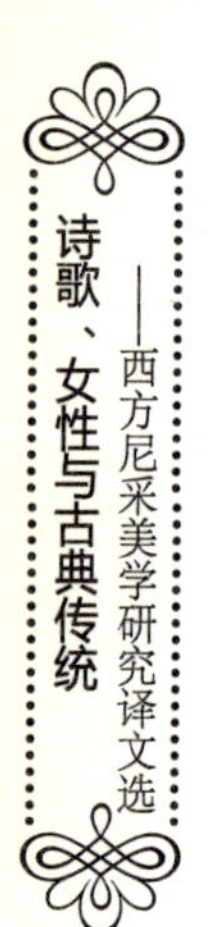

在长长的睡眠之后，查拉图斯特拉醒悟到其第一个真理——他明白，他对骆驼这庸众、死尸和苍蝇的宣教者的陈腐模仿没有也不能为自己心中的混沌和对肯定与创造的伟大热望服务。他寻求同伴。查拉图斯特拉试图成为那不吸引苍蝇的蜂蜜，而是那跟随自身伟大热望的人。查拉图斯特拉煞费苦心在其教言中吸引这样的追随者。像一个狮子那样，他黏住了虚无主义的基座——自满的德行和权威，睡眠、死亡或来世的诫命。查拉图斯特拉吸引了这个国家，人们的摧毁者，称其为一切冷漠怪物的最冷漠者。这是一个偶像，少一点的话会更好。然而，正如从亚里斯托芬的《鸟》那儿流亡之后发现黑斑杜鹃国是被败坏的——只不过是重复——力量和外观那太人性的幻影——查拉图斯特拉被门徒的手铐所折磨，被牵连进包容、监督和训练的诫命疆域中。他是一个教师。

查拉图斯特拉在自己反复渴望离开那些他要照亮的人们中厌恶自己新的真理——他回到了自己的洞穴，旅行到幸福岛，或秘密地漫游到杂色之城——他回到他的动物们那儿，它们在他康复期间照顾着他。

然而，他试图在自己的洞穴中最后一次与更高的人为伴。但他反复需要从洞穴离开，从自己的约定中离开，去呼吸一些新鲜空气……查拉图斯特拉仅仅希望对群星说话。正是他从洞穴中的离开，戴着青铜面具与那些动物们一起的居住，才照亮了他返回大地的事件，照亮了他对自身的肯定，和他的命运之爱。

只要他与这时间性的环境相连，查拉图斯特拉便无能于创造新价值——在洞穴中与那些变得再次虔敬的人们一起。他放下地面以便于一个肯定，独立于如此情形的一个肯定，在其中过去霸权的真理、世界和伤口——不仅填充了他们的生命，而且质疑、打碎并治愈。他寻求“清新的空气”，念咒召唤生成之纯真。查拉图斯特拉参与这个节日，这个死亡，如“吉兆”中暗示的那样，在《查拉图斯特拉如是说》的尾声中，他在一种全然不同的方式中离开，与自然合为一体，像那个溶化他自身于生成之纯真的孩子。或许死亡本身会变成一个节日，解构将同时成为创造。一座山峰曾经下降，但一座更高的山峰依然需要攀登。

查拉图斯特拉一方的这样一个命运在其早期演说中已经暗示了出来：他试图离开庸众的陪伴。在其关于我们应当对大地保持真诚的诫命之地平线内，这狮子，查拉图斯特拉抨击了宗教、经济和政治强力的几个著名大厦。由于它们没有遭到反对的声音的反对，这些言辞的攻击和毁谤为最接近于新价值的创造之剧场明晰了主题。然而，这些毁谤“理念”中的许多并不新奇。

它们是流俗之见的边缘和核心的反映。即使其中最极端的陈述，譬如那些关注女性的，暗示于老妇人和她对鞭子的推荐里，那些也可以在之前的文本中找到端倪，其中最值得一提的是萨德的《贾斯廷》。查拉图斯特拉最接近新价值的创造之处的是他对自由死亡的主张。他在这个主张中试图克服一种盛行的对身体和所谓个人的法律—政治的状态和管理，在历史终结处由末人进行的管理。

那些我们不能合法地拥有并因而控制的是我们自己的身体、生命和定数。正是在生命的此处我们真实的所属得以展示——我们的确对自己的身体、心灵或“思想”没有主权，而是，坦率地说，从国家这个伟大的偶像那儿租借了它们。然而，这是一种相当特别的不需要付费的租借。非凡的要死者，注定一死者，能将此定数立刻带向终结。自杀的隐含主题是自我在其非凡命运中的庄严主权。尽管一个人可能希望过一个自由的、很自由的生活。

孩子必须超越和肯定其自身的创造主题之精神。自杀充其量渴望一种更好的世界，其中孩子生活于纯真之中。一具尸体，即使殉道者灌注了背叛精神的尸体，也不是为创造的孩子那纯真行为所树立的适当的纪念碑。这样一个终极的姿势和礼物由狮子扮演——它是狮子所能抵达的最接近真创造之处——它与孕育和出生的感觉保持着距离，他内敛于面具之后。然而，隐藏在狮子的礼仪的自我牺牲面具背后的是剧烈的自由，那是幼年的创造者的主题和居所。查拉图斯特拉必须再次下降，去下面。他依然必须变成一个孩子，在生成之纯真中的一个创造者。他不想仅仅在悲伤的水面上漂流并呆板地吠叫——他将长出翅膀并飞向更高的山峦。

查拉图斯特拉的孩子们

当他听到更高的人那悲号时，查拉图斯特拉面临最后的诱惑。他被诱惑去怜悯，一个“侏儒”化装成更高的人——以多种方式，查拉图斯特拉演说内容的陈腐之处正是那些更高的人的言辞——哲人、诗人、神秘主义者、魔术师和牧师，被作为我们拥有的官方历史来记忆的。查拉图斯特拉哀悼那些狮子无一成为一个孩子——他被诱惑去怜悯。他被此念头诱惑着，如果这些人无一能单独达到孩子的纯真，那么将他们彼此带入他的山洞，或他的哲学，正如勃兰兑斯所建议的，或许能由此带来一种新的局面，其中自由创造能够得以出现。

然而再一次，查拉图斯特拉被诱惑变成骆驼和庸众的牧羊人——他是伟大的艺术家，将这些变化聚拢成爆炸性的混合。然而，因为每个有朽者都是一个存在的奇异，查拉图斯特拉被诱惑着去给出一个非真实性的价值——他的怜悯飞翔在有朽者的自由之真理面前——即使是成为一个傻子、无知者或自愿的盲者的自由。只是一个傻子，只是一个诗人。预言者，另一个痛苦的动机，诱使查拉图斯特拉变成只是一个更高的人——变成一头驴子，将要承担乌合之众的节日花车——即便是更高之人组成的庸众。查拉图斯特拉经常离开他的洞穴，被那些更高的人居住的洞穴，去呼吸一些群星之下的更清新的空气。

查拉图斯特拉并不试图变成一个更高的人，因为那似乎在生理学上是不可能的。他也不试图伧俗地重复在更高的人及其他人之上的超人君主的权威和力量的 hier-archial 霸权。查拉图斯特拉召唤这些高人走出洞穴进入星光灿烂的午夜空旷中——见证永恒——变成婴儿——飞翔。

然而，一个婴儿，一个孩子，其前提毕竟是，其母亲——真理、智慧、去蔽，是一个女人。设若真理是女人，那么怎样？查拉图斯特拉从未寻找，或者尚未找到一个他希望与之拥有孩子的女人。然而，他爱永恒，强力的喜剧性的一个女人或女人们（生命、灵魂、大地，等等）。他渴望着他的孩子们，但哀悼他不能找到一个能够与之创造创造者的女人。女人是一个谜——她也是忠诚、真理、生命、德行……她是创造——星空乳汁之源泉。

但似乎对查拉图斯特拉而言，女人也是提洛岛，他希望从那儿飞走。当他宣布生成之纯真的可能性时，他在自身包含了狄奥尼索斯和阿波罗，在悲剧和喜剧的轨迹中。查拉图斯特拉哀悼其自我解构，渴望逃离那将他隔离在真理、女人、生命之外的。查拉图斯特拉精疲力竭了——他变得贫瘠，仅仅是荒野上的一个声音——他仅仅声称渴望他孩子们的国土。这不是他生理学上的后裔，而是那有耳朵去聆听的特别存在。它是对未来的绝望的呼号。

然而，在星光灿烂之午夜空旷中的美景瞬间，查拉图斯特拉忘记了伟大的渴望和最后的诱惑，试图变成他所是的，立于永恒的非凡之中。他不关注生理学上的复制，而是他自身变形的自我在其世界中的创造。在种子的存放之尘土罐的意义上，女人仅仅是壁龛的非真实性的一条通道，延迟着未来和下一代的创造。查拉图斯特拉哀悼着女人，这创造之强力，已经被作为鸟、猫和奶牛背叛了。

为了创造孩子们之后裔，这些女神既不能与查拉图斯特拉结婚，也不能在他生成一个孩子的工程上为他做事。作为一个创造者，他必须自己耕耘存在之子宫——查拉图斯特拉，像狄奥尼索斯和阿波罗，必须学习和解释女人的这些符号和手艺品——真理——这些丰饶和创造的彻底之谜——女神之谜——作为一个变形事件的指示，那被其自身存在之现象学背叛的变形事件。

查拉图斯特拉说女人是鸟儿和猫儿，或者至多是奶牛。因为这属于

真理作为女人这一主题，或此声明已经被解读为叔本华的厌女症之类的复制，因此有必要考察这些参照点的主旨。的确，查拉图斯特拉的描述暗示了诸如此类的谱系学。譬如，伊西斯（Isis）和玛阿特（Maat），被描绘为鸟儿，是古埃及的生命、正义和思想之女神——女人作为和谐。月亮，她们的姐妹，是为了大地生命的平衡之伟大从业者。斯芬克斯作为谜是女人——她是一只猫，一个问题。

她是质问者和狮子。哈索尔（Hathor）和努特（Nut）——奶牛——是作为生计的女人——万有的供给者。查拉图斯特拉希望变成一个孩子。他在自身看见鸟儿——伊西斯和玛阿特——何路斯（Horus）或玛阿特的母亲，哲学女神……密涅瓦也是一个女人——能承担很多的骆驼——对狮子而言，斯芬克斯，它将放置一个问题——猫，斯芬克斯，拖曳中的阿波罗，一个谜，在存在的协议之上。女人至多是奶牛，万有的供给者——因为她暗示着孩子。她的乳房哺育着星空，孩子们嗷嗷待哺。

然而，即便至多作为奶牛，反刍着食物，假装即刻遗忘，自谦于令人敬畏的创造，她依然仅仅被描绘为侍奉者——她没有被计为创造孩子的贷方。她被看、被品尝、被单方面地触摸，被举在基座上，她的腿在马蹬上，远离其不真和丑陋——远离与男人的存在交往，远离性、月经、生育的痛苦和不洁——女人应当可爱。

查拉图斯特拉会建议，相比于此，男人们实际上不足以作为潜在的平辈来解散。这些男人是末人。这些幸福地眨着眼的末人朝最新的大屠杀、种族屠杀和生命屠杀点着头——隐藏在苍白的罪犯的皮肤之后，那里没有血。他需要血来维生，这末人之庙宇的持续不断的祭品——抢劫、膏油、金子、珠宝、毒品、淫妇——这些只是他的缺席证明。

末人是吸血鬼、食人者——他消费着生命的血液和肌肤——希望他的消费能够永远保持着同一——每一眨眼都肯定它自身的自恋的唯我论。他哀悼自身无情的死亡，湮没自身于麻醉剂、监狱、产品和战争中。然而，在此分散中，女人被压制和扭曲，仅仅展示创造行为的痕迹。我们寻求真理……我们寻求女人。

但，我们从而必须，寻求女超人。

女超人超越了奴性的、单方面的、肤浅的、花瓶的、可爱的女人。查拉图斯特拉从未找到他爱得足以与之生育孩子的女人——他爱永恒。查拉图斯特拉从未在生物学方式上生育超人。他没有伴侣。他也没有“正常的”年龄。他寻求孩子，但他们想将他锁在旧式家庭中。查拉图斯特拉有着长长的灰白胡子——他是山间的老人，被威胁他住所的上涨的绝望之流惊醒着。他被蔓延的来自更高的人的污浊空气的恶心和窒息所折磨。

查拉图斯特拉在最后一幕的缺席中，能够变成海上的老人，消费着他自己最高的渴望和伟大的鱼类，再返回到沙漠，带着一副破碎的骨骼来显示。然而，查拉图斯特拉尝试的不仅仅是生存——他不是挽歌、乡愁、绝望之生灵——不是自杀之生灵。查拉图斯特拉将在其对最困难之事的尝试中跨过桥梁。他可能永远也不能诞生一个超人（如果他能找到一个她）。

查拉图斯特拉不是苏格拉底那样的助产士。后者希望允许旅行者克服生命之疾病——死亡是解药。在黎明前献祭一只公鸡。一个人必须在法律面前选择死亡——这些是此生的神性储藏室，他们是我们的城墙。生命自身没有价值。它仅仅是一次迂回，反抗虚无的一次叛乱——一次失败的叛乱。对苏格拉底而言，叛乱失败了，在其中生命自身已被展示为非真理。耶稣和穆罕默德，即便悉达多，在作为生命的终极价值上与苏格拉底保持一致。然而，查拉图斯特拉抵制着这些老师。

相反他在生命的肯定中尝试最困难的——并且通过嘲笑他们的逃离和否认之情节来召唤伟大的贤人们，这些更高的人。查拉图斯特拉将再活一次——永远作为同一而轮回，但他试图完成终篇。尽管被其自身的谱系学所污染，一次肯定包含了一次最后一幕——恢复的肯定之事件——发现和发明一个意义，为其自身大地的、有朽的生命的偶然运转。

当他站在星空之下，作为他的自我立于永恒之中，那些也被召唤的更高的人的污浊空气被空旷之风一吹而散。查拉图斯特拉的最后一幕是一个存在，被底部汹涌澎湃的永恒之渊托起并展示。

去蔽女神渗透了查拉图斯特拉的灵魂，为生殖铭刻着原初的咒语。查拉图斯特拉恐惧他瞥见的，被来自那吞吃自己尾巴的蛇的恶心而阻塞。他不会被一扫而净，在归还那给予他一个现成的生命意义的情节中。真理并非去侍奉，去作为奴性。正如生殖女神去蔽所带来的，真理必须被发现、发掘——这是一个痛苦的过程和挣扎，以便走出并进入空地中，进入光明中。

肯定的瞬间在《查拉图斯特拉如是说》的最后句子中暗示出来。他离开洞穴，站在那些他召唤进入空地之中的人们中间——依然，他孤独站在永恒之中。他已经苛责了更高的人，他的脸变成了青铜。对更高的人的怜悯时代终结了。查拉图斯特拉不关心末人的漫长生命的幸福——因而他也不关心痛苦。他宣称他只关心他的工作，他的创造，但在这最后的场景中，他与空旷合为一体，因为他已经离开了洞穴与朋友们居住在一起。

他肯定一切，没有说："'是的！'那么！狮子来了，我的孩子们近了。查拉图斯特拉成熟了，我的时刻到了：这是我的早晨，我的日子破晓了：现在升起来，升起来，你这伟大的正午！"

在其正午时分的梦里，世界变得完美——现在——查拉图斯特拉是葡萄，金黄，铜绿——为其陌生的灵魂之节日而绽裂。她——永恒——编织着将要把他的伟大肯定系结在一起的织物——佩内洛普那将把俄底修斯带回家的织物。她召唤他的灵魂躺在草叶之间，幸福漫溢，但抑制着在这最宁静的时刻不歌唱和大笑。世界已经变得完美。她饮着熟透的金黄的葡萄酒，查拉图斯特拉醉了，沉入睡眠女神之网，那个在特洛伊战争期间因着赫拉的命令将宙斯放入睡眠之中的女神。查拉图斯特拉的最后的诱惑不是对更高的人的怜悯，而是——在肯定事件之中沉入睡眠。

查拉图斯特拉抵制饮用勒忒河水。他邀请清醒任务之痛。但，他被诱惑着入睡。

尼采赞美偶然之骰子。是超人，这孩子，才肯定这偶然，这生命的复杂之谜，超越上帝和诸神——朝着我们所有人分享的一切。这孩子通过一切价值的重估之生殖创伤而降生。在骆驼到狮子、狮子到孩子的变形中，有无数的不清楚和不明晰。骆驼作为传统的、旧的诫命之碑的戴指环者被抛在一边。在重估中，狮子摧毁，但依然不知道他自身的无意的创造，他永远也不知道。是孩子才降生于这主题中，那是狮子的最后的礼物。

孩子捡起狮子的盲目创造，像发现客体一样遇到这些，满怀惊讶和纯真。孩子肯定纯真之新价值，最终摆脱了对狮子的“反对”。查拉图斯特拉受胎于永恒，这女超人——他停留，挣扎，忍受着生殖女神，即去蔽，他的助产士，在其自我克服的最后一幕中，诞生了他的孩子们。在炼金术的感觉中，查拉图斯特拉通过其肯定，诞生了他自己。

永恒撕裂可怕的幕布，开创了光明与黑暗的婚姻。查拉图斯特拉与永恒媾合。她从黑暗的云层中射出闪电——从悬崖绝壁的边缘飞离。查拉图斯特拉接受了这闪电，他受胎于此，像山腰的一棵树。她散播她的真理于他之中，而且，带着心中的鸿蒙，他诞生了舞蹈之星。查拉图斯特拉诞生了他自己。永恒——女超人——是这新创造的精子。她反射了她自身——她的闪电掷出释放这存在——召唤查拉图斯特拉的孕育和生殖。孩子们生长并舞蹈于这一切之中——笑声、忧愁、痛苦、欢欣，以及更多的笑声……查拉图斯特拉与他的孩子们一起玩耍……

是阿波罗/狄奥尼索斯还是赫拉克利特/阿那克萨哥拉？——尼采悲剧观的解释学探秘

纳山·德沃尔（Nathan P. Devir）

内容摘要：按照尼采，在早期希腊悲剧中可以找到文化的真正显现。亦即，在埃斯库罗斯和索福克勒斯的戏剧中。然而“悲剧的再生”是尼采死后才出版的残篇中的隐含主题，它不应当被看作是《希腊悲剧时代的哲学》中的主要部分。

在尼采哲学中，人类存在本身或就其自身而言是一个悲剧。反过来，尼采的悲剧艺术观的精微之处与他的人类存在哲学在总体上有解不开的联系。换言之，视人类存在为一个审美现象是唯一可行的方式，在其中尼采使其艺术哲学与关于人类的视角保持一致——同一种视角，顺便提一下，这正是希腊阿提卡悲剧的黄金时代的特征。而且，在同意亚里士多德关于希腊悲剧代表艺术成就中可能的最高形式时，早期尼采宣称他作为一个哲学家—诗人的目标是“显示生命、哲学和艺术是如何彼此间拥有深远的关联，没有肤浅的哲学或充满谎言的哲学家生命”（《希腊悲剧时代的哲学》12）[1]。

[1] 对残篇《希腊悲剧时代的哲学》的引用均遵照 Marianne Cowan 翻译的版本。

为了进一步探寻尼采的艺术哲学，传统上绝大多数学者视《悲剧的诞生》（1872）为基础，从中解释尼采对艺术创造的观点，尤其是关于悲剧。在《悲剧的诞生》中，尼采宣称悲剧本质上起源于希腊古风文化，约略从荷马时代（约公元前850年）到公元前五世纪中期。尼采认为随后的希腊历史时期是一个衰败的阶段，自苏格拉底以降。在苏格拉底那里，尼采看到了希腊人终结的开始，在尼采看来后者曾经是人类最伟大文化的拥有者。按照尼采，此文化的真正显明可以在早期希腊悲剧中找到——亦即，在埃斯库罗斯和索福克勒斯的戏剧中。相反，欧里庇得斯的悲剧历史性地、存在性地与苏格拉底思想的到来保持一致，与古老的、更“纯净的”希腊历史正好完全相对，因此没有代表希腊精神的全部光辉成就。

说得婉转些，用《悲剧的诞生》作为尼采的悲剧观的综合基础，其问题是多层面的。毋庸置疑，这本书代表了完全不同于西方传统的艺术解释的创新；然而，它也可以看作是一个非学术论文写作的典范。在其散漫而丛生的风格中，尼采没有费心为自己许多地方提供原文引文；更有甚者，与叔本华作品（更别提瓦格纳！）接洽中缺乏批判距离，这几乎没有留下什么余地给阿波罗和狄奥尼索斯思想并置的坚固理论基础。最重要的是，《悲剧的诞生》用前苏格拉底哲学家作为其希腊思想里假想的中断之临时性的基础，然而这和顺便提及没什么两样。对于尼采这样一个曾经的古典文献学者而言，细节的缺乏如果不是完全可疑的，至少也是高度古怪的。

由此，这篇论文将聚焦如下问题：按照尼采的观点，在希腊悲剧的起源和前苏格拉底哲学家之间的精确关系是什么？是否存在一个解释学的——譬如，基于文本的解读之上的方法论的路径——而非尼采从事的悲剧的哲学起源的神话或原始基础？如果《悲剧的诞生》看来不是尼采的第一本书那将怎样？亦即，如果在尼采生命的一个更成熟阶段类似的一部著作已被撰成，在其中理查德·瓦格纳的影响并非涵摄一切，那他悲剧的起源观会存在一个更明确的基础吗，而非尼采自身后来承认的一系列在某些方面仅仅令人尴尬的松散假设？

通过分析被极大地忽视的尼采残篇，题为《希腊悲剧时代的哲学》（1873），目前的研究考察了这些问题[1]。尽管讨论中的论文在其在世时没有出版过，但它包含了许多重要的洞见，其中显示了尼采是如何将前苏格拉底派视为乐器，以便由此使得悲剧获得其狄奥尼索斯和阿波罗思想的终极聚合。从这个视角看，《希腊悲剧时代的哲学》为尼采生命、哲学和艺术观的汇聚的再考察提供了一个新的解释学视角——一个拥有历史的、解释学基础的视角，一个不像《悲剧的诞生》那样被青春、逆反及外部影响重重渲染的视角。

在继续之前，我宁可就此项研究的方法论再作些说明。正如所提到的，《希腊悲剧时代的哲学》的学术材料的缺乏（相对于《悲剧的诞生》材料的过度丰盛）是令人惊愕的[2]。因此，我深深受惠于几个特定的资源，迄今为止系统地涉及所研究的残篇的仅有的资源。首先是 Marianne Cowan 对此残篇英译本的介绍，其次是 Victorino Tejera（1987）关于

---

[1] 直到其死后出版的尼采选集版本出现之前一直未出版的特别论文。在1872年和1873年，作为一本新书的手稿，尼采提到过《希腊悲剧时代的哲学》的草稿，记下了不同的前苏格拉底哲学家的名字及相应的品格特征。在手稿（假定的）完成后，他印了几本，尽管从未分销出去。此书可能也是尼采计划中的称为“希腊问题”的工程之一，即那些涉及文献学中的一本，其他则涉及哲学。不管怎样，没有工程被完工，尽管关于这样一个首创的各种各样的笔记最终出现在《不合时宜的思想》系列中（也被译为英文《不合时宜的沉思》），后者出版于1873—1876年。

[2]《悲剧的诞生》的研究著作的综合列表是在此论文的视野之外的，但我可以引导读者进入以下主要书目：James C. O'Flaherty 的 Studies in Nietzsche and the Classical Tradition. Chapel Hill：U of Nordi Carolina P，1976；David Lenson 的 The Birth of Tragedy：A Commentary Boston：Twayne，1987；John Sallis 的 Crossings：Nietzsche and the Space of Tragedy Chicago：U of Chicago P，1991；Julian Young 的 Nietzsche's Phüosophy of Art Cambridge：Cambridge UP，1992；James Porter 的 The Invention of Dionysus：An Essay on The Birth of Tragedy Stanford UP 2000；Mary Ann Frese Witt 的 Nietzsche and the Rebirth of the Tragic Madison：Fairleigh Dickinson UP 2007。

前苏格拉底思想对尼采思想形成年代的影响的分析[1]。同样地，Arthur Knight（1933）、Tracy B. Strong（1975；1989）、M.S. Silk and J.P. Stern（1981）、Martin A. Ruehl（2004）的研究也特别富有洞见，它们阐明了尼采关于希腊人的文化事业的思想的演化编年史。

“希腊主义和悲观主义”？尼采与前苏格拉底哲学家

尼采在《希腊悲剧时代的哲学》中勾勒的悲剧观很大程度上建基于他对希腊历史的两个时期的明显区分。第一个时期从荷马到公元前5世纪雅典，为阿提卡悲剧——尼采视为唯一真正的、示范性的艺术形式的形成提供了哲学背景。第二个时期从苏格拉底开始，后者视获取知识为最重要的追求。尼采认为苏格拉底思想模式是狄奥尼索斯动机的抛弃和基督教的先驱，在《超善恶》中将之目为“庸众的柏拉图主义”。本质上，尼采将苏格拉底思想的到来看作是对悲剧艺术总的需求的有力否定。这与前苏格拉底的神话的、本能的“真智慧”是相对立的。在前苏格拉底中间，尼采特别喜爱阿那克萨哥拉，甚至超过对赫拉克利特的喜爱，这要特别归因于后者的宣称（残篇2、5），按照它，静态的真理并不存在：“我们应当让自己被那对所有人来说是共同的来引导……让我们关于最伟大之事不要做出任意的推测。”（Wheel Wright：19）[2]

尼采成熟地从事于前苏格拉底研究可以追溯到1873年夏天，当时他在巴塞尔大学开始作关于前苏格拉底的讲座。在此期间，与瓦格纳的决裂虽未达至最高，但已经开始形成。瓦格纳那时住在拜洛伊特；虽然那时尼采依然被牵涉进去从而为瓦格纳煞费苦心的戏剧节筹款，但他的热情似乎已经减少了。尼采在文献学之外的新的兴趣，伴随着与保尔·李

---

[1] 我乐意提到尼采的“希腊国家”(1871)，其中他的城邦理念与瓦格纳的城邦理想是相对立的，同时包含了很多关于尼采写作《悲剧的诞生》的背景的相关信息。此论文不打算处理《希腊悲剧时代的哲学》中的精确主题，或悲剧本身，这已经从现有研究中排除了。

[2] 所有赫拉克利特残篇的引文遵照Wheel Wright版本。

的友谊（后者是个犹太人，在巴塞尔参加了许多讲座），最终将弟子引导着离开了其导师。当尼采在1874年8月最后一次拜访瓦格纳和柯西玛·瓦格纳在Wahnfried的新家时，尼采故意在瓦格纳的钢琴上留下瓦格纳最憎恨的作曲家勃拉姆斯的乐谱，这导致他们在此后的两年里没再见面。在1876年7月，尼采为《尼伯龙根的指环》上演而到了拜洛伊特，但在彩排结束前离开了。在那之前尼采已经为《人性的，太人性的》，他的第一本公开反对瓦格纳的作品，创作了一段时间。

既然曾经在《悲剧的诞生》中占据如此主导地位的瓦格纳根本没有在尼采死后出版的这部书中再出现（除了在一句话里），那么与瓦格纳的决裂便同探寻《希腊悲剧时代的哲学》相关。既然在《悲剧的诞生》中被承认的瓦格纳的圣徒传式的象征根本没有再次出现，则这一事实看似由单方面激发并可以作为即将发生的裂缝的迹象。此建议，即在这一时期尼采的确开始做自己的，恰好被《希腊悲剧时代的哲学》的第一句所证明（这是瓦格纳被提到的唯一一句）："人们反对一切哲学，一个人会很好地听从他们，特别是当他们建议德国病态的心灵远离形而上学时，取而代之的是劝诫通过自然生长原则而导致净化，如歌德所做的，或通过音乐来治疗，如瓦格纳所做的。"（27）我们在这儿看到尼采谈及瓦格纳时用了过去时，有力地将他从"希腊方程"中擦去，年轻的哲学家试图在1873年的讲座的结果《希腊悲剧时代的哲学》中构建此方程。

有必要强调如下事实，即在更大的计划中，尼采的希腊并非亚历山大的希腊，而是荷马的希腊、前苏格拉底的希腊、悲剧的希腊。从普福塔健身房（以其古典学课程而知名）里的学童男孩到都灵的最后疯狂，署名"狄奥尼索斯"，尼采痴迷于古希腊。的确，在早期笔记中他写道："伟大希腊的知识栽培了我；在赫拉克利特、恩培多克勒、巴门尼德、阿那克萨哥拉和德谟克利特那里有更多值得赞誉之处；他们是铁锤。"（引自Breazeale：171）本质上，尼采在希腊理念中看到了他如此轻视的现代（德国）社会的反题。这当然并非他的原创；自从18世纪末期开始，德国人已经视希腊为一个社会应该成为的模型[1]。但如其可能地，在线性视角中考察希腊历史根本不是尼采时代的学术气候的基准。在她《希腊悲剧时代的哲学》译本的介绍里，Marianne Cowan 附和了这一点，“它或许也会像《悲剧的诞生》一样具有电光火石的效果”（4）。

但这并不意味着《希腊悲剧时代的哲学》构成了学术的白璧无瑕。毕竟，尼采是尼采；而且，恰如《查拉图斯特拉如是说》中对不同历史人物的处置一样，他有时用一种高度主观性的、带有解释学倾向的方式来重铸前苏格拉底，正如反对纯粹经验主义的动机布景那样。尽管尼采总是没有给予出处，但他显然在引证这些哲学家。而且，他引用的前苏格拉底作品中的很多都只是改述和解释，以便有利于尼采的论证。由此，一个希腊历史学者读了《希腊悲剧时代的哲学》之后并不能获得很多关于前苏格拉底的洞见。这部作品的创新之处在于尼采运用前苏格拉底哲学家去对待作为艺术作品的一个隐喻的哲学体系自身。换言之，所有的体系最终死亡，而真正的艺术（以及体现它们的个性）以之为食。从而，在尼采看来，是前苏格拉底最终为如下事实负了责，即悲剧在希腊结出了硕果，尽管此硕果很不幸没有持续到最后。在这点上，尼采标注道：“我将更早的哲学家理解为希腊改革的先驱，他们的改革从未完工。”（13；原文为斜体）

因此，不管本身文件材料的偶然的毛病，以及作为一个流派的悲剧没有占据尼采论文整体上的中心位置的事实，尼采治疗“悲剧的哲学家”自身，好像他们是悲剧中的人物一样。以下引用的段落提供了如此治疗的一个雄辩的例子：

当悲剧哲学家出现在前六、前五世纪时，于巨大的危险、诱惑和日

[1] 在德国哲学传统中，于尼采赞颂古希腊社会之前有几位先行者。在尼采严肃看待希腊人之前，弗里德里希·许莱格尔已经通过攻击希腊哲学说教和诡辩的层面来树了先例，从而将欧里庇得斯从他的戏剧美的架构中驱逐了出去（像尼采随后所做的那样）。同样地，乔治·威廉·弗里德里希·黑格尔阐明，那些想理解西方思想的发展的人必须从前苏格拉底开始，而不是从柏拉图和亚里士多德开始。

益增长的世俗化中漫步，好像离开了 Trophonius 洞穴，笔直进入希腊殖民地的丰茂肥沃、先驱自由、财富和感官享乐之中，我们可以猜想他来了，一个杰出的警告之声，表达了类似的意图，即俄耳甫斯秘仪在其仪式的古怪象形文字中所暗示的（20）。

从而，考虑到这个残篇中讨论的主题和个性的高度“悲剧的层面”，我不将它表面上与《悲剧的诞生》的矛盾（譬如，在以下事实中，“悲剧”并非探讨的唯一主题）看作这里目前勾勒的主题的一个妨碍。事实上，对尼采来说，以下观点已经建构起来了，即悲剧是艺术可能的最高形式；而且，如果我们接受 Genevieve Bianquis 断言，《悲剧的诞生》实际上是一首关于艺术起源的诗（而非学术论著），那么将《希腊悲剧时代的哲学》看作一首关于哲学起源的诗就的确是相当合适的[1]。

“深远的哲学直觉”

任何对残篇《希腊悲剧时代的哲学》的学术探寻——尤其是以悲剧哲学为探寻焦点的——应当从标题的语言学之精微开始其文本分析。从而，首先我宁可就尼采对“哲学”一词的运用作一个解释。“哲学”作为一个概念术语（来自希腊“智慧之爱”）直到柏拉图对话才出现，相应地它并非如前苏格拉底通常称作的“理念政治家”或“知识人”辞典的一个部分[2]。就尼采而言，他称这些政治家为“自我解放者的同质联盟”（引自 Breazeale：194），他们运用知识体系来表达村的崇高神秘。那时，前苏格拉底怎样运用哲学，相当于伟大的悲剧家怎样运用悲剧。正如尼采声明：

哲学家试图在自身之中聆听世界交响乐的回声然后以概念的形式再度发射它们。正是类似的自我着魔感描绘出戏剧艺术家的特征……音韵

[1] 更多关于这一论点，参看 Bianquis 在 Nietzsche's La naissance: 7-14 中的批判性介绍。

[2] 更多关于这个主题，参看 Walter Burkert 的 Piaton oder Pythagoras: Zum Ursprung des Wortes ‘Philosophie’. Plato or Pythagoras: On the Origin of die Word ‘Philosophy’. Hermes：Zeitschrifl für Klassische Philobgie. 1960:159-176。

之于诗人，正如辩证思考之于哲学家。他抓住它以便抓住自身的迷醉，以便使之不朽。正如对戏剧家一样，字词和音韵之所是……需要说出他看到的、活过的，他能够通过音乐或姿态直接吐露的，每一个深远的哲学直觉就是如此通过辩证法和科学沉思来表达，这是哲学家交流他所看到的一切的唯一手段（44）。

对尼采而言，前苏格拉底哲学家是伟大的悲剧家的同类，既然他们"驯服神话元素"（Cowan Ⅱ）[1]。而且，像极了阿提卡悲剧，美和个人方程是前苏格拉底首要关注的。他们不在其字面含义上从事哲学，相反，"他们发明的是哲学思想的原型"（31；原文斜体）[2]。尽管尼采将此特征归因于思想家们从公元前六世纪、前五世纪的宽泛的跨度——亦即，归因于泰勒斯、赫拉克利特、恩培多克勒、巴门尼德、阿那克萨哥拉、德谟克利特，以及阿那克西曼德——他几乎排外地对阿那克萨哥拉和赫拉克利特感兴趣，而且他在后者那里投入的时间远远多于前者。这里为了研究的目的，此强调是立于如下视角上，即什么可以被看作是尼采自身残篇中前苏格拉底的比例分析。

尼采喜爱（属于阿那克萨哥拉）的这个观点，即世界终将为火所解构，没有救赎，尽管带着一种不同世界彼此相继的可能性。尼采赞美赫拉克利特将这个观念（后来被斯多亚派采用）发展到如此猜想，即另一个世界将在这个世界的火焰中升起（"存在一种交换，万物与火，以及火与万物"［残篇 28：37］；"火在行进中裁决和取代万物"［残篇 72：68］）[3]。目前语境中最重要的是探寻尼采如何在赫拉克利特其人中发现

---

❶ 尼采屡次用德语动词 bandigen（这可以表示"驯服""征服""掌握""限制"）描述前苏格拉底关于自然或神话的原始层面的活动。

❷ 尼采在此论文的别处写道：这是一个真正的不幸，古代大师的作品现存的是如此之少，没有一个大师作品完整地传到我们手中。我们不自觉地被此散佚所影响，从而用错误的标准来衡量，让自己被牵着朝更有利于柏拉图和亚里士多德的方向走，因为如下冷峻的意外：后二者从不缺少鉴赏家和誊写者（35-36）。

❸ 参看 Wheel Wright 的第三章，The Processes of Nature（37-57），解释了前苏格拉底哲学家所看待的自然元素。

另一个人物，一个更现代的哲学家，他那“超拔的直觉思考的力量”（52）也对他有如此的冲击：亚瑟·叔本华。

叔本华对尼采哲学的冲击（特别是正如在《悲剧的诞生》中显示的），以及对他个人生活的冲击，已经被令人作呕的研究过了，而且在此也并不特别相关。切中目前话题的是，尽管在《悲剧的诞生》中叔本华的影响在本质上次于瓦格纳，但在《希腊悲剧时代的哲学》中至少没有减少。当时出现的是，在《悲剧的诞生》出版之后的一段时期，尼采保持着对叔本华悲观主义世界观的极大迷恋，并希望把它作为跳板来构建前苏格拉底中他自己的位置。在分析前苏格拉底时，尼采在赫拉克利特——他迄今最喜爱的前苏格拉底——那里看到了一种“古风的叔本华”。本质上，赫拉克利特（在他的叔本华式变形中）代表了苏格拉底的对立面，后者是一个乐观主义者；而赫拉克利特，作为“悲剧洞见”的创造者的哲学家，是一个悲观主义者❶。

尽管对这项特别研究的领域并非决定性的，但指出如下这点依然是谨慎的：即另外有两个人影响尼采关于希腊人基本上是悲观主义的这一看法。首先是文献学家弗里德里希·李奇尔，尼采在莱比锡大学便是在他的指导下学习；其次是历史学家雅可布·布克哈特，尼采在巴塞尔大学听过他的讲座。后一位学者尤其给予了尼采一个有效的理论基础，据此尼采将叔本华的悲观主义运用于前苏格拉底。前面已经说过，叔本华意义上的“悲观主义”一词运用于尼采自身的前苏格拉底希腊人的观点时多少有点夸张；在这个语境中“现实主义”是更恰当的符号。更简单地说，与世界的残酷相比，尼采认为前苏格拉底对他们存在的现实是诚实的，反之他厌恶智者派的“美学乐观主义”，他将之看作基督教的原型。

---

❶ 尼采关于悲观主义的视角起初在《悲剧的诞生》第一和四部分（Basic Writings 21，18）中被探索。对尼采的悲观主义的特别印记的进一步说明，参看 Joshua Foa Dienstag 的 Nietzsche's Dionysian Pessimism. The American Political Science Review. 2001: 923-937。

在其论文的开始，尼采在他看作是同等地未经校验的叔本华和前苏格拉底的感受之间做了一个对照："很有可能希腊思想和字面表达的最感人的部分已经散佚了，一个未被惊讶的命运，如果一个人能回忆起来……如下事实，即，即便在这个启蒙的世纪，叔本华的《作为意志与表象的世界》的第一版是当作废纸卖掉的"（36）。叔本华的悲剧哲学的影响的此处引文并非是巧合的：

悲剧被作为诗歌艺术的顶点来注视和认识，既关于影响的伟大也关于成就的困难。对我们讨论的总体而言，有意义也有必要提到，这个最高的诗歌成就的意图是描述生命的可怕的一面。难以言说的痛苦，人类的悲惨和不幸，邪恶者的胜利，机遇的恶作剧，正直无辜者的难以挽回的倾覆，统统在这里呈现在我们面前；这里可以发现世界和存在的本性的一个有意义的暗示（叔本华：252-53）。

关于叔本华对《希腊悲剧时代的哲学》的影响，有趣的是如下这个绝对的认同，即尼采给予意志或狄奥尼索斯原则的，一如叔本华表达的意义。叔本华视意志为这个世界不幸的最终源头，反之在一种微妙的、与叔本华的分离中，尼采假设着：这个被例示的不幸，当然，以悲剧艺术的形式——的确是这个世界的真正本性，同样地，它也应当被接受和拥抱，而非令人失望和逃离。尼采注意到，"冲突对于叔本华是生存意志的内部自我瓦解的证据，它被看作是自我消耗的、险恶的、阴暗的动机，彻底令人恐惧的、绝非受祝福的现象"（56）。从而，对叔本华而言，痛苦和冲突，作为生命的本性，不能导向别处只有死亡。尼采并不必然地反对之，但视这样一个本性的展览为人类成就的顶点。

在相似的脉络中，尼采将赫拉克利特的"宇宙之流"概念类比于叔本华："万物皆流，无物常驻；万物皆塌，无物永固。你不能两次踏入同一条河流，因为河水在持续流动。"（残篇 20-21：29）换言之，赫拉克利特视时间为本性上活动的，这意味着（按照尼采）现实仅仅由行动构成，存在没有别的形式。这类似于叔本华的如下观点：现实在其行动的语境中仅仅是存在。尼采由此总结这一相似："他［赫拉克利特］不再将物理世界与形而上学世界区分开来，不再将确定的质的王国与难以确定的'不确定者'区分开来……比阿那克西曼德更大声，赫拉克利特宣称着：'除了生成什么也没看见'。"（51）

尼采反对苏格拉底：理论的平行线

尽管在《希腊悲剧时代的哲学》中尼采的焦点比在《悲剧的诞生》中更多地基于史实，但在两部作品中依然有几个重要的不相上下。首先而且首要地，在两部作品中，尼采试图阐明，对德国人而言运用（赫拉克利特式的）希腊范例来获得再生是如何可能的。"通过行为来获得过去的希腊主义：这将是我们的任务。但要做到这点，我们首先必须知道它是什么！有一种彻头彻尾的不作为的借口"（引自 Cowan：5-6）[1]。其次，尼采在《悲剧的诞生》中用以区分狄奥尼索斯和阿波罗动机的二元对立类似的运用在《希腊悲剧时代的哲学》中，以区分哲学的不同功能。正如尼采视前苏格拉底为体现着原始的认知（对立于基于理性的思考）的原型哲学家一样，尼采并不仅仅视狄奥尼索斯和阿波罗为神话的创造物；相反，他在它们之中分别看到原始意志和理性尺度的原型显现。超过任何事物，尼采在两本书里用以使这些原型具体化的"沙袋"的共性在其间行使着象征性的一致的功能。

这沙袋当然是苏格拉底。在几乎尼采的所有作品中，苏格拉底其人被作为希腊社会疾病的症候来鄙视。尼采视苏格拉底及其强调灵魂和蔑视生命为一种基督教原型。显然，历史上苏格拉底其人的真正本性（假设他并不仅仅是柏拉图的一个发明）并非如尼采看待的那样，因为可以

[1] 引文最初来自尼采作品（Vol. 10. Leipzig：Naumann，1898）410。

肯定希腊衰退的症候在其之前便确凿存在。从而，当尼采批评“苏格拉底”时，实际上是暗指公元前四世纪的智者们。或者，反过来，苏格拉底在希腊思想历史中的位置才是尼采试图攻击的，无论是在其编年史还是概念性的视角中[1]。

在《悲剧的诞生》中，尼采将苏格拉底显示为出类拔萃的反希腊者，称为“理论的乐观主义者”和“科学的神秘教义信仰者”（96）。为了阐明他视苏格拉底为希腊衰退的原初范例到何种程度，尼采叙述了苏格拉底是如何在端起毒芹汁之前沉思着：生命是一场长长的疾病，从中他就要获得释放了（89）。由此，尼采推论道，苏格拉底因而以乐观主义反对本能，支持前者反对后者，从而承担着希腊开始破碎之罪。

在《希腊悲剧时代的哲学》的“附注”中，或许写于1874年早期，尼采详细说明了“苏格拉底乐观主义”概念：

在悲剧时代希腊思想是悲观主义的或艺术式的乐观主义的……随着苏格拉底乐观主义开始，乐观主义不再是艺术式的，而是带着目的论及对善的上帝的信仰；对启蒙的好人的信仰。本能消散了。苏格拉底与迄今为止占优势的知识和文化决裂了，他试图回到旧的公民价值和国家（69-70；原文斜体）。

如上所见，尼采将艺术的、本能的智慧与创造性的活动同等地视为一个整体。相应地，苏格拉底的格言如“知识即美德”便完全对立于尼采对（前苏格拉底的）希腊思想方法的认知。从而，正如对立于精神上死亡的乐观主义哲学家一样，“悲剧洞见”的哲学家，“抑制着泛滥的知识欲，但并非通过一种新的形而上学。他感觉到形而上学地基的消散，好似一个悲剧事件，而且为之找不到一个令人满意的补偿……一个人必须欣然接受即便是幻觉的东西……在其中存在着悲剧”（16）。

---

[1] 例如，尼采屡次爆发他对巴门尼德的愤怒，后者事实上是一个前苏格拉底，仅仅因为尼采将之与渴望自然现象的理性解释的哲学家群体联系起来。

总　结

像《希腊悲剧时代的哲学》一样,《悲剧的诞生》不仅仅是关于希腊悲剧的起源和本性的论著，也是生命哲学。按照尼采，在希腊悲剧能够达到它所做的，因为两种辩证法原则的对立：阿波罗和狄奥尼索斯。前者是有秩序的、明晰的本性，视自我为单独之我；后者是混沌的活力，拒绝如下理念，即自我能作为任何事物而存在，除了作为整体的部分。因而，在阿波罗视角中，"悲剧"是某种发生于个体之上的，反之，在狄奥尼索斯视角中，悲剧是全部自我感觉的超个体的丧失。两种视角的合并方使得希腊悲剧获得其在阿提卡戏剧中的丰硕成果，亦即，在埃斯库罗斯和索福克勒斯戏剧中。比较起来，尼采拒绝欧里庇得斯戏剧完全是因为尼采看到欧里庇得斯对苏格拉底的认同。拒绝的原因是，在埃斯库罗斯和索福勒克勒斯的悲剧中，生命被显现为神秘；另外，欧里庇得斯将合理化带入画卷。(将欧里庇得斯的特征描述为"理性的"剧作家的广为引用的原因之一是，他将开场白引入悲剧戏剧流派，这为观众在心灵的前定状态中观看悲剧开了路)在《悲剧的诞生》中，尼采将欧里庇得斯表现为一种伪君子，仅忠诚于自己和苏格拉底。尽管欧里庇得斯可能认识到他的错误，而且随后试图矫正之(在《美狄业》和《酒神的女祭司》中)，但太晚了——直到某人能使悲剧复活。

《希腊悲剧时代的哲学》没有给读者提供这样的希望。正如所提到的，它的确为德国人所能成为的提供了希腊人这一最好的样板；但，它的确没有像在《悲剧的诞生》中所做的那样，就这样一个复活可能如何产生(例如，通过理查德·瓦格纳的音乐)给出一个特定的范例。从而，虽然"悲剧的再生"在尼采死后出版的残篇中是一个隐含的主题，但它不应当被作为《希腊悲剧时代的哲学》的一个主要部分来看待。通盘考虑,《悲剧的诞生》和《希腊悲剧时代的哲学》的主要区别是，在前一个文本中，“尼采没有为读者在其丰富的文化印象和详尽的哲学或历史基础之间的沟壑架起一座桥梁”（Tejera：29）。然而，后一个文本做出了诚实的、尽管是可以质疑的对此的成功尝试。

然而，对尼采而言，一个人必须分享悲剧从而肯定自己属于它；仅仅解释悲剧是不够的。循此逻辑，世界在其存在中，在其自身的悲剧中，只能被审美地正义化。正是在此感觉上，除了作为创造性的艺术家之外，“悲剧的哲学家”——首要地，赫拉克利特和阿那克萨哥拉——他们的个性占据了《希腊悲剧时代的哲学》的主要篇幅，是对天真的、准学术的、尼采在《悲剧的诞生》中着手解决的悲剧问题的路径的急需补遗。事实上，在1873年之后，尼采似乎将自己的发展模型化为一个“悲剧洞见的哲学家”，在他钦慕的前苏格拉底的天平内。像他们一样，他试图变成一个哲学家、诗人，其批判性的解释视角将给人类提供一个在总体上较形而上学更大的贡献。

参考文献

Breazeale，Daniel，ed. Philosophy and Truth：Selections from Nietzsche's Notebooks of the Early 1870s [M]. Atlantic Highlands，NJ：Humanities P，1979. Print.

Knight，Arthur Harold John. Some Aspects of the Life and Work of Nietzsche，and Particularly of His Connection with Greek Literature and Thought [M]. Cambridge：Cambridge UP，1933. Print.

Nietzsche，Friedrich. Basic Writings of Nietzsche [M]. Ed. and trans. Walter Kaufmann. New York：Modern Library，1992. Print.

——La naissance de la philosophie à l'époque de la tragédie grecque [M]. Trans. and introduction by Geneviève Bianquis. Paris：Gallimard，1938. Print.

——Philosophy in the Tragic Age of the Greeks [M]. Trans，and introduction by Marianne Cowan. Washington：Regnery，1962. Print.

Ruehl，Martin A. Politela 1871：Young Nietzsche on the Greek State Nietzsche and Antiquity：His Reaction and Response to the Classical Tradition. Ed. Paul Bishop. New York：Camden House，2004: 79-97. Print.

Schopenhauer，Arthur. The World As Will and Representation [M]. Trans. E.F.J. Payne. Vol. 1. New York：Dover，1969. Print.

Silk，M. S.，and J. P. Stern. Nietzsche on Tragedy [M]. Cambridge：Cambridge UP，1981. Print.

Strong，Tracy B. The Deconstruction of the Tradition：Nietzsche and the Greeks [M]. Nietzsche and the Rhetoric of Nihilism：Essays on Interpretation，Language and Politics. Ed. Tom Darby et al. Ottawa：Carleton UP，1989. 55-69. Print.

——Friedrich Nietzsche and the Politics of Transfiguration. Berkeley：U of California P，1975. Print.

Tejera，Victorino. Nietzsche and Greek Thought [M]. Dordrecht：Martinus Nijhoff，1987. Print.

Wheelwright，Philip. Heraclitus [M]. Princeton：Princeton UP，1959. Print.

蝶恋花　三阕
写于译稿成编付梓之时
以代后记

汪顺宁（Wang Shunning）

一

寥落成编他日看，夕照当牕，销得无余憾。莫道徂年应把盏，苍茫片羽咸经惯。

又值西风吹万感，宋玉何须，慨则声声慢。陌上歌行人渐缓，看花归后秋高淡。

二

治学无涯应已惯，劳此形神，漠漠冬春案。欲把浮生菱镜看，鬓边不觉流年换。

雁过长空秋水漫，海客循声，几处归舟满？犹是夕曛堪再挽，大城极目霜飞烂。

三

再检秋容端细看，黄叶天边，话几成萧散。一翦轻寒需忖断，添衣犹復思添饭。

心画事功终一半，坐到无言，海月来相唤。坐到春花如露电，落红阵外潮停岸。

注：此集子中的这些篇是笔者执教之余陆续缓慢译出的，跨时数载，原为自己撰写相关美学著作准备些许视角和资料。西方学术界的尼采研究，可谓视野广博、卷帙浩繁，我选取文本时主要聚焦于以下几个维度：诗歌、女性、古典传统，以及查拉图斯特拉。然而，遑论西方的尼采研究成果，即便是相对于国内已有的相关译本而言，该译本亦只是零光片羽。现不揣简陋，辑为一册，一方面是权作补充，另一方面亦是期待方家的译笔指正。谢谢！

汪顺宁
2015 年 10 月于上海